Im Sog des Internets
Herausgegeben von Ulrike Ackermann

Im Sog des Internets
Öffentlichkeit und Privatheit im digitalen Zeitalter

Herausgegeben von Ulrike Ackermann

unter Projektmitarbeit von
Max-Otto Baumann und
Marcel Berlinghoff

Mit freundlicher Unterstützung des
John Stuart Mill Instituts für Freiheitsforschung
an der SRH Hochschule Heidelberg
und der SRH Holding

Maßgeblich gefördert wurde das Forschungsprojekt
»Öffentlichkeit und Privatheit« (2010-2012),
dessen Ergebnisse in vorliegendem Band dokumentiert sind, von der

**Klaus Tschira Stiftung
gemeinnützige GmbH**

Bibliografische Information der Deutschen Nationalbibliothek
Die Deutsche Nationalbibliothek verzeichnet diese Publikation in der
Deutschen Nationalbibliografie; detaillierte bibliografische Daten
sind im Internet über http://dnb.ddb.de abrufbar.

© 2013 Humanities Online
Frankfurt am Main, Germany
www.humanities-online.de
info@humanities-online.de

Erste Auflage 2013
ISBN 978-3-941743-35-9

Umschlaggestaltung: Uwe Adam
Covermotiv: http://photoopia.com/view/7956-Kommunikation+322.html
Printed in Germany
All rights reserved

Dieses Buch ist auch als E-Book erhältlich:
www.humanities-online.de

Inhalt

Ulrike Ackermann
Einleitung 7

Max-Otto Baumann
Datenschutz im Web 2.0: Der politische Diskurs
über Privatsphäre in Sozialen Netzwerken 15

Göttrik Wewer
Die Verschmelzung von privater und öffentlicher Sphäre
im Internet 53

Larry Frohman
Rethinking Privacy in the Age of the Mainframe: Integrated
Information Systems, the Changing Logic of Privacy, and the
Problem of Democratic Politics in Surveillance Societies 71

Marcel Berlinghoff
»Totalerfassung« im »Computerstaat« – Computer und
Privatheit in den 1970er und 1980er Jahren 93

Carsten Ochs
Wettrüsten der Skripte: Widersprüchlichkeiten
soziotechnischer Privatheitspraktiken im Internet 111

Philipp Aumann
Control – Kommunikationstechniken als Motoren
von Entprivatisierung und Fremdsteuerung 131

Hans Jörg Schmidt
Mark Zuckerberg und die alten Römer. Oder: Utopie der Offenheit
und Historisierung des Privaten im ›digitalen Zeitalter‹ 151

David Gelernter
The Danger to Privacy Posed by Technology
and Culture Working Together 159

Forschungsbibliographie 174

Die Autoren 195

Ulrike Ackermann
Einleitung

Ist das Internet tatsächlich eine gefährliche Krake, die uns die bisher verteidigte Privatsphäre raubt und die Chancen der Selbstbestimmung schmälert, wie es Kulturkritiker in deutschen Feuilletons befürchten? Oder eröffnet es im Gegenteil ganz neue Möglichkeiten individueller Selbstentfaltung und Freiheitsgewinne für jeden, die wir in diesem Ausmaß bisher überhaupt noch nicht kannten? Wie verändern sich unser Verständnis von und unser Umgang mit Privatheit im Zuge der digitalen Revolution? Wenn sich virtuelle und reale Kommunikation vermischen und vervielfachen, müssen dann neue Spielregeln geschaffen werden? Wie wandeln sich die Strukturen der Öffentlichkeit? Und wie gestaltet sich das Verhältnis von privater und öffentlicher Sphäre neu? Die gesellschaftliche Debatte darüber hat erst begonnen. Die Politik scheint von den rasanten Entwicklungen bisher eher überfordert. Und die Wissenschaft macht sich gerade daran zu untersuchen und zu verstehen, wie die digitale Revolution die Parameter unseres alltäglichen Lebens verschiebt.

Der vorliegende Band versammelt die ersten Forschungsergebnisse, die das John Stuart Mill Institut für Freiheitsforschung federführend in Kooperation mit der Universität Heidelberg in dem Projekt »Privatheit und Öffentlichkeit im digitalen Zeitalter« erarbeitet hat.

An vorderster Stelle steht die Studie von *Max-Otto Baumann*, die er als wissenschaftlicher Mitarbeiter des Instituts durchgeführt hat. Ausgangspunkt war die immense Bedeutung, die Soziale Netzwerke inzwischen in jedermanns Alltagsleben einnehmen: Kommunikation, Vernetzung, Partizipation oder Shopping, all dies findet inzwischen vornehmlich dort statt. Es ist ein sozialer »Rahmenwechsel« (Erving Goffman), der das Handeln aller beteiligten Akteure beeinflusst: gewinnorientierte Unternehmer als Anbieter sozialer Netzwerke ebenso wie Politiker, die angehalten sind, die Privatsphäre der Bürger zu schützen, und natürlich die alltäglichen Nutzer. Deshalb hat uns vor allem die Frage interessiert, wie die Politik den Privatsphärenschutz in Sozialen Netzwerken diskutiert und welche Aufgaben sie für sich daraus ableitet. Daran schließt sich gleich die weitergehende Frage an: Darf, soll oder muss die Politik sich um die Privatsphäre ihrer Bürger kümmern? Und sind, wenn ja, Regulierungsmaßnahmen in welchem Ausmaß gerechtfertigt? Wo beginnt und wo endet Datenschutz?

Im ersten Teil seiner Arbeit stellt Max Baumann verschiedene theoretische Perspektiven auf die Privatsphäre und ihren Wandel vor. Sodann rekonstruiert er mittels einer quantitativen und qualitativen Inhalts- und Diskursanalyse den politischen Diskurs über Soziale Netzwerke, wie ihn die im Deutschen Bundestag vertretenen Parteien seit 2009 führen. Im letzten Abschnitt werden die Ergebnisse zusammengeführt in einen Kommentar aus liberaler Perspektive.

Augenfällig ist, dass die Funktionen der Privatsphäre, wie etwa Autonomie, emotionaler Ausgleich und Reflexion, von Sozialen Netzwerken gefährdet werden: durch Erhebung und Verarbeitung personenbezogener Daten zur Profilbildung, Manipulation durch Werbung, soziale Kontrolle durch Transparenz, die wiederum tendenziell Konformität begünstigt und Kreativität ersticken kann.

Die Inhalts- und Diskursanalyse fördert zu Tage, dass die Regierungsparteien CDU/CSU und FDP ein optimistisches Narrativ über den digitalen Wandel und dessen großes Potential propagieren, das sich am besten ohne die Einmischung der Politik und neuen Regulierungen entfalten könne. SPD, Grüne und Linkspartei betonen in ihrem Gegennarrativ die Risiken eines unkontrolliert ablaufenden digitalen Wandels. Kern der Debatte ist das Thema Selbstbestimmung und Autonomie. Für CDU/CSU und FDP steht der selbstbestimmte Nutzer im Vordergrund, der in eigener Verantwortung selbst entscheidet, was er tut und preisgibt. Staatliche Regulierung sei in diesem Felde deshalb unnötig. Zugleich wägen sie zwischen Privatsphäre und anderen Gütern ab: etwa dass Unternehmen aufgrund strenger Datenschutzregeln Deutschland als Wirtschaftsstandort negativ bewerten könnten. Die Oppositionsparteien sehen hingegen die Nutzer prinzipiell überfordert und trauen ihnen nicht zu, autonom und eigenverantwortlich ihre Privatsphäre zu schützen. Der politische Streit kreist also darum, wer die Verantwortung für den Schutz der Privatsphäre zu tragen hat: Nutzer, Unternehmer oder der Staat? Die Vorschläge zur Regulierung reichen denn auch vom Selbstdatenschutz bis zur EU-Regulierung. Pikanterweise verkehren sich die Positionen der Parteilager auf Länderebene in Abhängigkeit davon, ob sie die Regierungs- oder die Oppositionsrolle innehaben.

In seinem abschließenden Plädoyer für Datenschutz entwickelt Baumann eine interessante Perspektive, die das Verhältnis von Freiheit, Autonomie des Bürgers und Aufgabe des Staates neu auslotet. Haben die Bürger historisch ihre Freiheitsrechte gegen den Staat erstreiten müssen, so hat sich die Problemlage im Zuge der digitalen Revolution verändert: die Privatsphäre müssen die Bürger nicht nur gegen Übergriffe des Staates, sondern auch gegenüber monopolistischen Großunternehmen wie Google, Facebook etc. verteidigen. Zugleich ist der Staat laut Grundgesetz verpflichtet, die Persönlichkeitsrechte und die Privatsphäre seiner Bürger zu schützen. Da die großen Internetunternehmen seit Jahren propagieren, das Konzept der Privatsphäre sei völlig überholt, stellt sich die Frage, wie der Staat schützend eingreift, um das Recht auf informationelle Selbstbestimmung und Wahlfreiheit zu gewährleisten. Dazu könnten Datenschutzregulierungen zählen wie das Kopplungsverbot von Service und Datenhandel, das die Nutzung von Internetdiensten ohne erzwungene Weitergabe personenbezogener Daten ermöglichen würde. Ein »Recht auf Vergessen« und die Pflicht zur Löschung ist ebenso vorstellbar wie ein Profilbildungsverbot oder zumindest wirksame »Opt-in«- und »Opt-out«-Regelungen. Auch liegt es im Aufgabenfeld des Staates, für mehr Wettbewerb zu sorgen. Zudem würde die rechtliche Einklagbarkeit von Datenschutzstandards, deren Verletzungen mit Gewinn abschöpfenden Sanktionen belegt wären, die Position der Nutzer gegenüber den Anbietern erheblich stärken.

Wirksamer Datenschutz hätte zudem auch noch eine einhegende Wirkung auf den Staat selbst. Beim Datenschutz handelt es sich also um ein Anliegen und zugleich eine große aktuelle Herausforderung des Liberalismus.

Die Studie von Max-Otto Baumann ist flankiert von Untersuchungen und Betrachtungen aus unterschiedlichen wissenschaftlichen Disziplinen, die die Forscher erstmals auf einer Konferenz in Heidelberg zusammengetragen und für diesen Band ausgearbeitet haben.

Göttrik Wewer stellt sich die Frage, inwieweit heute überhaupt noch »private« Daten von »öffentlichen« Daten zu unterscheiden sind. Wenn der Ruf nach totaler Transparenz immer lauter wird, der Verrat von Geheimnissen als eine Form von Zivilcourage gefeiert wird, dann bröckelt der gesellschaftliche Grundkonsens, die Privatsphäre sei ein schützenswertes Gut, auf beunruhigende Weise. Vom Zeitalter der »Post-Privacy« ist schon die Rede. Wewer schildert die Debatte darüber und beobachtet, wie sich das Verhalten im Netz verändert. Neue Formen der virtuellen Selbstinszenierung und öffentlichen Selbstdarstellung charakterisieren eine sich wandelnde Jugendkultur. Zugleich verändert sich der Umgang mit Information, wenn jeder sein eigener Reporter ist und im Netz keine Qualitätskontrollen die Informationen filtern. In welchem Maße die unsortierte Vielfalt und Twitterwalls den Erkenntnisgewinn der Nutzer steigern oder mindern, steht noch in Frage. Es scheint zuweilen, Kommunikation gerate zum reinen Selbstzweck. Zugleich entstehen neue Kulturtechniken des Kopierens, Ausschneidens, des neu Zusammenfügens, Verlinkens und Remixens, die das bisherige Verständnis von individueller Kreativität, Originalität und Autorschaft ablösen.

Laut einer Umfrage des Branchenverbands BITKOM misstrauen die Nutzer zwar in großer Mehrheit der Sicherheit der Sozialen Netzwerken und fordern besseren Datenschutz. Doch die Zahlen von Facebook oder Google belegen, dass sich die Nutzer letztlich über ihre eigenen Bedenken hinwegsetzen. Für Wewer ist im Zuge der digitalen Revolution die Privatsphäre durch den Staat, die Wirtschaft und die Nutzer selbst, die das Internet mit ihren privaten Daten füttern, unter Druck geraten. Letztere sind gewissermaßen Täter und Opfer zugleich.

Larry Frohman rekonstruiert in seiner Arbeit, wie sich das Verständnis von Privatsphäre und Persönlichkeitsrechten in Deutschland in den letzten Jahrzehnten auch auf der Ebene der Rechtsprechung verändert hat. Er nimmt unter anderem Rekurs auf den Richterspruch des Bundesverfassungsgerichts anlässlich der Volkszählung 1983, in dem erstmals die »informationelle Selbstbestimmung« definiert wurde. Bereits 1969 hatte das Gericht von der Privatsphäre als einem schützenswerten Innenraum gesprochen, in dem der Bürger »sich selbst besitzt«, sich zurückziehen kann, in Ruhe gelassen wird und ein Recht auf Einsamkeit genießt. Die Trennung zwischen öffentlicher und privater Sphäre verbunden mit der Überzeugung, dass letztere die Basis für individuelle Freiheit und Selbstbestimmung ist, gehört zu den Prämissen des modernen Liberalismus. Die ursprünglich vom Bürgertum erkämpfte Privatsphäre hat sich aber seit Ende des 19. Jahrhunderts aufgrund des Aufstiegs der Massenmedien und der Tendenz der Kommerzialisierung privat-intimer Information erheblich gewandelt. Erst recht steht die Privatsphäre unter Beschuss, seitdem moderne Bürokratien immer ausufernder routinemäßig und massenhaft persönliche Daten der Bürger erheben. Während der klassisch liberale Staat sich vornehmlich um die physische Sicherheit der Menschen, die Durchsetzung des Vertragsrechts und der Eigentumsrechte kümmerte, hatte er wenig Bedarf, allzu viel über seine Bürger zu wissen – das lag natürlich auch an den bis dato nicht vorhandenen technischen Möglichkeiten. Der moderne Wohlfahrtsstaat hingegen, der sich um die Gesundheit, den Wohlstand und die Produktivität der Bevölkerung kümmert, erhebt zu diesem Zweck detaillierteste persönliche Informationen seiner Bürger – zu ihrem Besten versteht sich. Dies ist gewissermaßen der Preis für Sicherheit, Für- und Vorsorge des Staates, den er seinen Bürgern abverlangt. Zugleich können wir über die Jahrzehnte einen Strukturwandel der Information beobachten. Die Revolution der Informationstechnologie hatte in den 1960er und 1970er Jahren weitreichende Folgen für die administrative Handhabung der öffentlichen und privaten Datenerfassung – z.B. in Form der sogenannten Amtshilfe. Das Konzept der informationellen Selbstbestimmung reagiert auf diese Entwicklung, um der Entstehung eines Überwachungsstaats Einhalt zu gebieten.

In Anknüpfung an Frohman untersucht *Marcel Berlinghoff* aus zeithistorischer Perspektive den »Computerstaat« und das Verständnis von Privatheit im Deutschland der 70er und 80er Jahre. In den Protesten gegen die Volkszählung 1983 kulminierte das Unbehagen gegenüber der Computerisierung der Gesellschaft und v.a. die Angst vor einem Überwachungsstaat. Die gesellschaftlichen Debatten pendelten viele Jahre zwischen Kulturpessimismus und Fortschrittsoptimismus. Doch die Gewöhnung an den Computer sorgte in den 80er Jahren dafür, dass sich die Angst vor den Folgen der neuen Technologie allmählich verflüchtigte. Noch in den 70er und 80er Jahren verstand man unter Computerisierung hauptsächlich eine unkontrollierte technische Gleichschaltung, die quasi alle Lebensbereiche kolonisiere. Hinzu traten staatliche Überwachungsansprüche, die, so die Befürchtung, die individuelle Privatsphäre ebenso gefährden wie das demokratische Gemeinwesen insgesamt. Doch bereits Mitte der 80er Jahre kann man eine Entdämonisierung des Computers beobachten. Er stand nun für Modernität und Zukunftsoffenheit.

Carsten Ochs setzt sich in seiner Studie mit den unterschiedlichen soziotechnischen Privatheitspraktiken auseinander, die er empirisch untersucht hat. Er unterscheidet zwischen Digital Natives, technikaffinen und technikdistanzierten Nutzern. Alle haben normative Vorstellungen von Privatheit, die sich auf Körper (Intimität), Raum (Privatsphäre) und Wissen (persönliche Informationen) beziehen. Die Mehrheit der Nutzer fordert ein Recht auf »Privacy in Public«. Die Technikdistanzierten haben ein stark ausgeprägtes Kontrollbedürfnis hinsichtlich der Informationsflüsse und geben den Privatheitsnormen das größte Gewicht. Aufgrund ihrer höheren Kompetenz verfügen die Technikaffinen über einen wesentlich souveräneren Umgang mit dem Internet und halten etwaige Risiken für beherrschbar. Die Digital Natives weisen ein moderates Kontrollbedürfnis auf und schätzen das Risiko gering ein. Im Zweifelsfall würden sie allerdings ihre Vorstellungen von Privatheit dem Bedürfnis nach Sozialität unterordnen. Im Umgang mit Privatheit im Netz konkurrieren letztlich drei verschiedene Skripttypen: die praktisch-normativen der Nutzer, die technischen Skripte der technischen

Agenten und die regulatorischen Skripte der Rechtsprechung. Gegenstand dieses Wettstreits der unterschiedlichen Skripte ist die Beobachtbarkeit oder Erfahrbarkeit jedes Einzelnen und deren Einschränkung, d. h. die Ermessung dessen, was Privatheit in Abgrenzung zu Öffentlichkeit ist. Und diese verändert sich sukzessive mit jeder neuen Anwendung und jeder neuen Nutzungsweise.

Philipp Aumann stellt in seinem Beitrag den Begriff der Kontrolle ins Zentrum, die als Sozialtechnik Öffentlichkeit herstellt und Privatheit abbaut. In Anlehnung an Michel Foucault sieht er allein schon in der Möglichkeit der Überwachung und der Androhung von Strafe einen informellen Normierungsdruck. Generell sieht Aumann im Internet einen ganz bedeutenden Katalysator sozialer Kontrolle: Im Netz verschmelzen, so Aumann, Überwacher und Überwachte miteinander, indem die Nutzer Bilder von sich selbst präsentieren und sich damit der Sichtbarkeit der anderen ausliefern. Mit dieser Selbstpreisgabe geht just jener Raum des Privaten verloren, in dem das Individuum sich frei vom Normierungsdruck staatlicher, unternehmerischer und sozialer Kontrolle entfalten und kreativ sein könnte.

Jörg Schmidt ordnet in seinem Beitrag die Ideen des Erfinders von Facebook, Marc Zuckerberg, in den Diskurs über den Wandel des Verhältnisses von Privatheit und Öffentlichkeit ein. Der Weg in die fluide Gesellschaft der Netzwerke ist begleitet von Segmentations-, Integrations- und Entgrenzungsprozessen. Der Facebook-Gründer propagiert sehr selbstbewusst seine Utopie einer Gemeinschaft der »sozialen Mit-Teilung«. Bereits zu Anfang des Netzwerks begrüßte er jeden neuen Nutzer auf dessen Profil mit der Feststellung, von nun an diene er der Gemeinschaft. Inzwischen ist Zuckerberg stolz auf seinen Erfolg: »Die Privatsphäreneinstellung von 350 Millionen Nutzern zu ändern, hätte sich nicht jedes Unternehmen getraut«, sagte er 2010. Als bekennender Freund der alten Römer hebt er hervor, dass für sie der Begriff des Privaten eine negative Note hatte. Man ging im Rom der Antike davon aus, dass Dinge, die man nicht öffentlich macht, Dinge sind, die man verbergen will. Er schlussfolgert nun daraus: »Vielleicht ist Privatheit in der Moderne leicht überbewertet.«

Dem widerspricht ganz entschieden *David Gelernter,* der zum Abschluss des Forschungsprojekts auf Einladung des John Stuart Mill Instituts nach Heidelberg kam. Der These, die Technologie zerstöre die Privatsphäre, hält er entgegen, dass wir selbst es sind, die sie zu Grabe tragen. Für ihn ist die kollektive Widerstandskraft von Privatheit und menschlicher Würde leider schwächer als die überaus attraktive Macht eines Massenpublikums. Und das Internet ist das bisher größtmögliche

Massenpublikum in unserer bisherigen Geschichte. Er konstatiert, dass die westlichen Gesellschaften ein ambivalentes Verhältnis gegenüber der Privatheit haben. Die Neugierde hat größte Errungenschaften hervorgebracht, war und ist aber zugleich der Antrieb, alles über den anderen wissen zu wollen. Das soziale Spektrum reicht von der Einsamkeit an einem Ende bis zum öffentlichen Bekenntnis am anderen Ende. Starkult, Exhibitionismus und Voyeurismus untergraben die Privatsphäre. Anhand einiger Beispiele aus Literatur und Bildender Kunst betont er den zentralen Stellenwert, den die Privatsphäre in der westlichen Kultur-, Sozial- und Geistesgeschichte innehat. Privatheit und Einsamkeit sind Güter, die wir trotz des stärker werdenden sozialen Drucks verteidigen müssen.

Ziel des Forschungsprojekts, das im Übrigen mit freundlicher Unterstützung der Klaus Tschira Stiftung weitergeführt wird, ist es, die Wahrnehmung und das Bewusstsein für die Möglichkeit digitaler Selbstbestimmung und Mündigkeit zu schärfen: auf Seiten der Nutzer des Internets, also den Bürgern ebenso wie bei politischen Entscheidungsträgern und wirtschaftlichen Akteuren. Der immense Strukturwandel im Verhältnis von Öffentlichkeit und Privatheit im Zuge der digitalen Revolution verändert bereits jetzt unser Alltagshandeln, Selbstverständnis und unsere Mentalitäten. Die Analyse und Deutung dieser Wandlungsprozesse wird weiterhin im Fokus unserer Forschung stehen. Es geht nicht zuletzt darum, ob diese revolutionären Entwicklungen uns einen Zugewinn an Freiheit bescheren oder bisherige Freiräume und Handlungsoptionen einschränken. In jedem Fall ist es im Ermessen unserer jeweiligen individuellen Freiheit, wie wir uns im Internet bewegen. Über Regeln, die diese Freiheit auch unter den sich ständig verändernden Bedingungen schützen, müssen wir uns immer wieder neu verständigen.

Max-Otto Baumann
Datenschutz im Web 2.0
Der politische Diskurs über Privatsphäre in Sozialen Netzwerken

Soziale Netzwerke wie Facebook, Twitter, Google+ etc. haben innerhalb der letzten Dekade eine rasante Verbreitung gefunden. Wie andere Angebote des ›Web 2.0‹ erlauben sie es den Nutzern, im Internet nicht nur Rezipient von Informationen, sondern Akteur zu sein. Mit den Sozialen Netzwerken ist das Internet zu einem Raum geworden, in dem gerade jüngere Menschen heute wie selbstverständlich Prozesse des alltäglichen Lebens abwickeln: Kommunikation, Vernetzung, Partizipation, Shopping, all dies findet in Sozialen Netzwerken statt oder wird durch diese entscheidend beeinflusst. Facebook hat mittlerweile 25 Millionen registrierte Nutzer in Deutschland, womit insbesondere unter den jüngeren und mittleren Generationen eine kritische Masse erreicht wurde. Für diese Menschen ist Facebook zu einer fast unverzichtbaren Realität geworden.

Allerdings gehört zu dieser neuen Realität auch, dass die Sozialen Netzwerke die Privatsphäre in Frage stellen, die als liberales Grundrecht und als unverzichtbares Element jeder freiheitlichen Gesellschaft gilt. Es sind immer mehr persönliche Informationen für Freunde, aber auch jeden beliebigen Menschen im Internet sichtbar. Durch die zunehmende Transparenz schrumpfen soziale Rückzugsmöglichkeiten. Grund dafür ist, dass Design und Funktionalität der Sozialen Netzwerke einer ökonomischen Logik folgen. Die Anbieter der Sozialen Netzwerke sind gewinnorientierte Unternehmen, die sich mit der Auswertung und dem Handel privater oder »personenbezogener Daten« der Nutzer finanzieren. Sie handeln mit der Privatsphäre, was zunehmend auf Kritik stößt. In der *Süddeutschen Zeitung* war zu lesen, Facebook sei ein »Milliarden-Spiel mit dem Privatleben von fast 900 Millionen Menschen.«[1] Datenschützer,[2] Gesellschaftswissenschaftler[3] und Juristen[4] sehen daher

---

1 Vgl. Jannis Brühl, *Alles auf blau*, Süddeutsche vom 18.5.2012.
2 Schaar (2009); einen Namen als Vorkämpfer gegen Datenschutzverstöße bei Facebook hat sich insbesondere Thilo Weichert gemacht, der das Unabhängige Landeszentrum für Datenschutz Schleswig-Holstein leitet.
3 Vgl. Theorieteil.
4 Vgl. Deutscher Juristentag 2012, Thesen von Gerald Spindler, Alexander

politischen Handlungsbedarf, um Regeln für dieses ›Spiel‹ aufzusetzen, also den Daten- und Privatsphärenschutz zu reformieren.

Der Daten- und Privatsphärenschutz ist – spätestens seit das Bundesverfassungsgericht 1983 das Grundrecht auf »informationelle Selbstbestimmung« geschaffen hat (vgl. Frohman in diesem Band) – eine Aufgabe, die nur die Politik verbindlich lösen kann. Vor diesem Hintergrund fragt die vorliegende Untersuchung, wie die Politik in Deutschland den Privatsphärenschutz in Sozialen Netzwerken diskutiert. Dazu wurden bislang erstmals alle einschlägigen parlamentarischen Dokumente seit 2009 ausgewertet, als die Sozialen Netzwerke zu einem Thema der Politik wurden. Eine zweite, auf die Evaluation des Diskurses zielende Frage lautet: Darf, soll oder muss die Politik sich um die Privatsphäre ihrer Bürger kümmern? Wie können einschlägige Regulierungsmaßnahmen gerechtfertigt werden? Diese zweite Frage soll vor dem Hintergrund der liberalen Theorie beantwortet werden. Dabei zeigt sich, dass zumindest die gegenwärtige Bundesregierung derzeit zwar eine deutliche Position hat (Ablehnung einer Datenschutzreform, welche die Rechte der Nutzer stärkt), aber keine kohärente Rechtfertigung. Möglicherweise kann die geringe Reformfreudigkeit der Regierung, die im markanten Widerspruch zum Diskurs in Medien und Wissenschaft steht, damit erklärt werden, dass jede Datenschutzregulierung nicht nur die Anbieter, sondern indirekt immer auch die Politik selbst regulieren würde.

Die Analyse erfolgt in drei Schritten. Im ersten Abschnitt werden verschiedene theoretische Perspektiven auf die Privatsphäre und ihren gegenwärtigen Wandel aufgearbeitet. Im zweiten Abschnitt wird der politische Diskurs über Soziale Netzwerke rekonstruiert, wie ihn die fünf derzeit im Bundestag vertretenen Parteien (CDU/CSU, FDP, SPD, Bündnis90/Grüne, Linkspartei) seit 2009 führen. Die Studie bedient sich hier Verfahren der quantitativen und qualitativen Inhalts- und Diskursanalyse. Dem schließt sich im letzten Abschnitt ein Kommentar aus liberaler Perspektive an.

Dix, Wolf Osthaus und Paul M. Schwartz; Diggelmann (2011); Nettesheim (2011); Schertz/Höch (2011).

1 Privatsphäre im theoretischen Diskurs

Die Analyse des politischen Diskurses soll zunächst durch einige theoretische Betrachtungen vorbereitet werden. Was versteht man unter Privatsphäre? Wie wird sie begründet? Welche Gefahren drohen ihr? Bereits die in der Literatur gegebenen Antworten sind kontrovers und machen deutlich, dass Wissenschaftler und Kommentatoren bzw. die Gesellschaft überhaupt eben erst dabei sind, zu verstehen, wie die digitale Revolution die Parameter unseres alltäglichen Lebens verschiebt.

Definition der Privatsphäre

Eine der ersten und noch immer häufig zitierten Definitionen von Privatsphäre wurde 1890 von den amerikanischen Richtern Samuel Warren und Louis Brandeis vorgestellt. Als Reaktion auf neue technische Erfindungen (Fotografie, Tonaufnahmegeräte) und neue Geschäftsmodelle (Boulevardpresse) forderten sie ein »right to be let alone« (Warren/Brandeis 1890). Neuere Definitionen stellen weniger den defensiven Aspekt, sondern das Recht auf aktive Kontrolle privater Informationen in den Mittelpunkt, wodurch Individuen sich nach eigenem Ermessen dem Blick der Öffentlichkeit entziehen bzw. ihr Fremdbild kontrollieren können (vgl. Rössler 2001: 22; Geuss 2002: 17). Bereits Westin definiert die Privatsphäre in diesem Sinn als »the claim of individuals [...] to determine for themselves when, how and to what extent information about them is communicated to others« (zit. n. Rössler 2004: 8).[5] Das Bundesverfassungsgericht schuf diesem Gedanken folgend in seinem Volkszählungsurteil 1983 das neue Grundrecht auf »informationelle Selbstbestimmung« (vgl. Frohman und Berlinghoff in diesem Band).

Die Definition von Privatsphäre über das Prinzip der Zugangskontrolle ist jedoch nicht unproblematisch. Das Recht auf informationelle Selbstbestimmung unterliegt immer gewissen Einschränkungen, konkret durch das »überwiegende Allgemeininteresse« (BVerfGE 65, 1b) und die Informationsfreiheit. Politische Meinungsbildung, der Sozialstaat

---

5 Rössler differenziert drei Dimensionen der Privatheit, wobei die »informationelle« Privatheit nur eine ist neben der »dezisionalen« und der »lokalen« Privatheit. Verletzungen der Privatheit einer Person könnten »dann in ebendiesen Hinsichten bestimmt werden: also beispielsweise als unzulässige Einsprüche gegen Handlungsweisen, als unzulässige Beobachtungen, als unzulässige Störung von Zimmer und Wohnung« (Rössler 2001: 25).

und wichtige Funktionen der Wirtschaft, etwa im Versicherungswesen, wären unmöglich, könnten die Menschen jeden Kommunikationsfluss unterbinden. Die folglich notwendige Abwägung erodiert aber den normativen Kern dieser Definition von Privatsphäre. Das Konzept der Kontrolle oder Selbstbestimmung ist nur empirisch scharf, insofern es eine genaue Messung der Privatsphäre erlaubt (sowohl individuell: wie viel Informationen gibt jemand Preis, d. h. wie wird Privatsphäre individuell gestaltet? als auch kollektiv: welchen Kontrollanspruch gewährt die Gesellschaft?). Normativ betrachtet ist es dagegen stumpf. Es sagt uns nichts über die Reichweite des Selbstbestimmungsrechts, die erforderlich ist, damit noch von Privatsphäre gesprochen werden kann. Streng genommen erlaubt das Konzept der Kontrolle es daher auch nicht, von einer Verletzung der Privatsphäre zu sprechen, lediglich von einer Verkleinerung.

Dieses Problem der Relativität ergibt sich nicht, wenn die Privatsphäre, wie häufig in der populärwissenschaftlichen Literatur, als selbst-evidenter Wert verstanden wird. Dass wir eine Privatsphäre benötigen und es Dinge gibt, die nur uns angehen, wird als nicht begründungsbedürftig betrachtet: Wir haben Privatsphäre, Diktaturen dagegen nicht, d. h. solange uns die liberale Gesellschaft etwas gelte, müssten wir unsere Privatsphäre energisch verteidigen. Mit Max Weber könnte man anfügen, dass Werte auch gar nicht begründet werden können, man muss an sie glauben wie an Götter.[6] Doch auch dieser Wertansatz ist, obgleich intuitiv eingängig, problematisch. Wir können davon ausgehen, dass die Privatsphäre ein historisch kontingentes Phänomen ist. Sie hatte in früheren Epochen eine andere Gestalt, sie wird in Zukunft anders aussehen und überdies wechselwirkt sie mit der Öffentlichkeit, die ebenfalls eine Variable ist.[7]

Gleich ob die Privatsphäre als Wert oder als Formel konzipiert wird, beide Male fehlt damit die Grundlage, um sinnvoll über die Risiken sprechen zu können, welche technische und gesellschaftliche Veränderungen, wie etwa die digitale Revolution, für die Privatsphäre bergen. Nicht jeder gesellschaftliche Wandel bedroht die Privatsphäre und nicht jeder Wandel der Privatsphäre bedeutet eine Verschlechterung derselben. Ein methodisch belastbares Konzept sollte mithin davon ausgehen, dass die Privatsphäre einen normativen Kern hat (etwa die Intimsphäre) und einen breiten Randbereich. Das theoretische Instrumentarium sollte dann gerade in diesem Grenzbereich empfindlich sein, um klug

---

6 Vgl. Webers Wertlehre in dem Aufsatz »Wissenschaft als Beruf« (1919).
7 Vgl. Habermas (1962): Strukturwandel der Öffentlichkeit.

differenzieren zu können. Es macht daher Sinn zu fragen, *wozu* Privatsphäre dient. Ein entsprechender »funktionaler Interpretationsansatz« (vgl. Rössler 2004: 10), der auf Westin zurückgeht, negiert nicht die Werthaltigkeit der Privatsphäre, erlaubt uns aber anhand bestimmter Funktionen der Privatsphäre zu erklären, weshalb sie für uns wichtig ist. Westin unterscheidet vier grundlegende Zwecke, welchen die Privatsphäre dient (1970: 32 ff.): Autonomie, emotionaler Ausgleich, Reflexion, beschränkte Kommunikation (vgl. Tabelle 1).

Autonomie	Jeder Mensch habe, so Westin, das Bedürfnis »to avoid being manipulated or dominated wholly by others« (1970: 33). Privatsphäre schützt nicht nur vor Repression, sie markiert auch einen Lebensbereich, der nicht politisch verantwortet werden muss. Das ermöglicht eine selbstbestimmte Lebensgestaltung und Experimente.
Emotionaler Ausgleich	»In order to function properly, all of us need a place to blow off steam and to collect our thoughts« (Rosen 2000: 207, zit. n. Rössler 2008: 28). Westin zitiert Untersuchungen, wonach nicht nur der Mensch, sondern auch viele Tiere auf Erholungs- und Rückzugsräume angewiesen sind (1970: 8-11).
Reflexion	»Privacy serves [...] a planning need, by providing a time to anticipate, to recast, and to originate«, so Westin (1970: 37). Die Möglichkeit zur Reflexion ist Bedingung der kreativen und pluralistischen Gesellschaft.
Beschränkte Kommunikation	Das Wort ›Person‹ bedeutet ursprünglich ›Maske‹. Persönlichkeit sei daher nur über soziale Rollen möglich, hinter denen das Individuum ein Stück weit zurücktrete (Westin 1970: 33). Simmel hat bemerkt, dass jede »Bekanntschaft« eigentlich auf einem Nichtkennen beruhe.[8]

Tabelle 1: Funktionen der Privatsphäre nach Westin.

Alle diese Funktionen beruhen auf Vertrauen. Wer sich nicht sicher sein kann, was mit seinen Daten geschehe, so das Bundesverfassungsgericht in seinem Urteil, der würde sich präventiv konform verhalten. Das ist der Nexus, der die Konzepte der Privatsphäre, der Freiheit und des

---

8 Selbst für die Freundschaft gelte die »strenge Forderung: daß die Freunde gegenseitig nicht in die Interessen- und Gefühlsbezirke hineinsehen, [...] deren Berührung die Grenze des gegenseitigen Sichverstehens schmerzlich fühlbar machen würde« (Simmel 1906).

Gesetzes verbindet. Denn nur eine gesetzlich garantierte Privatsphäre kann unter der Bedingung allgegenwärtiger Datenverarbeitung das nötige Vertrauen herstellen, ohne das Autonomie und Freiheit unmöglich wären.

Wandel der Privatsphäre

Kritische Stimmen

Datenschutzskandale und der Wandel alltäglicher Verhaltensmuster haben zur Reflexion darüber eingeladen, welche genauen Auswirkungen die digitale Revolution auf die Privatsphäre hat. Der Diskurs ist kontrovers, doch es dominiert das Narrativ einer Niedergangsgeschichte. Habermas, Adorno, Arendt und andere haben den Verfall der demokratisch-diskursiven Öffentlichkeit beklagt, der mit den Massenmedien und der Popkultur (Radio, Fernsehen, Kino) besiegelt worden sei – und nun drohe der Privatsphäre ein ähnliches Schicksal.

So behauptet der Sozialphilosoph Byung-Chul Han (2012b), wir hätten uns von einer »Negativ-« in eine »Positivgesellschaft« verwandelt, die durch einen ubiquitären Zwang zur Transparenz gekennzeichnet sei. Was einst der natürliche Effekt der Privatsphäre gewesen sei, nämlich Kreativität, Individualität, Andersartigkeit herzustellen, das sei nun zur Norm und damit hohl geworden. Andere Autoren teilen diese These. Wiedemann (2011: 161) schreibt, dass die Selbstdarstellung leicht in Dauerbeobachtung umschlagen könne, sodass Soziale Netzwerke zu »Assessment-Centern der alltäglichen Lebensführung« mutieren würden. Heesen differenziert im Rückgriff auf Adornos Kritik der Konsumgesellschaft »zwischen einer freiheitlichen Individualisierung, gekennzeichnet durch die Attribute selbstbestimmt, einmalig und kreativ, und einer repressiven Individualisierung, charakterisiert durch Standardisierung und die Abhängigkeit von entfremdeten Strukturen« (Heesen 2008: 15; vgl. auch Hotter 2011: 118). Unter den neuen Verhältnissen der digitalen Revolution sind es demnach nicht mehr die autonomen Individuen, die Gesellschaft bilden und am Leben erhalten, sondern es entstehen soziale Regime, die die Menschen – ohne dass sie sich dessen bewusst wären – zurichten und austauschbar machen.

Insbesondere in der populärwissenschaftlichen Literatur wird häufig davor gewarnt, dass das Internet die Machtverhältnisse verschiebe, und zwar zuungunsten der Nutzer. Dabei sei es nicht mehr der Staat selbst, der wie in Diktaturen Macht über seine Bürger ausübe. Macht kann ausüben, wer Informationen hat, und in dem Maße, wie der Staat oder die Privatwirtschaft personenbezogene Informationen sammeln und auswerten, wächst ihnen Macht zu. Die Art dieser Machtausübung wird weniger mit George Orwells berühmter Dystopie eines zentralisierten Überwachungsstaates (»1984«), sondern mit Jeremy Benthams Konzept des Panoptikums verstanden, das minimalen Kontrollaufwand mit maximaler Effektivität verbindet (Whitaker 1999; Garfinkel 2000; Aumann in diesem Band). In großen Datenbanken oder dem Internet selbst entstehen Persönlichkeitsprofile, die bestimmen, wie die Umwelt auf die Menschen reagiert (ob wir etwa einen Kredit, eine Versicherung oder einen Job bekommen). Problematisch ist dabei, dass auch der privatsphärenbewusste Nutzer die Verwendung seiner Daten nur ahnen kann, sodass letztlich die einzig wirksame Gegenstrategie wäre, das Internet gar nicht zu nutzen. Aus der potentiellen Kontrolle durch andere (Staat, Wirtschaft, Gesellschaft) wird also faktisch eine Selbstkontrolle wie seinerzeit vom Bundesverfassungsgericht befürchtet.

Gerade den Sozialen Netzwerken wird indes auch die gezielte Manipulation der Nutzer vorgeworfen. Da Soziale Netzwerke von privatwirtschaftlichen Unternehmen angeboten werden, ist anzunehmen, dass ihr Zuschnitt einer »instrumentellen Rationalität« (Rapp 1993: 34) folgt. Auf subtile Weise propagieren die Anbieter der Netzwerke soziale Normen (Vernetzung, Transparenz, große Freundschaftskreise) und schaffen Konsumbedürfnisse (durch Werbung), für die sie zugleich Angebote vermitteln. Aus postmoderner Perspektive bezeichnet Hotter Soziale Netzwerke daher als »konsumkapitalistische Glücksmaschinen« (Hotter 2011: 120), in denen anspruchslose Nutzer die willfährigen Mitspieler im Dienste des wirtschaftlichen Systems seien.

Tabelle 2 konkretisiert nochmals einige der Gefahren, die vom Internet generell und besonders den Sozialen Netzwerken ausgehen, ordnet sie den Funktionen der Privatsphäre laut Westin zu und zeigt auf, wie diese Gefahren im politischen Diskurs auftauchen könnten – oder sollten.

Funktion	Gefährdung durch Soziale Netzwerke	Fragen an die Politik
Autonomie	Erhebung u. Verarbeitung personenbezogener Daten ermöglicht Manipulation durch Werbung; soziale Kontrolle durch Transparenz.	Wird dem Nutzer Autonomie zugeschrieben oder muss er zur Autonomie befähigt/erzogen werden?
Emotionaler Ausgleich	Dokumentation des online-Verhaltens kann ein Gefühl der Überwachung erzeugen; umfassende und permanente Beobachtung auch in privaten Situationen.	Werden die Schattenseiten der Transparenznorm thematisiert? Wie werden diese Fragen des ›guten Lebens‹ politisch operationalisiert?
Reflexion	Schnelligkeit und Umfang der Informationen behindern Reflexion; Zwang zur Transparenz fördert Konformität und erstickt Kreativität; (Politische) Meinungsbildung findet ohne Vermittlungsinstanz der Medien statt.	Werden Soziale Netzwerke und der Datenschutz in Verbindung mit Demokratie und Meinungsbildung gebracht? Fördern oder beeinträchtigen sie die offene Gesellschaft?
Beschränkte Kommunikation	Permanente Kommunikation wird zur Norm; Sphärentrennung wird unterlaufen und damit auch die Rollenautonomie; Internetmobbing ist eine Folge unbeschränkter Kommunikation.	Wird die Ausweitung der Kommunikation kritisiert oder als neue Realität gesehen? Wer soll die Beschränkung der Kommunikation herstellen, Nutzer oder Anbieter?

Tabelle 2: Sammlung von Risiken sozialer Netzwerke.

Relativierende Perspektiven

Wenn es eine skeptische Sicht auf das Web 2.0 und einige Aspekte von Sozialen Netzwerken gibt, so gibt es auch Perspektiven, unter denen sich die Risiken für die Privatsphäre relativieren. Historisch betrachtet kann der aktuelle Internet-Risikodiskurs als typische Reaktion auf die Ungewissheiten gewertet werden, die eine neue Technik erzeugt. Es könnte sein, dass die Gefahren, welche die Skeptiker mit der digitalen Revolution verbinden, weniger an der Realität abgelesen sind, sondern sich vor allem auf zukünftige Szenarien beziehen. Wer einen präzise beobachteten Trend linear (oder exponentiell) extrapoliert und Gegenreaktionen ausklammert, der gelangt schnell zu Schreckenszenarien wie der totalen Überwachung. So warnt etwa Whitaker, dass das »breite Spektrum von Überwachungstechniken, wie sie heute und wohl auch in nächster Zukunft eingesetzt werden, [...] weit über die Kontrollmöglichkeiten der totalitären Staaten der unmittelbaren Vergangenheit« hinausreichen würde (Whitaker 1999). Solche Niedergangszenarien haben sich in der Vergangenheit meist nicht erfüllt. Die Einführung von Eisenbahn, Radio, Fernsehen und Computer (vgl. Berlinghoff in diesem Band) war von ähnlichen Risikodiskursen begleitet wie die digitale Revolution heute, aber letztlich haben diese Innovationen nur wenig Schaden, jedoch immensen gesellschaftlichen Fortschritt gebracht (vgl. Rössler 2008: 294).

Zu hinterfragen wäre auch der Maßstab, von dem das Urteil über die Privatsphäre abhängt. Der kommunitaristische Sozialphilosoph Amitai Etzioni weist darauf hin, dass die Privatsphäre historisch kontingent sei und damit »hardly a near-sacred concept that cannot be reformulated« (1999: 188). Eine anspruchsvolle Verteidigung der Privatsphäre darf sich nicht auf die Verteidigung des Status quo beschränken. »Dass wir uns bislang weitgehend anonym und gegenbildlos bewegen konnten, ist Ausdruck historischer Kontingenz und kann allein nicht Rechtfertigungsgrund für Beschränkungen sein«, so auch Nettesheim (2011: 39). Dazu kommt, dass die Privatsphäre unterschiedliche Formen annehmen kann – bei gleichem Schutzniveau. So berichtet Westin (1970: 30) von Naturvölkern, die aus Sicht westlicher Beobachter keine Privatsphäre hätten, sehr wohl aber subtile Mechanismen, um soziale Distanz herzustellen. Privatsphäre könne außerdem eher durch abgeschlossene Räume (wie etwa in den USA) oder mehr durch sozialen Takt (wie in Großbritannien) hergestellt werden. Die Technik allein und das Augenscheinliche sind also keine verlässlichen Standards, um den Wandel der Privatsphäre zu beurteilen.

Nimmt man schließlich die liberale Theorie beim Wort, so könnte argumentiert werden, dass Freiheit und Autonomie darin so robust konzipiert werden, dass es beträchtlicher Störungen bedürfte, um an den liberalen Kern der Gesellschaft zu rühren. Die Privatsphäre erfüllt ihren Zweck, so etwa eine typische Charakterisierung von Rössler (2001: 138), wenn sie »Rückzugsmöglichkeiten von den Blicken der anderen« sowie »Dimensionen des Lebens [...] ohne den Einspruch und die Kontrolle von anderen« garantiert. Auch in diesem Zusammenhang kann argumentiert werden, dass die Werbeindustrie letztlich harmlos ist: Sie wirkt nicht restriktiv, durch Einspruch und Kontrolle, sondern dadurch, dass sie bestehende Identitäten, Interessen und Vorlieben verlängert. Facebook unterdrückt nicht politische Einstellungen oder persönliche Vorlieben, sondern ermuntert dazu, sie öffentlich zu machen. Wenn den Nutzern etwas aufgedrängt wird, so eine Transparenznorm. Natürlich kann Transparenz problematische Effekte haben (Han 2012b). Doch auch hier müsste abgewogen werden, wo aus gedanklicher Bequemlichkeit nur ein sozialer Wandel beklagt wird und wo tatsächlich eine ernsthafte Gefährdung von Autonomie und Privatsphäre besteht. Es dürfe, so Nettesheim (2011: 34), »nicht die Vorstellung zugrunde gelegt werden, autonome Lebensführung setze eine – wenn auch nur potentiell – umfassende Kontrolle über das Gegenbild voraus, das andere sich machen«. Autonomie könne nicht vollständig von außen garantiert werden. Es gehöre vielmehr zum Begriff der Autonomie, dass sie auch gegen äußere Widerstände erarbeitet werden müsse.

2 Kontroverser Diskurs: Datenschutz in Sozialen Netzwerken

Nach der Skizze des theoretischen Diskurses über die Privatsphäre soll nun die Frage beantwortet werden, welche Perspektiven im politischen Diskurs angelegt werden. Die folgende Inhalts- und Diskursanalyse rekonstruiert den bundespolitischen Diskurs über den Privatsphärenschutz in Sozialen Netzwerken von 2009, als der Diskurs begann, bis Ende 2012. Einführend sollen zunächst die Untersuchungsmethode erläutert und die Resultate der quantitativen Auswertung präsentiert werden.

Bei Inhaltsanalysen kann entweder mit einem theoretisch deduzierten Fragenkatalog an den Text herangetreten werden oder die inhaltlichen Kategorien werden aus dem Text selbst gewonnen. Letzteres, an der »Grounded Theory« (Strauss/Corbin 1996) orientierte Vorgehen wurde für den quantitativen Teil gewählt, um theoretische Voreingenommenheit zu minimieren. Konkret wurden dazu in einer induktiven Vorstudie acht ›Rahmen‹ gefunden, die im Diskurs häufig wiederkehren und die das Untersuchungsraster für die Hauptstudie bilden. Unter Rahmen verstehen wir grundlegende Situationsdeutungen oder Prinzipien – also das, was eine politische Position konstituiert und sich durch konkretere Argumente ausfüllen lässt. Der Textkorpus besteht aus allen relevanten parlamentarischen Dokumenten (konkret: Redeprotokolle aus Plenum und Ausschüssen, Anträge, Gesetzesentwürfe sowie Berichte der Enquete-Kommission »Internet und digitale Gesellschaft«). Aufgreif-

Nr.			Rahmen	Charakterisierung
1			Chance Internet	Das Internet und besonders die sozialen Netzwerke sind eine begrüßenswerte Errungenschaft, die es zu sichern gilt.
	2		Eigenverantwortung	Der Nutzer trägt durch umsichtiges Verhalten selbst die Verantwortung für den Schutz seiner Daten/Privatsphäre.
		3	Freier Markt	Das Datenschutzproblem löst sich am besten durch die Mechanismen des freien Marktes, konkret: Selbstregulierung.
		4	Abwägung	Der Schutz der Privatsphäre ist mit anderen gesellschaftlichen Gütern und Interessen in Ausgleich zu bringen.
		5	Problem Wirtschaft	Anbieter der Netzwerke sind kommerziell orientierte Großunternehmen, welche die Privatsphäre kommerzialisieren.
		6	Politikversagen	Die Politik hat eine Verantwortung zum Schutz der Privatsphäre in Sozialen Netzwerken, der sie bislang nicht gerecht wird.
	7		Individuelle Überforderung	Der Nutzer ist machtlos gegenüber und orientierungslos in dem überkomplexen System und kann sich daher nicht selbst schützen.
8			Skepsis Internet	Die Verbreitung von Sozialen Netzwerken geht mit erheblichen Risiken einher, die schwer zu kontrollieren sind.

Tabelle 3: Die acht dominanten Rahmen im politischen Diskurs.

kriterium ist das gemeinsame Auftauchen der Begriffe ›Datenschutz‹ und ›Soziale Netzwerke‹, ersatzweise ›Privatsphäre‹.

Tabelle 3 gibt einen Überblick zu den Rahmen. Die Zuordnung einer Aussage zu einem Rahmen erfolgt nicht mechanisch anhand von Signalbegriffen, sondern je nachdem, ob eine Aussage hinreichend offenkundig dem Sinn eines Rahmens entspricht. Die ersten vier Rahmen des Spektrums charakterisieren eine Position, die den digitalen Wandel und die Verbreitung der Sozialen Netzwerke begrüßt und angesichts überwiegend positiver Effekte keinen größeren Regulierungsbedarf sieht. Die letzten vier Rahmen bringen spiegelbildlich eine jeweils diametral entgegengesetzte Einstellung zum Ausdruck und münden in die Forderung nach einer substantiellen Regulierung zum Schutz der Privatsphäre.

Die acht Rahmen erschließen die einschlägigen Profile der Parteien. Wegen großer inhaltlicher Übereinstimmung erscheint es sinnvoll, die

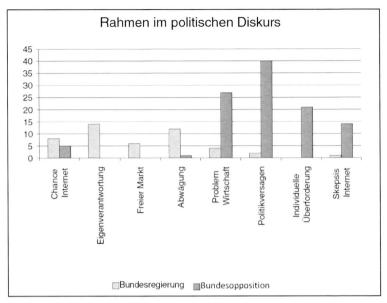

Abbildung 1: Häufigkeit der verwendeten Rahmen.[10]

beiden Regierungsparteien CDU/CSU und FDP zu einem Lager zusammenzufassen, dem liberal-konservativen, und die Oppositionsparteien SPD, Bündnis90/Grüne (im folgenden »Grüne«) und Linke zum anderen.[9] Abbildung 1 stellt das Ergebnis der quantitativen Auswertung nach diesen Parteilagern dar. Es ist deutlich zu erkennen, wie sich die beiden Profile unterscheiden: Die beiden Regierungsparteien verwenden überwiegend die regulierungsskeptischen, die Oppositionsparteien die regulierungsfreudigen Rahmen. Im Folgenden qualitativen Teil der Studie sollen diese acht Rahmen ausgewertet werden. Dabei interessiert insbesondere, welche konkreten Wirkungszusammenhänge oder Mechanismen der digitalen Revolution die Parteien mit diesen Rahmen verbinden. Darin liegt die Grundlage, auf welcher dann politisches Handeln gefordert (oder verhindert) wird.

9 In Abstimmungen votieren die beiden Lager meist geschlossen. Auch in der Enquete-Kommission und deren aufschlussreichem Zwischenbericht gibt es nur streitige Textentwürfe der beiden Lager, sodass es fast unmöglich ist, nach den Standpunkten der einzelnen Parteien aufzulösen. Wo sich, zum Beispiel in Parlamentsreden, dennoch Meinungsunterschiede innerhalb eines Lagers erkennen lassen, werden diese in der Analyse angesprochen.

Grundlegende Einstellungen zur Dynamik des Internets

Bereits die grundlegenden Einstellungen der beiden Parteilager über das Wesen der digitalen Revolution gehen weit auseinander. CDU/CSU und FDP vertreten ein optimistisches Narrativ über den digitalen Wandel und dessen »großes Potential«[11], das sich am wirkungsvollsten ohne Einmischung der Politik entfalte. Soziale Netzwerke seien »eine große Errungenschaft«[12]. Wo sich die Grünen ebenfalls auf dieses Narrativ beziehen, geschieht dies in einer dialektischen Gegenüberstellung: Ohne die Chancen der digitalen Revolution zu verleugnen, rücken die Grünen gemeinsam mit SPD und Linkspartei in ihrem dystopischen Gegennarrativ die Risiken eines unkontrolliert ablaufenden digitalen Wandels in den Mittelpunkt.

Unter dem fortschrittsoptimistischen Narrativ werden dem Internet, und besonders den Sozialen Netzwerken, diverse positive Wirkungen zugesprochen. Sie hätten eine »Kultur der sofortigen Verfügbarkeit«[13] von Informationen hergestellt und würden durch »neue Formen der schnellen Vernetzung und Kommunikation«[14] einen »neuen kulturellen, wirtschaftlichen und sozialen Raum« konstituieren. Dies würde den Menschen »viele Freiheiten« und neue »Möglichkeiten zur Entfaltung der Persönlichkeit«[15] eröffnen. Profitieren würden aber nicht nur die individuelle Freiheit und Autonomie. Die Gesellschaft insgesamt werde lebendiger, das Verhältnis der Bürger zum Staat könne durch mehr Transparenz und neue Interaktionsformen aufgewertet werden.

Beide Parteilager, Regierung wie Opposition, betrachten die Mitgliedschaft in Sozialen Netzwerken als einen hohen Wert, begründen damit jedoch diametral unterschiedliche politische Positionen. Die Grünen erklären die Nutzung sozialer Netzwerke zu einer »Grundrechtsaus-

---

10 Stellungnahmen der gesamten Fraktion (z. B. Anträge) wurden doppelt gewertet, um sie stärker gegenüber den Äußerungen einzelner Abgeordneter zu gewichten, in die mehr persönliche Überzeugungen einfließen und die daher inhaltlich breiter streuen.
11 CDU/CSU-Abgeordneter, Plenarprotokoll 17/153, 20.1.2012.
12 Vertreter des BMI (CDU/CSU), Unterausschuss Neue Medien (22), 24.10.2011.
13 CDU/CSU-Abgeordneter, Plenarprotokoll 17/153, 20.1.2012.
14 Grüne-Fraktion, Antrag, Deutscher Bundestag, Drucksache 16/11920, 11.2.2009.
15 CDU/CSU-Abgeordneter, Plenarprotokoll 17/153, 20.01.2012.

übung«[16] und schlagen sie damit jenem Bereich unantastbarer Normen zu, der für den Bestand der Gesellschaft und ihrer freiheitlichen Grundordnung als unverzichtbar gilt. Folglich müsse die Nutzung Sozialer Netzwerke sicher gemacht werden im Sinne des Daten- und Privatsphärenschutzes (s. unten). CDU/CSU und FDP vertreten dagegen unter dem fortschrittsoptimistischen Narrativ die Auffassung, dass die größte Gefahr nicht von der Datenschutz- und Privatsphärenproblematik ausgehe, sondern von einer mangelnden Teilhabe an der neuen gesellschaftlichen Wirklichkeit. »Nur wer diese Netzkultur versteht, der kann ermessen, was es bedeutet, wenn man Menschen den Zugang zum Netz verwehrt. Das müssen wir unbedingt verhindern.« Die Politik habe in diesem Sinne eine »Überregulierung« zu vermeiden[17] und stattdessen, wie vor allem vonseiten der FDP argumentiert wird, »die Chancen, die das Netz uns bietet, [zu] beleuchten und zum Zentrum der Diskussion [zu] machen.«[18]

Solche optimistischen Äußerungen stellen eine Reaktion auf jene Bedrohungsszenarien dar, welche die Oppositionsparteien (und im Übrigen auch die Medien) konstruieren. Wenn sich unter der Perspektive der liberal-konservativen Parteien die einzelnen »Errungenschaften« des digitalen Wandels zu einer insgesamt positiven Bilanz aufaddieren, so fürchten die Skeptiker, dass sich dessen Risiken zu einer immensen gesellschaftlichen Bedrohung Orwell'scher Façon verdichten könnten. Ein häufig wiederkehrender Topos ist dabei die Feststellung, dass »Quantität wie auch Qualität der Datensammlungen in den Händen privater Stellen […] in den vergangenen Jahren exponentiell zugenommen [haben]«, wie SPD, Grüne und Linkspartei in einem streitigen Text im Zwischenbericht der Enquete-Kommission festhalten (95). Der Begriff eines ›exponentiellen Wachstums‹ schafft das Bild einer explosiven, sich rasant verstärkenden und daher bereits in kurzer Zeit nicht mehr beherrschbaren Entwicklung.

Befürchtet wird dabei zum einen, dass die Verfügung über große Datenmengen sich in eine neue Form der Kontrolle übersetzen könnte. So wurde der Begriff des »gläsernen Bürgers«, dem eine Privatsphärenverletzung vonseiten des Staates droht, auf den Bereich der Privatwirtschaft übertragen; 2011 fiel erstmals in einer Plenardebatte der Begriff vom »gläsernen Konsumenten«[19], auf den die Werbeindustrie gezielt

---

16 Grüne-Fraktion, Antrag, Deutscher Bundestag, Drucksache 17/8161, 14.12.2011.
17 CDU/CSU-Abgeordneter, Plenarprotokoll 17/153, 20.1.2012.
18 FDP-Abgeordneter, Plenarprotokoll 17/153, 20.1.2012.
19 Grüne-Abgeordneter, Plenarprotokoll 17/150, 16.12.2011.

hinarbeiten würde. Der ohnehin doppelte Kontrolleffekt – durch äußere Beobachtung und innere, antizipative Selbstkontrolle – könne sich außerdem noch dadurch potenzieren, dass der Staat auf privatwirtschaftliche Datensammlungen zurückgreifen würde (Vorratsdatenspeicherung, geheimdienstliche Ermittlung etc.).

Zum anderen wachse mit der umfassenden Datensammlung das Risiko von Datenverlusten und -missbrauch. Die Oppositionsparteien argumentieren hier ähnlich wie im Diskurs über die Atomenergie: Selbst wenn eine Technologie enormen Nutzen verspreche, dürfe man die Risiken nicht aus den Augen verlieren. Es handele sich dabei um »überindividuelle Risiken«, die nicht vom Konzept des »eigentumsanalogen Verfügungsrechts«, konkret dem geltenden »Recht auf informationelle Selbstbestimmung« aufgefangen werden könnten. Dies könne zu einem Vertrauensverlust und damit zur »Vermeidung der Nutzung ganzer Kommunikationsinfrastrukturen«[20] führen – was das Ziel unterlaufen würde, die Teilhabe der Menschen an den neuen Entwicklungen zu sichern.

Kern der Debatte: Selbstbestimmung und Autonomie

Die positive Sicht von CDU/CSU und FDP auf die rasante Verbreitung Sozialer Netzwerke bedeutet nicht, dass sie blind wären gegenüber den einschlägigen datenschutzrechtlichen Problemen. Ihre Antwort besteht im Konzept der Eigen- bzw. Selbstverantwortung des Nutzers. Politiker von CDU/CSU berufen sich häufig darauf, aber ideologisch stringente Begründungen bietet vor allem die FDP an. Alles Handeln, so ein FDP-Abgeordneter, »ist und bleibt menschliches, individuelles Handeln«. Für die FDP sei es »entscheidend, dass wir als Grundlage den aufgeklärten und selbstbestimmten Nutzer in den Vordergrund stellen.«[21] Wenn die Oppositionsparteien vor ›überindividuellen‹ Risiken warnen, gehen die Regierungsparteien also davon aus, dass es im Internet derzeit keine (gesellschaftlichen, technischen) Strukturen gebe, die etwas mit den Nutzern machten, was diese nicht aus eigenen Stücken mit sich machen ließen. Staatliche Regulierung sei daher nicht erforderlich. In einem streitigen Entwurf des Enquete-Zwischenberichts schreiben die Fraktionen von CDU/CSU und FDP: »Nicht der Staat, sondern der Einzelne hat in Wahrnehmung seines Grundrechts auf informationelle

---

20 Zwischenbericht der Enquete-Kommission (2011: 96).
21 FDP-Abgeordneter, Plenarprotokoll 17/153, 20.1.2012.

Selbstbestimmung darüber zu entscheiden, ob und in welchem Umfang er personenbezogene Daten im Internet veröffentlicht«(58). Die Politik müsse dieses Freiheitsrecht auf Selbstbestimmung »akzeptieren, auch bei denen, die es eher exhibitionistisch ausleben.«[22] Wer umgekehrt keine persönlichen Informationen preisgeben möchte und deshalb mit den Datenschutzregeln eines Sozialen Netzwerkes nicht einverstanden sei, der könne sich ein anderes suchen oder die stets gegebene Rückzugsoption wählen und Soziale Netzwerke schlicht ganz meiden.

Die Behauptung des eigenverantwortlichen und gefahrenbewussten Nutzers untermauern CDU/CSU und FDP auch mit empirischer Evidenz. Man könne beobachten, dass die Nutzer immer weniger persönliche Informationen in Sozialen Netzwerken freigeben würden.[23] 77 Prozent der Nutzer würden ihre Grundeinstellung beim Eintritt in ein Soziales Netzwerk anpassen und 9 Prozent »bewusst« die Voreinstellungen der Netzwerke übernehmen (die bei Facebook auf geringen Privatsphärenschutz ausgelegt sind).[24] Implizit wird also behauptet, dass etwaige Datenschutzprobleme sich durch Lerneffekte der Nutzer beheben lassen, dass mithin solche Probleme vorübergehender Natur seien.

Die Frage der Eigenverantwortung gewinnt an Brisanz, wenn es um Personen mit eingeschränktem Verantwortungsbewusstsein geht, vor allem Minderjährige. Zwar halten es auch einzelne Vertreter der Regierungsparteien für »völlig falsch, dass von 15-jährigen […] Kindern Profile erstellt werden«.[25] Bei der Frage, welcher Regulierungsbedarf sich daraus ableitet, gehen die Positionen aber auseinander. Die Fraktionen der Regierungsparteien empfehlen in einem streitigen Textentwurf im Enquete-Zwischenbericht der Bundesregierung lediglich, »die Einwilligungsfähigkeit von Minderjährigen zu überprüfen«, dabei allerdings zu berücksichtigen, dass die »Informations- und Kommunikationsrechte von Minderjährigen« (108) gewahrt bleiben müssten. An anderer Stelle wird argumentiert, es lasse sich beobachten, dass auch Kinder einen bewussten Umgang mit persönlichen Daten pflegten. SPD, Grüne und Linke widersprechen dieser Position. In ihrem Gegenentwurf im Enquete-Bericht fordern sie eine nicht konditionierte, gesetzlich verbindliche Regelung, wonach »bei Angeboten für Kinder und Jugendliche die Erhebung von personenbezogenen Daten auf das erforderliche Mindestmaß für die Dienstleistung beschränkt bleiben muss.«[26]

22 FDP-Abgeordneter, Plenarprotokoll 17/150, 16.12.2011.
23 CDU/CSU-Abgeordneter, Plenarprotokoll 17/81, 16.12.2010.
24 FDP-Abgeordneter, Plenarprotokoll 17/150, 16.12.2011.
25 CDU/CSU-Abgeordneter, Plenarprotokoll 17/173, 30.3.2012.

Diese Stellungnahme ist konsistent mit dem Rahmen der Überforderung der Nutzerautonomie, der fast ausschließlich von SPD, Grünen und Linkspartei benutzt wird. Explizit taucht der Begriff ›Überforderung‹ im politischen Diskurs nicht auf. Erfasst werden damit aber alle Perspektiven, die von einem Ungleichgewicht zwischen Nutzern einerseits und System andererseits ausgehen. Streng genommen machen SPD, Grüne und Linkspartei dabei ebenso wenig einen Unterschied zwischen Erwachsenen und Kindern wie CDU/CSU und FDP: Die Hürden für die Ausübung der Eigenverantwortung werden so hoch eingeschätzt, dass sie im Grunde für Erwachsene ebenso unüberwindbar seien wie für Kinder.

Eine erste Hürde für die Ausübung von Eigenverantwortung ist mangelndes Problembewusstsein. Viele Nutzer wüssten nicht, was Unternehmen mit ihren Daten anstellen würden, hätten also auch gar keinen Anlass, ihr Verhalten kritisch zu überprüfen und ihr Recht auf informationelle Selbstbestimmung auszuüben. Nur einer Minderheit seien Cookies[27] ein Begriff. Folglich fehle ihnen auch eine Vorstellung davon, wie versucht werde, ihr Verhalten durch Profilbildung und Werbung zu beeinflussen. Die gezielte »Beeinflussung von Kaufentscheidungen, Konsummotivation und Bedürfnissen« sei aber das »Geschäftsmodell vieler sozialer Netzwerke«.[28] Überhaupt fehle ein Bewusstsein darüber, dass das Internet nicht nur ein sozialer und kultureller, sondern auch ein kommerzieller Raum sei: »Zwar kostet die Mitgliedschaft in Sozialen Netzwerken die Nutzerinnen und Nutzer zunächst nichts, einen Preis hat sie trotzdem. Userinnen und User zahlen ihn durch die Übermittlung ihrer persönlichen Daten, ihrer Vorlieben, ihres Aufenthaltsortes, ihrer Freunde.«[29] Sie zahlen also mit ihrer Privatsphäre. Sie wähnen sich in einem sozialen System, sind aber in einem wirtschaftlichen, öffentlichen System, in dem die Privatsphäre zur Währung geworden ist.

Ginge es indes nur um Unwissen oder mangelnde Sensibilität der Nutzer, könnte die Politik darauf mit einer Kampagne zur Stärkung der Medienkompetenz reagieren. Die Oppositionsparteien halten es dagegen für eine prinzipielle Überforderung, den Privatsphärenschutz

26 Zwischenbericht der Enquete-Kommission (2011: 108).
27 Cookies sind kleine Dateien, die beim Besuch einer Website automatisch auf dem Computer installiert werden und das Internetverhalten des Nutzers aufzeichnen und diese Informationen an den Anbieter weiterleiten (vgl. Ochs in diesem Band).
28 Grüne-Abgeordneter, Plenarprotokoll 17/150, 16.12.2012.
29 Grünen-Antrag, Deutscher Bundestag, Drucksache 16/11920, 11.2.2009.

der Autonomie der Nutzer zu überantworten. Ein SPD-Abgeordneter sagte: »Keiner käme auf die Idee, zu sagen: Wir stärken die Kompetenz im Bereich Baukunde, und deswegen verzichten wir darauf, Geländer vorzuschreiben.«[30] Das Datenschutzproblem ist für die Opposition nicht vorübergehender Natur, sondern es ist eine politische Frage darüber, wie die Macht zwischen Nutzer und Wirtschaftssystem verteilt wird. Derzeit seien die Hürden für den Privatsphärenschutz, die aus dem Machtungleichgewicht resultierten, so hoch, dass kein Nutzer sie überspringen könne. Die Rede von der Nutzereigenverantwortung halten SPD, Grüne und Linkspartei daher für eine Chimäre.

Das Maß staatlicher Intervention, welches der Nutzer nach Ansicht der Oppositionsparteien benötigt, um sein Recht auf informationelle Selbstbestimmung ausüben zu können, lässt sich an einigen Beispielen abschätzen. Zum Beispiel werde die Eigenverantwortung überstrapaziert, wenn das Akzeptieren der Browser-Voreinstellungen als bewusste Einwilligung gewertet werde, »den Verbraucher in seinem Surfverhalten auszuforschen.«[31] Der durchschnittliche Nutzer sei auch überfordert, wenn man behaupte, dass ein Löschungsrecht für einen Nutzer-Account nicht erforderlich sei, weil der Nutzer sich in den AGBs ja über das fehlende Löschungsrecht hätte informieren und dann dazu entscheiden können, den Dienst nicht zu nutzen.[32] Auch die »Vielzahl der Datenverarbeitungen«[33] mache den Nutzern die informationelle Selbstbestimmung fast unmöglich: Ein Unternehmen mag Klarheit darüber verschaffen, welche Daten es wie und wann erhebt – aber wohin wandern diese Daten? Wenn nicht die gesamte Verwertungskette bekannt sei, werde es unmöglich, die Kontrolle über die eigenen Daten zu behalten. Und last but not least wird argumentiert, dass der Austritt aus einem Sozialen Netzwerk unrealistisch sei, weil die sozialen Kosten dafür zu hoch seien.

Abwägung der Privatsphäre mit anderen Gütern

Politik ist häufig eine Frage der Abwägung verschiedener Interessen und Güter. In Bezug auf die Privatsphäre werden Abwägungen primär von Politikern der CDU/CSU vorgenommen, weniger von der FDP und überhaupt nicht von den Oppositionsparteien. Abgewogen wird die Pri-

---

30 SPD-Abgeordneter, Plenarprotokoll 17/153, 20.1.2012.
31 SPD-Abgeordneter, Plenarprotokoll 17/153, 20.1.2012.
32 SPD-Abgeordneter, Plenarprotokoll 17/150, 16.12.2011.
33 Grünen-Abgeordneter, Plenarprotokoll 17/81, 16.12.2010.

vatsphäre vor allem mit wirtschaftlichen Interessen, denen von 2009 bis 2012 zunehmend mehr Bedeutung beigemessen wurde. In frühen Stellungnahmen wurde konstatiert, dass Soziale Netzwerke sich über Profilbildung und Werbung finanzieren würden, diese also indirekt auch im Interesse der Nutzer seien.[34] Im Verlauf des Diskurses wurden jedoch wirtschaftliche Interessen zu einem wichtigen Bezugspunkt. »Wir als Wirtschaftspolitiker«, so ein CDU-Abgeordneter in einer Parlamentsdebatte über Datenschutz und Privatsphäre, dürften nicht »funktionierende Geschäftsmodelle der gesamten Internetwirtschaft ohne Not beeinträchtigen«.[35] Das Internet, so ein Parteifreund, müsse »in allererster Linie« als Raum für »wirtschaftliche Betätigung« gesehen werden.[36]

In dieser Linie wurde zum Beispiel auch die Idee einer verbindlichen datenschutzrechtlichen Folgenabschätzung mit dem Argument zurückgewiesen, dass dadurch »bürokratischer Mehraufwand für die Unternehmen«[37] entstünde. Umgekehrt könnten »durch eine entsprechende Optimierung der Website [...] Effizienzgewinne bei der Bewerbung und dem Verkauf von Produkten erreicht werden«[38]. Ein wichtiger Aspekt dieser Abwägung ist die Behauptung, Datenschutz sei ein Standortfaktor. Im Zwischenbericht der Enquete-Kommission wird festgehalten, dass Unternehmen den Datenschutz in Deutschland »zunehmend als negativen Standortfaktor« (74) betrachten würden. Unter direktem Bezug auf Soziale Netzwerke werden »Datenschutz« und »Wettbewerbsbedingungen« als »Spannungsfeld« (73) bezeichnet.

SPD, Grüne und Linkspartei haben diese Sichtweise zurückgewiesen. Datenschutz sei ein positiver Standortfaktor, insofern wirksame Datenschutzregulierungen das Vertrauen der Nutzer in die Online-Wirtschaft stärken könnten.[39] Deutschland dürfe nicht auf die EU-Regulierung warten, sondern müsse durch eigene Initiativen einen internationalen Vorsprung herausarbeiten.

Gelegentlich wägen CDU/CSU als auch FDP die Privatsphäre noch mit anderen als mit wirtschaftlichen Interessen ab. So wird die Privatsphäre auch mit einem »Informationsinteresse der Allgemeinheit« abgewogen. Bereits im Zwischenbericht der Enquete-Kommission wird in einem streitigen Text der Fraktionen von CDU/CSU und FDP ge-

34 CDU/CSU-Abgeordneter, Unterausschuss Neue Medien (22), 7.6.2010.
35 CDU/CSU-Abgeordneter, Plenarprotokoll 17/155, 26.1.2012.
36 CDU/CSU-Abgeordneter, Plenarprotokoll 17/153, 20.1.2012.
37 Zwischenbericht der Enquete-Kommission (2011: 83).
38 Ebd., 62.
39 Grüne-Abgeordneter, Plenarprotokoll 17/173, 30.3.2012.

warnt, dass »beispielsweise auch das Grundrecht auf Meinungsfreiheit und das Grundrecht auf Informationsfreiheit« sowie »die Freiheit der Berichterstattung und das Informationsinteresse der Allgemeinheit [...] zu berücksichtigen« seien (111). Zwar hat diese Stelle keinen unmittelbaren Bezug zu Sozialen Netzwerken. An anderer Stelle wird jedoch eine ähnliche Abwägung in direktem Bezug auf Soziale Netzwerke vorgetragen. So bekräftigte ein Vertreter des Innenministeriums bei einer Anhörung im Unterausschuss für Neue Medien, in der es u. a. um Facebook ging, dass bei deren Regulierung ein »Informationsanspruch der Allgemeinheit« zu berücksichtigen sei. Näher spezifiziert wurde dieser Anspruch nicht.

Wiederum ist die Perspektive der (traditionell eher antikapitalistisch eingestellten) Oppositionsparteien SPD, Grüne und Linke eine diametral andere. Sie haben nicht die Wirtschaft insgesamt, sondern einzelne Unternehmen im Blick, und diese werden im Topos des skrupellosen internationalen Großkonzerns gesehen. Die Anbieter Sozialer Netzwerke seien »global agierende« und »milliardenschwere Unternehmen«.[40] Sie seien »kommerziell orientiert«[41], d.h. es könne nicht unterstellt werden, dass sie im Dienste des Nutzers oder des Gemeinwohls arbeiteten. Im Enquete-Zwischenbericht warnen SPD, Grüne und Linke in einem streitigen Text vor »oligopolistischen Strukturen« im Internet, wodurch es »einigen wenigen Unternehmen« möglich sei, »maßgeblichen Einfluss auf zentrale Entwicklungen auszuüben« (95). In dieser Lesart ist die digitale Revolution kein *deus ex machina*, sondern sie wird von Akteuren gemacht, die folglich politisch kontrolliert werden müssten wie alle anderen Akteure auch, welche die Richtung der Gesellschaft mitbestimmen.

Ab 2011 wurde der Topos vom zweifelhaften Großunternehmen an Facebook festgemacht (Facebook erlangte um diese Zeit das Monopol in Deutschland). Der Unterausschuss »Neue Medien« hielt eine Sitzung unter dem Titel »Datenschutz bei Facebook und anderen Sozialen Netzwerken« ab. Als Experte war u. a. ein Vertreter von Facebook geladen. Abgeordnete aller Parteien konfrontierten den Facebook-Vertreter mit einem Täuschungsverdacht. »Ich möchte gerne wissen, was wirklich geschieht«,[42] so etwa ein FDP-Abgeordneter in Bezug auf das Auto-Tracking[43]. Offensichtlich hegten die Abgeordneten das Gefühl, Facebook

---

40 Grüne-Abgeordneter, Unterausschuss Neue Medien (22), 24.10.2011.
41 Linke-Abgeordneter, Unterausschuss Neue Medien (22), 7.6.2011.
42 Unterausschuss Neue Medien (22), 24.10.2011.
43 Facebook zeichnet automatisch alle Internetseiten auf, die Facebook-

sei aus guten Gründen nicht transparent im Umgang mit Nutzerdaten. Wenn Facebook Nutzungs- und Inhaltsdaten nicht für Werbezwecke kombiniere, wie das Unternehmen selbst behaupte, »wofür brauchen Sie die Daten [dann]?« Eine andere Abgeordnete fragte, weshalb Facebook nicht einfach die deutschen Datenschutzregeln umsetze, wenn das deutsche Datenschutzrecht, wie von Facebook selbst behauptet, zu 95 Prozent dem irischen entspräche, das Facebook als verbindlich akzeptiert.[44] »Unter rein ökonomischen Gesichtspunkten muss es da einen Haken geben.«[45]

Strategien des Privatsphärenschutzes

Die Idee der Selbstregulierung durch die Mechanismen des freien Marktes wird vor allem von der CDU/CSU vertreten, während sich bei der FDP kaum einschlägige Bezugnahmen finden. Im Vergleich zu den anderen drei Rahmen des liberal-konservativen Lagers wird die Selbstregulierung weniger häufig genannt (was sich dadurch erklären könnte, dass sie als »regulierte Selbstregulierung« teilweise schon Realität und ihre Rechtfertigungskraft dadurch eingeschränkt ist). Solange die CDU/CSU an der Regierung ist und anderslautende EU-Vorgaben noch nicht greifen,[46] dürfte die Selbstregulierung in Zukunft noch ausgebaut werden. Es lohnt also, sich auch mit diesem Aspekt auseinanderzusetzen.

Eine prominente Erwähnung des Konzepts der Selbstregulierung findet sich im Zwischenbericht der Enquete-Kommission (und zwar im unstreitigen Teil, was auf die Zustimmung der SPD hindeutet). Die Selbstregulierung wird als eine Strategie des vorauseilenden Gehorsams der Unternehmen mit den Erwartungen der Nutzer beschrieben:

> Nutzer und selbst nicht registrierte Besucher einer Facebookseite aufrufen.

44 Die gesetzliche Regelung der EU sieht vor, dass ein außerhalb der EU sitzendes Unternehmen sich am Datenschutz in einem EU-Mitgliedsland orientieren muss, auf dieser Grundlage aber in allen europäischen Staaten aktiv sein kann. Das irische Datenschutzrecht gilt als besonders unternehmerfreundlich.
45 Grüne-Abgeordneter, Unterausschuss Neue Medien (22), 24.10.2011.
46 Anfang 2012 stellte die EU-Kommission ihren Entwurf für eine neue EU-Richtlinie vor. Deren Verabschiedung wird etwa zwei Jahre dauern und die Umsetzung in nationales Recht nochmals so lange. Daraus ergibt sich, dass unter den gegenwärtigen Verhältnissen bis 2016 nicht mit einer staatlichen Regulierung zu rechnen ist.

»Eine Missachtung der berechtigten Datenschutzerwartungen der Nutzer kann auch zu einer Gegenreaktion und Ablehnung eines Dienstes führen. Letztlich setzen Geschäftsmodelle, die auf der Verwendung von personenbezogenen Daten beruhen, immer auch eine Akzeptanz des Nutzers voraus. Hieraus kann sich ein Selbstkorrektiv in der Entwicklung von Diensten ergeben, solange sichergestellt ist, dass die Nutzer über Art und Umfang der vorgenommenen Datenverarbeitung informiert sind.« (55)

Das Bindeglied von Anbietern und Nutzern, das den Mechanismus des Selbstkorrektivs am Laufen hält, ist Vertrauen. Forsche ein Anbieter seine Kunden aus, verlören diese vielleicht das Vertrauen und wechselten ihren Anbieter. Folglich bestehe ein Anreiz, die Einstellungen der Nutzer ernst zu nehmen. Transparenz ist dabei eine extern herzustellende Randbedingung, insofern die Urteilsbildung der Nutzer eine Kenntnis der Geschäftspraktiken voraussetzt. In diesem Zusammenhang ist im politischen Diskurs auch von einer geplanten »Stiftung Datenschutz« die Rede, deren Hauptaufgabe es wäre, Verbraucherinformationen zu liefern. »Ich verspreche mir von dieser kommenden Stiftung Datenschutz vor allem deshalb sehr viel, weil sie in prädestinierter Weise dazu beitragen kann, der Vertrauensbildung zwischen den Bürgern und den Unternehmen Vorschub zu leisten.«[47]

Den Vorteil der Selbstregulierung sehen CDU/CSU-Politiker zum einen darin, dass diese nicht gegen die Interessen der Wirtschaft arbeite, sondern sich den Wettbewerb zu Nutzen mache. Zum anderen sei es nur durch Selbstregulierung möglich, mit den rasanten technologischen Entwicklungen Schritt zu halten. Es handele sich um ein flexibles Regulierungsregime, das sich den wechselnden technologischen und gesellschaftlichen Realitäten zeitnah und geschmeidig anpasse.

Anfangs noch wenig klar artikuliert, ist das Konzept der Selbstregulierung 2012 zu einem Pfeiler der liberal-konservativen Internetpolitik geworden. »Wir setzen ganz klar auf Wettbewerb, Transparenz und Selbstregulierung, bevor der Gesetzgeber regulierend eingreifen muss.«[48] Die Oppositionsparteien kritisieren diese Strategie, deren normativer Bezugspunkt nicht das Grundrecht oder eine staatliche Schutzpflicht, sondern das diffuse Interesse einer unzureichend sensibilisierten Nutzergemeinde ist. »Denn es ist gerade anhand der Banken- und Finanzkrise deutlich geworden, dass es eine Mär ist, dass der Markt sich selbst reguliert und sanktioniert.«[49] Die Marktführer, darunter Fa-

---

47 CDU/CSU-Abgeordneter, Plenarprotokoll 17/81, 16.12.2010.
48 CDU/CSU-Abgeordneter, Plenarprotokoll 17/153, 20.01.2012.

cebook, hätten sich bislang nicht verpflichtet, oder jedenfalls nicht auf dem Niveau des bereits existierenden deutschen Datenschutzes. Und der Mangel an »hinreichend präzisen gesetzlichen Bindungen«, wie von der Opposition gefordert, hätte den Effekt, dass Verbraucherverbände bei Verstößen gegen das bestehende Datenschutzrecht nicht einmal klagen könnten. Damit sei auch die rechtliche Weiterentwicklung blockiert.

Im Prinzip handelt der politische Streit über die Regulierung darüber, wer die Verantwortung für den Schutz der Privatsphäre zu tragen hat. Während die Regierungsparteien diese Verantwortung an Nutzer und Unternehmer delegieren, sehen die Oppositionsparteien primär die Regierung selbst in der Verantwortung. Denn wenn der einzelne überfordert und Selbstregulierung unwirksam sei, könne nur der Staat die Balance wiederherstellen, damit am Ende zumindest die »Spieße gleich lang sind« (Rudin 2003: 144). Entsprechende Rahmungen eines kollektiven Politikversagens finden sich fast ausschließlich bei der SPD, den Grünen und der Linkspartei. So heißt es zum Beispiel, die Politik müsste »endlich anfangen, diesen Wandel zu gestalten.«[50] Es stelle sich »immer lauter [...] die Frage, wann der Gesetzgeber gegen die miesen und unlauteren Praktiken und gegen die Gesetzeslücken, gerade im Internet, vorgeht.«[51] Dennoch wäre es nicht richtig, die Kritik am Versagen der Politik allein damit zu erklären, dass es zum Gestus der Opposition gehöre, die Regierung anzugreifen. Denn erstens kann das politische Versagen auch als gesellschaftliches Problem verstanden werden, ähnlich wie beim Thema Klimawandel. Zweitens spiegelt die Kritik der Opposition den Diskurs über Soziale Netzwerke und Privatsphäre wider, wie er in der Literatur, in den journalistischen Medien und unter den Datenschützern geführt wird.

Es sind insbesondere zwei Erwartungen, welche die Grünen, die SPD und die Linke an die Politik bzw. die Bundesregierung richten. Erstens haben besonders die Grünen in wiederholten Anläufen gesetzliche Initiativen zur Verbesserung des Datenschutzes gefordert. In einem parlamentarischen Antrag[52] – dem ersten zum Thema Soziale Netzwerke – verlangen sie eine »grundlegende Modernisierung« der Gesetze. Später wird eine »Generalrevision« des Bundesdatenschutzgesetzes ange-

---

49 SPD-Abgeordneter, Plenarprotokoll 18/81, 16.12.2010.
50 SPD-Abgeordneter, Plenarprotokoll 17/153, 20.1.2012.
51 SPD-Abgeordneter, Plenarprotokoll 17/37, 22.4.2010.
52 Antrag »Privatsphäre in sozialen Netzwerken schützen – Anbieter in die Pflicht nehmen«, Deutscher Bundestag, Drucksache 16/11920, 11.02.2009.

mahnt, das noch auf dem Stand der 1980er Jahre sei.⁵³ Die bestehenden Regelungen im Telemediengesetz würden »dem Grundrecht auf informationelle Selbstbestimmung nicht ausreichend Rechnung« tragen.⁵⁴ Diskurstheoretisch betrachtet, wird mit Begriffen wie ›Generalrevision‹ und ›grundlegende Modernisierung‹ das Metanarrativ eines tiefgreifenden Wandels geschaffen, mit der Implikation, dass die Politik auch entsprechend grundlegend reagieren müsse. Tatsächlich fordern die Grünen dann auch seit 2010 nichts weniger als eine *grundgesetzliche* Revision, um »endlich verbindliche Vorgaben« für die Spezialgesetze zu schaffen und um die »notwendige Überarbeitung der Datenschutzgesetze […] anzugehen«.⁵⁵ Abgeordnete der CDU/CSU sehen dies entspannter; das Datenschutzproblem bei Sozialen Netzwerken lasse sich »in diesem Fall auch einmal ohne Gesetz« in den Griff bekommen.⁵⁶

Zweitens wird, indem der Datenschutz als Grundrecht eingestuft wird, eine Schutzpflicht des Staates ersten Ranges konstruiert. Die Nutzung und Offenlegung personenbezogener Daten seien »massive Eingriffe in das Recht auf informationelle Selbstbestimmung und das Persönlichkeitsrecht der Menschen«⁵⁷, daher träfen den Gesetzgeber »umfängliche Schutzpflichten, um den Schutzgehalt dieser Grundrechte auch im nichtöffentlichen Bereich zu gewährleisten.«⁵⁸ SPD und Linke haben sich dieser Forderung angeschlossen. Im Zwischenbericht der Enquete-Kommission stellen die drei Oppositionsfraktionen in einem streitigen Textentwurf fest, dass der Staat im Bereich Datenschutz und Privatsphäre seinen »grundrechtlichen Schutzpflichten« nicht gerecht werde (97).

Konkrete Regulierungsmaßnahmen

Die Kontroverse zwischen den parteipolitischen Lagern setzt sich fort, wenn es um konkrete Maßnahmen im Bereich Daten- und Privatsphä-

53 Grünen-Abgeordneter, Plenarprotokoll 17/81, 12.10.2010.
54 Grünen-Abgeordnete, Plenarprotokoll 17/37, 22.4.2010.
55 Antrag »Grundrecht auf Datenschutz im öffentlichen und privaten Bereich stärken«, Deutscher Bundestag, Drucksache 16/13170, 27.5.2009.
56 CDU/CSU-Abgeordneter, Plenarprotokoll 17/173, 30.3.2012.
57 Grünen-Abgeordneter, Plenarprotokoll 17/150, 16.12.2011.
58 Grünen-Antrag »Grundrechte schützen – Datenschutz und Verbraucherschutz in sozialen Netzwerken stärken«, Deutscher Bundestag, Drucksache 17/8161, 14.12.2011.

renschutz geht. Diese wurden unabhängig von den Rahmen kodiert, um zu überprüfen, ob die Rhetorik einerseits und die Festlegung auf bestimmte Maßnahmen andererseits sich decken. Es lassen sich dabei zwei Aspekte unterscheiden, nämlich *was* getan werden soll und *wie* eine Maßnahme umgesetzt werden soll. Tabelle 4 enthält die im Diskurs am häufigsten geforderten Maßnahmen, die sich in sieben Kategorien bündeln lassen. Die Kategorien eins bis vier decken ein Spektrum ab, das von Selbstdatenschutz (minimal regulativ, Verantwortung beim Nutzer) bis zu einem Profilbildungsverbot reichen (stark regulativ, Verantwor-

	Maßnahme	Inhalt
1	Selbstdatenschutz	Maßnahmen, welche die Verantwortung für den Datenschutz dem Nutzer selbst zuschreiben und an dessen Problembewusstsein ansetzen. Konkret: Förderung der Medienkompetenz, Aufklärungskampagnen.
2	Transparenz	Maßnahmen, welche sich an die Anbieter richten (aber deren Geschäftsmodelle nicht tangieren) und die Ausübung von Selbstdatenschutz ermöglichen sollen: Stiftung Datenschutz & Rankings, Datenschutz-Audit, Aufklärungspflicht, Verständlichkeit der AGB und Datenschutzbestimmungen, Auskunftsrecht.
3	Selbstbestimmung	Maßnahmen, welche sich an die Anbieter richten und den Nutzern Kontrolle über ihre personenbezogenen Daten geben: Opt-out-Regel, Löschbarkeit von Accounts, pseudonyme Nutzung, Privacy by default, Einwilligung.
4	Profilbildung	Maßnahmen, welche sich an die Anbieter richten und auf eine Verhinderung problematischer Praktiken zielen: Koppelungsverbot, Verbot von Cookies, Verbot von Bewerberrecherchen, Schutz Minderjähriger, Verbot der Auslesbarkeit von Profilen durch Suchmaschinen.
5	Staat/ Sanktionsregime	Möglichkeit der Verbandsklage, rechtsbewehrtes und gewinnabschöpfendes Sanktionsregime.
6	Wirtschaft/ Selbstregulierung	Aufforderung zur Selbstregulierung, Schaffung eines Zertifizierungssystems gemeinsam mit der Wirtschaft.
7	EU/europäische Regulierung	Einflussnahme auf bzw. Vorrang für den EU-Prozess; Behauptung, es gebe keine nationale Zuständigkeit/ Kompetenz im Datenschutz.

Tabelle 4: Klassifikation der Regulierungsmaßnahmen, wie sie von den Parteien diskutiert werden.

tung beim Anbieter). Abbildung 2 zeigt, dass CDU/CSU und FDP vor allem Maßnahmen im Bereich Selbstdatenschutz fordern, konkret die Stärkung der Medienkompetenz (was als Bildungsaufgabe eine Länderkompetenz ist). SPD, Grüne und Linkspartei rufen zwar auch zur Verbesserung der Medienkompetenz als Sofortmaßnahme auf, fordern darüber hinaus aber auch schärfere Regulierungsmaßnahmen.

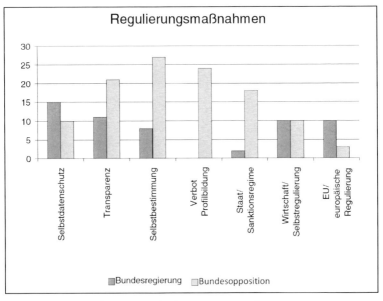

Abbildung 2: *Häufigkeit, mit der bestimmte Regulierungsoptionen von den beiden Parteilagern gefordert werden.*

Interessanter und grundlegender noch ist der zweite Aspekt, wie die entsprechenden Regulierungsmaßnahmen implementiert werden sollen. Auch diese Informationen wurden unabhängig von den Rahmungen erhoben, was technisch insofern unproblematisch war, als Rahmen sich im Text meist eindeutig von der Forderung nach konkreten Maßnahmen unterscheiden lassen, die meist am Ende des Textes auftauchen. SPD, Grüne und Linkspartei setzen – entsprechend ihrer grundlegenden Einstellungen zur Rolle des Staates – vor allem auf Gesetze. Alle oben genannten Forderungen werden dadurch nochmals unterstrichen. Dagegen setzen CDU/CSU und FPD auf Selbstregulierung und eine EU-Regulierung (diese Position wurde allerdings Anfang 2012 aufgegeben, als die EU tatsächlich eine Verordnung vorgestellt hat). Wie mit der Medienkompetenz fordert die Bundesregierung also Maßnahmen, die nicht oder nur peripher in der Verantwortung der Bundesregierung selbst liegen, was als Relativierung ihrer inhaltlichen Forderungen interpretiert werden kann.

3 Privatwirtschaftlicher Paternalismus: Plädoyer für Datenschutz

Wenn alle Parteien – ob Regierung oder Opposition, konservativ, liberal oder links – sich auf das Recht auf informationelle Selbstbestimmung berufen, dabei aber zu diametral gegensätzlichen Ergebnissen gelangen, so fordert dies einen theoretischen Kommentar von einem überparteilichen Standpunkt heraus. Ein solcher Standpunkt von erhöhtem Abstraktionsniveau findet sich in der Theorie des Liberalismus. Aus liberal-theoretischer Perspektive erscheint die Politik insgesamt, und die Regierung vielleicht noch mehr als die Opposition, als parteiisch – nämlich in dem Sinne, dass die Werte von individueller Freiheit und Autonomie kein genuines Interesse der Politik, sondern der Bürger sind. Historisch jedenfalls wurden die Bürgerrechte gegen den Staat erstritten und es könnte sein, dass im Zeitalter der Digitalisierung die Privatsphäre ein Recht ist, das erneut gegen den Staat und mithilfe staatlicher Normsetzung auch gegen Dritte, konkret die Wirtschaft, erstritten werden muss.

Der Liberalismus umfasst, wie jede größere Denktradition, teils konträre Stränge. So kann auf liberaler Grundlage sowohl für als auch wider eine Verschärfung des Datenschutzes argumentiert werden, wie sie derzeit Gegenstand des politischen Diskurses ist. Insbesondere libertär eingestellte Denker, die sich auf Adam Smith, Friedrich A. Hayek und Robert Nozick berufen, stehen staatlichen Einmischungen grundsätzlich skeptisch gegenüber, wenn diese über ein rechtsstaatlich gebotenes Minimum hinausgehen. Staatlich regulierter Datenschutz gilt ihnen zum einen als Paternalismus, der persönliche Entscheidungsfreiheiten einschränkt. Der Staat habe kein Recht, die Menschen vor sich selbst zu schützen bzw. die Risiken freiwilliger Entscheidungen zu minimieren. Die Privatsphäre gehöre in den Bereich des ›guten Lebens‹, also der Moral, und die Politik müsse strikt wertneutral sein. Zum anderen, und daran anschließend, assoziieren die libertären Anhänger des freien Marktes den Datenschutz mit einem starken Staat, dessen Wachstum unweigerlich Scheitern und Missbrauch nach sich ziehe. Auch wenn ihnen ein besserer Privatsphärenschutz wünschenswert erscheint, sind sie dennoch der Auffassung, dass gegenüber dem freien Spiel der wirtschaftlichen und gesellschaftlichen Kräfte eine staatliche Regulierung nur die zweitbeste Lösung sein könne, auch dort, wo es um gesellschaftliche Werte und Normen geht.

Eine andere und ältere Traditionslinie, die von Thomas Hobbes über Immanuel Kant und John Stuart Mill verläuft, betrachtet den Staat dagegen weniger skeptisch. Nach Kant haben die Menschen ein Recht auf Staat, und das bedeutet, auf bestimmte staatliche Leistungen. Nur der Staat kann Recht und Ordnung garantieren und damit die Bedingungen für ein gutes und autonomes Leben schaffen. So gesehen, ist der Staat eine legitime Autorität, die im Namen grundlegender Freiheitsrechte unter gewissen Bedingungen Zwang anwenden darf und sogar muss.

In dieser interventionsfreundlicheren, grundrechtsorientierteren Tradition möchte ich zunächst gegen die erste libertäre Hypothese argumentieren, wonach der Daten- und Privatsphärenschutz eine Wertsetzung des Staates konstituiere, der damit die Autonomie der Nutzer geringschätze und sich wie Don Quijote einem unaufhaltbaren gesellschaftlichen Wandel entgegenstemme. Die folgende Argumentation fußt auf der Annahme, dass eine staatliche Einmischung dann keinen Paternalismus konstituiert, wenn sie die Autonomie und das gute Leben der Bürger nicht beeinträchtigt, sondern Bedingungen für deren Ausübung schafft (Raz 1988: 423; vgl. Kersting 2009 und 2012). Der Daten- und Privatsphärenschutz gegenüber Staat und Wirtschaft wäre eine solche Einmischung, insofern er privatwirtschaftlichen Paternalismus kontert, und er wäre damit nicht nur legitim, sondern auch geboten.

Im Prinzip setzt der Datenschutz keine andere Vorstellung eines guten Lebens durch als die eines autonomen und selbstbestimmten Lebens. Durch eine Datenschutzregulierung, die dem Recht auf informationelle Selbstbestimmung zu Wirksamkeit verhelfen würde, könnten diverse Beeinträchtigungen des guten Lebens beseitigt und den Nutzern Wahlfreiheit gegeben werden: Ein ›Kopplungsverbot‹ von Service und Datenhandel würde die Nutzung von Internetdiensten ohne erzwungene Weitergabe personenbezogener Daten ermöglichen; ein Recht auf Vergessen würde von negativen Erfahrungen entlasten; ein Profilbildungsverbot oder zumindest eine »Opt-in«-Regelung würden das permanente Gefühl von Hilflosigkeit reduzieren, das Nutzer im Internet begleitet; ein Verbot von Bewerberrecherchen in Sozialen Netzwerken, die nicht der Karriereförderung dienen wie etwa XING, würde die verschiedenen sozialen Sphären klarer trennen und mit den Rückzugsräumen auch eine autonome Lebensführung stärken. Dagegen würde nichts, was gegenwärtig für Nutzer im Internet möglich ist, unter einer verschärften Datenschutzregulierung unmöglich werden. Als ›right to be let alone‹ ist die Privatsphäre ein defensives Konzept.

Zwar reduziert der Daten- und Privatsphärenschutz das Risiko, im Internet durch eigenes Handeln gewisse Schäden zu erleiden. Gewissermaßen wird der Nutzer also schon vor sich selbst geschützt, was eine Form von Paternalismus wäre; so wie die Politik nicht populäre Sportarten verbieten darf, die mit einem Risiko einhergehen, darf sie auch keine anderen Praktiken wie die Internetnutzung verbieten, die ebenfalls mit Risiken einhergehen. Raz hat allerdings auf einen wichtigen Unterschied von Sport- und Verbraucherrisiko hingewiesen, der diese Gleichsetzung aufhebt (1988: 422 f.). Sport werde um des Risikos willen betrieben, darin liege sein Wert schlechthin, aber bei Konsumgütern für die breite Masse herrsche eine instrumentelle Verwendung. Das bedeutet: Niemand geht wegen des Risikos ins Internet (und wer das Risiko dennoch sucht, den hindert niemand daran), sondern weil das Internet ihm hilft, bestimmte Dinge zu tun, die zu seinem guten Leben gehören, etwa Vernetzung, Information, Einkauf. Müssen die Nutzer dabei permanent alle Risiken bedenken und entsprechende Selbstverteidigungsstrategien ersinnen und implementieren, so stählt dies nicht die Energie und Urteilskraft, sondern es macht ein normales Leben unmöglich. »Freiheit besteht darin, zu tun, was man will« (Mill 2006: 132) – aber dabei geht es nicht nur um Entscheidungsfreiheit, wie der Libertarianismus betont, sondern es geht auch darum, praktische Widerstände des freien Handelns zu reduzieren und Entscheidungen umsetzen zu können. In der Regel will der Nutzer kein Risiko im Netz eingehen, er tut es unfreiwillig, um etwas anderes zu erreichen.

Des Weiteren konstituiert Datenschutz auch deshalb keine paternalistische Bevormundung, weil er sich nicht gegen die Nutzer, sondern gegen die Anbieter richtet. Nicht die Nutzer müssten ihr Verhalten umstellen, sondern die Anbieter müssten ihren Umgang mit personenbezogenen Daten ändern. Der entscheidende Punkt ist, dass der Paternalismusverdacht, der üblicherweise gegen den Staat erhoben wird, eigentlich auf die Wirtschaft gerichtet werden müsste. Schon jetzt greifen Unternehmen durch ihren Umgang mit personenbezogenen Daten und die Gestaltung ihrer Web-2.0-Angebote auf eine Art in Vorstellungen des guten Lebens ein, die weit über das hinausgeht, was der Politik selbst erlaubt wäre. Die großen Internetunternehmen (Google, Facebook, Twitter etc.) lancieren und implementieren seit Jahren ganz offen die Idee, dass die Privatsphäre ein Konzept von Gestern sei (vgl. Schmidt in diesem Band). Der Nutzer hat bislang kaum die Möglichkeit, sich diesen Zwängen zu entziehen, außer er verzichtet zu hohen sozialen und Effizienzkosten vollständig auf die Internetnutzung. Die großen Unternehmen sind in einer derart übermächtigen Position, dass nur der Staat ihre Macht begrenzen und den Nutzer zum Widerspruch ermächtigen kann. Wer für den schlanken Staat eintritt, der sollte konsequenterweise auch für einen begrenzten Einfluss der Wirtschaft eintreten. (Es sei nur daran erinnert, dass Unternehmen wie Facebook bereits die Attribute eines Staates zugeschrieben werden, etwa wenn ›undemokratische‹ und ›intransparente‹ Strukturen kritisiert werden.) Wirksame »Opt-in«- und »Opt-out«-Verfahren, mehr Wettbewerb sowie die rechtliche Einklagbarkeit von Datenschutzstandards, deren Verletzungen mit Gewinn abschöpfenden Sanktionen belegt werden müssten, könnten die Position des Nutzers gegenüber den Anbietern substantiell aufwerten.

Politisch ist eine solche ›Waffengleichheit‹ nicht von allen Parteien erwünscht. Mit personenbezogenen Daten wird, so die Argumentation, viel Geld verdient, sodass eine entsprechende Regulierung einen volkswirtschaftlichen Schaden nach sich ziehen könne, letztlich also dem Gemeinwohl schade. Angesichts dessen vertraue man mit dem Prinzip des freien Marktes besser auf eine Selbstregulierung, die ebenfalls zu einer neuen Balance aller betroffenen Interessen führe. Spätestens seit der Finanzkrise ist jedoch klar, dass der freie Markt das Machtungleichgewicht noch verschärfen dürfte. Insbesondere bleibt rätselhaft, wie durch freiwillige Selbstregulierung jenes Schutzniveau erreicht werden soll, von dem die Regierung gleichzeitig behauptet, es würde in Gestalt von Gesetzen die Wirtschaft schädigen.

Der staatsfreundliche Strang des Liberalismus empfiehlt ein anderes Prinzip, um die liberalen Grundrechte zu sichern. Es wird angenommen, dass der Staat als legitime Autorität gegebenenfalls Zwang ausüben darf und muss, um die Freiheit des Individuums zu schützen. Ein entsprechender Eingriff muss sich nach dem Prinzip richten: »Daß der einzige Zweck, um dessentwillen man Zwang gegen den Willen eines Mitglieds einer zivilisierten Gesellschaft rechtmäßig ausüben darf, der ist: die Schädigung anderer zu verhüten.« (Mill 2006: 16) Der klassische Liberalismus hatte hierbei das Verhältnis zwischen Privatpersonen im Blick, denn es gab damals keine vergleichbar mächtige Privatwirtschaft wie heute.[59] Es existiert jedoch kein triftiger Grund, weshalb dieses Prinzip nicht ebenfalls für das Verhältnis von Privatperson und Privatunterneh-

---

59 Andernfalls hätte Adam Smith zu jener Zeit auch nicht die Idee eines freien Marktes ersonnen, der damals noch jedem einzelnen eine Eman-

men, oder Nutzer und Anbieter, gelten sollte. Mill selbst hat mit nichtstaatlichen Freiheitsgefährdern gerechnet. Wenn der Staat die Freiheit seiner Bürger sichere, »ist er andererseits auch verpflichtet, ein wachsames Auge auf die Ausübung jeder Macht zu haben, die er diesem über andere gibt« (Mill 2006: 143). Die Macht der Wirtschaft ist, jedenfalls nach allem, was derzeit über die Suprematie der Politik angenommen wird, von der Politik verliehen. Wenn daher die Freiheit der Wirtschaft die Freiheit der Menschen beeinträchtigt, ist staatlicher Zwang legitim, um beide Freiheiten wieder in ein ausgewogenes Verhältnis zu bringen.

Wo genau diese Grenze liegt oder wie viel Macht die Wirtschaft über den Einzelnen und die Gesellschaft ausüben darf, darüber kann trefflich gestritten werden. Ein pragmatischer Gesichtspunkt der Abwägung könnte jedoch die Feststellung sein, dass gegenwärtig die Verletzung der liberalen Grundrechte eine manifeste Tatsache ist, ebenso der Profit der Wirtschaft durch Datenverarbeitung. Dagegen ist die Steigerung des Allgemeinwohls durch eine prosperierende Internetwirtschaft (deren Geschäftspraktiken als alternativlos dargestellt werden) und die Sicherung der liberalen Grundrechte im Zuge der Selbstregulierung eine Hoffnung, deren Erfüllung sich bislang nicht einmal abzeichnet.

Der derzeitige politische Kurs der Bundesregierung deckt sich mit dem der Wirtschaft und dürfte allein schon deswegen keine Lösung darstellen. Er ist sogar paradox: Einerseits fordern Politiker wie Unternehmer, dass das Vertrauen ins Internet gestärkt werden müsse, damit die Menschen sich im Internet freier bewegen könnten. Andererseits müsse die Medienkompetenz gestärkt werden, um Nutzer für die Risiken der Internetnutzung zu sensibilisieren – womit das Vertrauen also auf der Stelle wieder untergraben würde. Gemeinsam ist beiden Ansätzen nur, und daran kommt ihr nicht liberaler Charakter zum Ausdruck, dass nicht die Anbieter, sondern die Nutzer ihre Einstellungen und ihr Verhalten ändern sollen. Der Staat optiert also mit der Medienkompetenz für eine Erziehungsmaßnahme, statt die Bürger mit Rechten auszustatten, die sie gegenüber den Grundrechtsverletzern ermächtigen würden.

Der zweite oben angesprochene Einwand gegen Datenschutzgesetze beruht auf der Prämisse, dass staatliche Regulierung gegenüber einer Selbstregulierung immer die schlechtere Option ist. Hier lautet meine Gegenthese, dass der Datenschutz eine einhegende Wirkung auf den Staat selbst hat. Ein leistungsfähiges Daten- und Privatsphärenschutzrecht führt nicht zu einer (normativen, bürokratischen) Expansion des

zipation aus feudalistischer Abhängigkeit versprochen habe (vgl. Wolfe 2009: 14f.).

Staates, es begrenzt vielmehr die Rolle des Staates – und ist damit im Zweifelsfall die bessere liberale Lösung. Gewissermaßen erfüllt sich darin der eigentliche Zweck der Privatsphäre. Wenn der Staat dazu neigt, im Namen der Mehrheitsmeinung, des Mehrheitsinteresses (z. B. soziale und öffentliche Sicherheit) oder schlicht im Interesse der Machterweiterung stetig mehr Einfluss zu nehmen und seine Bürger zu entmündigen, dann bedarf es wirksamer Gegenprinzipien. Die Privatsphäre ist, neben anderen Grundrechten, ein solches Gegenprinzip: »Die Festung des Privaten schützt […] nicht nur den Bürger. Sie bewahrt die Staatsmacht vor der Versuchung, sich immer weiter auszudehnen, anstatt sich der einzigen Aufgabe zu widmen, die ihr zukommt: der Sicherung der Freiheit.« (Sofsky 2007: 42)

Das Verhältnis von Bürger und Staat und damit einhergehende Gefährdungen der Freiheit haben sich im Lauf der Zeit gewandelt. Die Gesamtwirkung der digitalen Revolution ist schwer einzuschätzen. Relativ unbestritten dürfte jedoch sein, dass die digitale Revolution die Macht jener stärkt, die über entsprechende Mittel der Informationsverarbeitung verfügen, also Unternehmen und besonders der Staat. Die Möglichkeit großflächiger Datenerhebung und -auswertung weckt beim Staat und dessen Bürokratie immer neue Begehrlichkeiten, die auf eine Ausweitung der Kontrolle hinauslaufen (vgl. Hotter 2011: 151): Videoüberwachung öffentlicher Plätze, Fluggastabkommen mit den USA, die Überwachung von Sozialhilfeempfängern, der Datenhandel durch Kommunen – all das konstituiert eine signifikante Expansion staatlicher Aktivitäten. Zwar lässt sich jede einzelne Maßnahme rechtfertigen durch konkurrierende Werte wie Sicherheit, Gleichheit, Wohlfahrt. Nichtsdestoweniger ist der gemeinsame Nenner aller Abwägungen, dass jedes Mal die Privatsphäre bzw. Freiheit einem anderen Wert untergeordnet wurde. Möglich sind diese schleichende ›Umwertung‹ der Gesellschaft und der Ausbau staatlicher Einflusssphären nur, weil es keinen effektiven Datenschutz als Gegenprinzip gibt (und keinen öffentlichen Diskurs, der sich für die digitale Selbstbestimmung stark machen würde).

Wenn der Datenschutz nicht nur die Wirtschaft reguliert, sondern auch den Staat selbst, dann dürfte der Staat also kein Interesse an Daten- und Privatsphärenschutz haben – eine banale Feststellung, die aber weitreichende Implikationen hat. Der oben analysierte Diskurs hat eine tiefe politische Spaltung zwischen Liberal-konservativen und Mitte-links-Parteien erkennen lassen. Im Licht dieser neuen Ansicht könnte es allerdings sein, dass sich der politische Konflikt weniger den parteiideologischen Einstellungen, als vielmehr der politischen Rolle verdankt, welche die Akteure spielen. Je mehr politische Macht ein Akteur besitzt, d. h. je mehr er den Staat verwaltet, desto geringer dürfte seine Bereitschaft zum Datenschutz sein. Die Annahme hinter dieser Hypothese ist, dass Akteure, die Regierungsverantwortung ausüben, sich über kurz oder lang auch die expansiven Interessen des Staates zu Eigen machen, hinter denen teils auch gesellschaftliche Werte wie Sicherheit, Gleichheit und Wirtschaft stehen, die mit dem Wert der Freiheit konkurrieren.

Diese Hypothese, dass also die Bereitschaft zum Datenschutz negativ mit der politischen Rolle (im Sinne von Macht und Verantwortung) korreliert ist, lässt sich empirisch plausibilisieren. In diesem Forschungsprojekt wurde nach der Untersuchung des bundespolitischen Diskurs' in einem zweiten Schritt auch der Diskurs auf Länderebene ausgewertet, wozu eine repräsentative Auswahl von fünf Ländern betrachtet wurde. Die Intention war ursprünglich, die Ergebnisse der Hauptuntersuchung zu untermauern. Allerdings ergab sich auf Landesebene kein kohärentes Bild. In der Zusammenschau beider Diskurse bestätigt sich aber die Vermutung, dass der Wille zum Datenschutz mit der Entfernung zur politischen Verantwortung wächst. Die ›Datenschutzfreudigkeit‹ steigt in der Ordnung Bundesregierung, Landesregierungen, Bundesopposition, Länderoppositionen – unabhängig davon, welche Parteien auf Länderebene in Regierung und Opposition sind.[60] Abbildung 3 (S. 48) zeigt diesen Zusammenhang anhand eines Indexes, nämlich dem Verhältnis von skeptischen (Rahmen 5 bis 7) und relativierenden (Rahmen 1 bis 4) Äußerungen zum Datenschutz in Sozialen Netzwerken.

Die Implikation aus diesem Zusammenhang von politischer Rolle und Datenschutz wäre: Selbst ein Regierungswechsel, der diejenigen Parteien an die Macht brächte, die gegenwärtig vehement für einen Ausbau des Datenschutzes eintreten, würde zu keinem völlig neuen politischen Kurs führen. Vielmehr könnte sich ein Regierungswechsel als Rollentausch herausstellen, d. h. die Akteure würden ihr altes Interesse an einer Datenschutzreform mit der Übernahme der politischen Verantwortung im neuen Amt verlieren.

---

60 Die fünf untersuchten Länder (Baden-Württemberg, Bayern, Brandenburg, Niedersachen, Nordrhein-Westfalen) bildeten im Untersuchungszeitraum ein breites Spektrum von Regierungskoalitionen.

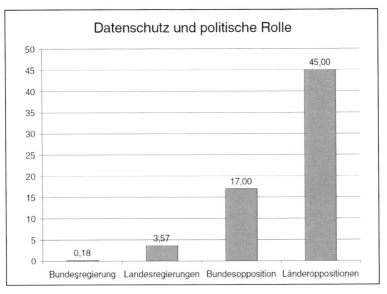

Abbildung 3: Bei den Länderoppositionen kommen 45 skeptische Äußerungen auf eine positive, bei den Landesregierungen nur noch rund vier. Bei der Bundesregierung kommt dagegen umgekehrt auf rund sechs positive Äußerungen nur eine skeptische.

Resümee

Die Untersuchung wollte Licht auf die Rolle von Politik und Wirtschaft in Bezug auf die Privatsphäre und deren Wandel werfen. Einschlägige deskriptive und analytische Studien im Privatsphärendiskurs münden häufig in die unausgesprochene Frage »So what?« Es ist nicht primär die Aufgabe der Wissenschaft, darauf eine Antwort zu finden, sondern der Politik. Die Politik – oder generell jedes politische Gemeinwesen – hat grundsätzlich die Möglichkeit, Entwicklungen aktiv zu gestalten oder zumindest ihre problematischsten Auswirkungen zu mildern. Nur die Politik kann verbindliche Regeln schaffen, und insofern die Wirtschaft ein Motor des Privatsphärenwandels ist, sollte sie einer demokratischen Kontrolle von Gesellschaft und Politik unterworfen werden. In diesem Kontext hat uns interessiert, wie die Politik den Wandel und ihren Handlungsspielraum einschätzt und ob, von einem theoretischen

Standpunkt aus betrachtet, die Politik ihrer – im Liberalismus vornehmsten – Rolle gerecht wird, die Freiheit der Menschen zu sichern.

Es hat sich gezeigt, dass die von der Politik oder genauer: der Bundesregierung vertretenen Positionen signifikant von der öffentlichen und Oppositionsmeinung abweichen und darüber hinaus aus liberaler Perspektive inkonsistent erscheinen. Die Medien und die Oppositionsparteien haben der Behauptung der Regierung widersprochen, es gäbe kein Problem oder es lasse sich durch Selbstdatenschutz und Selbstregulierung lösen. Aus liberaler Perspektive lässt sich auch die Behauptung, der Datenschutz konstituiere einen illegitimen und kontraproduktiven Paternalismus, entschieden zurückweisen. Der eigentliche Paternalismus geht von der Wirtschaft aus, aber sofern der Staat den Ordnungsrahmen für die Wirtschaft vorgibt, kann von einem ›delegierten Paternalismus‹ gesprochen werden. Es ist eine inkohärente Position, einerseits auf liberale Konzepte wie Autonomie und den schlanken Staat zu setzen, andererseits in der Wirtschaft Monopole und Praktiken zu dulden, welche die Autonomie von Nutzern bzw. angesichts der Verbreitung von Web-2.0-Angeboten der Bürger schlechthin beeinträchtigen.

Wir haben jedoch auch gesehen, dass eine solche Position weniger mit der gegenwärtigen Regierung als mehr mit strukturellen Faktoren zu tun haben könnte. Jede Regierung dürfte skeptisch gegenüber Datenschutz sein, denn Datenschutz reguliert nicht nur die Wirtschaft, sondern indirekt auch die Politik. Und die politische Selbstregulierung dürfte ebenso wenig funktionieren wie die wirtschaftliche Selbstregulierung. Das macht den Datenschutz zu einer zentralen gegenwärtigen Herausforderung des Liberalismus, die weit über die Sozialen Netzwerke hinausreicht. Im Datenschutz könnte der Liberalismus *die* Herausforderung der gegenwärtigen Zeit finden, ein neues Paradigma, um die Grund- und Freiheitsrechte einmal mehr gegen den Staat und Dritte wie die Wirtschaft zu erkämpfen. Liberale Bewusstseinsbildung ist dabei umso mehr gefragt, als der Datenschutz bislang keinen vergleichbaren Rang mit konkurrierenden Werten und Interessen des Elektorats hat.

Primärquellen (chronologisch)[61]

Bundesebene

Deutscher Bundestag, Antrag (Grüne): Fehlende Verbraucherschutzregeln und Rechtsunsicherheiten im Telemediengesetz beseitigen, Drucksache 16/6394, 19.09.2007.

Deutscher Bundestag, Antrag (Grüne): Privatsphäre in sozialen Netzwerken schützen – Anbieter in die Pflicht nehmen, Drucksache 16/11920, 11.02.2009.

Deutscher Bundestag, Antrag (Grüne): Grundrecht auf Datenschutz im öffentlichen und privaten Bereich stärken, Drucksache 16/13170, 27.05.2009.

Deutscher Bundestag, Plenarprotokoll 17/37, 22.04.2010.

Deutscher Bundestag, Unterausschuss Neue Medien (22), Protokoll Nr. 17/2, 07.06.2010.

Deutscher Bundestag, Plenarprotokoll 17/81, 16.12.2010.

Enquete-Kommission Internet und digitale Gesellschaft, Zwischenbericht Datenschutz, Persönlichkeitsrechte, 10.10.2011.

Unabhängiges Landeszentrum für Datenschutz Schleswig-Holstein, Brief an den Deutschen Bundestag, Unterausschuss Neue Medien: Stellungnahme zum Öffentlichen Expertengespräch zum Thema »Datensicherheit bei Facebook und anderen sozialen Netzwerken in Anbetracht einer Entschließung der Datenschutzbeauftragten der Länder und des Bundes, 14.10.2011.

Deutscher Bundestag, Unterausschuss Neue Medien (22), Protokoll Nr. 17/5, 24.10.2011.

Deutscher Bundestag, Antrag (Grüne): Grundrechte schützen – Datenschutz und Verbraucherschutz in sozialen Netzwerken stärken, Drucksache 17/8161, 14.12.2011.

Deutscher Bundestag, Plenarprotokoll 17/150, 16.12.2011.

Deutscher Bundestag, Plenarprotokoll 17/153, 20.01.2012.

Deutscher Bundestag, Gesetzentwurf (SPD): Entwurf ... eines Gesetzes zur Änderung des Telemediengesetzes (TMG), Drucksache 17/8485, 24.01.2012.

Deutscher Bundestag, Plenarprotokoll 17/155, 26.01.2012.

Deutscher Bundestag, Plenarprotokoll 17/173, 30.03.2012.

---

61 Aufgeführt sind nur diejenigen Dokumente, die letztlich Eingang in die quantitative und qualitative Untersuchung gefunden haben. Der Korpus der gesichteten Dokumente ist größer. Die Sekundärquellen finden sich Gesamtliteraturverzeichnis.

Länderebene
Bayerischer Landtag, Plenarprotokoll 16/27, 15.07.2009.
Bayerischer Landtag, Plenarprotokoll 16/32, 27.10.2009.
CDU Baden-Württemberg, Regierungsprogramm 2011.
CDU Brandenburg, Wahlprogramm 2009.
CDU/FDP Niedersachen, Koalitionsvertrag 2008.
CDU Niedersachen, Unterrichtung, Niedersächsischer Landtag, Drucksache 16/2463, 27.04.2010.
CDU Nordrhein-Westfalen, Wahlprogramm 2010.
CDU Niedersachsen, Antwort, Drucksache 16/2746, 22.06.2010.
CSU Bayern, Grundsatzprogramm 2007.
CSU Bayern, Europawahlprogramm 2009.
FDP Baden-Württemberg, Landtagsprogramm 2011.
FDP Baden-Württemberg, Antrag Netzgesellschaft (ohne Datum).
FDP Bayern, Koalitionsvereinbarung mit der CSU 2008.
FDP Bayern, Wahlprogramm 2008.
FDP Bayern, Beschluss Stärkung des Datenschutzes 2011.
FDP Nordrhein-Westfalen, Wahlprogramm 2010.
Grüne Baden-Württemberg, Beschluss Netzpolitik 2010.
Grüne Bayern, Wahlprogramm 2008.
Grüne Niedersachsen, Antrag »Für ein modernes Datenschutzrecht in Niedersachsen«, Niedersächsischer Landtag, Drucksache 16/2522, 02.06.2011.
Grüne Niedersachsen, Antrag »Datenskandal: Keine ›gläsernen Menschen‹ – ein wirksamer Datenschutz ist Bürgerrecht«, Niedersächsischer Landtag, Drucksache 16/437, 10.09.2011.
Grüne Nordrhein-Westfalen, Wahlprogramm 2010.
Landtag Baden-Württemberg, Plenardebatte 14/78, 25.11.2009.
Landtag Baden-Württemberg, Plenardebatte 14/92, 15.04.2010.
Landtag Baden-Württemberg, Plenardebatte 14/104, 24.11.2010.
Landtag Brandenburg, Plenardebatte 4/74, 16.10.2008.
Landtag Brandenburg, Plenardebatte 4/75, 19.11.2008.
Landtag Brandenburg, Plenardebatte 5/19, 02.07.2010.
Landtag Brandenburg, Plenardebatte 5/27, 17.12.2010.
Landtag Nordrhein-Westfalen, Plenarprotokoll 14/98, 28.08.2008.
Landtag Nordrhein-Westfalen, Plenardebatte 14/109, 17.12.2008.
Landtag Nordrhein-Westfalen, Plenardebatte 15/33, 15.04.2011.
Landtag Nordrhein-Westfalen, Plenarprotokoll 15/34, 18.05.2011.
Landtag Nordrhein-Westfalen, Plenardebatte 15/37, 30.06.2011.
Landtag Nordrhein-Westfalen, Plenarprotokoll 15/47, 17.11.2011.
Linke Baden-Württemberg, Wahlprogramm 2011.
Linke Bayern, Wahlprogramm 2008.
Linke/SPD Brandenburg, Koalitionsvertrag 2009.

Linke Niedersachen, Wahlprogramm 2013.
Linke Nordrhein-Westfalen, Wahlprogramm 2012.
Niedersächsischer Landtag, Plenardebatte 16/43, 27.08.2009.
Niedersächsischer Landtag, Plenardebatte 16/67, 18.03.2010.
Niedersächsischer Landtag, Plenardebatte 16/78, 18.08.2010.
SPD Baden-Württemberg, Argumente 2011.
SPD Brandenburg, Regierungsprogramm 2009.
SPD Niedersachsen, Kleine Anfrage mit Antwort »Schutz der Verbraucher im Internet – Was tut die Landesregierung?«, Niedersächsischer Landtag, Drucksache 16/2746, 22.06.2010.
SPD Niedersachsen, Antrag »Verbraucherrechte in der digitalen Welt schützen!«, Niedersächsischer Landtag, Drucksache 16/2881, 28.09.2010.
SPD Niedersachsen, Antrag »Selbstdatenschutz stärken – den Datenausweis einführen!«, Niedersächsischer Landtag, Drucksache 16/3523, 05.04.2011.
SPD/Grüne Baden-Württemberg, Koalitionsvertrag 2011.
SPD Nordrhein-Westfalen, Regierungsprogramm 2012.

Göttrik Wewer
Die Verschmelzung von privater und öffentlicher Sphäre im Internet

Ein Grundsatz der sogenannten Hacker-Ethik lautet: »Private Daten schützen, öffentliche Daten nützen« (Heller 2011: 111). Dieser Punkt wurde in den 1980er Jahren vom Chaos Computer Club jenen Grundsätzen hinzugefügt, die schon länger in der Szene kursierten, und sollte im Zeitalter des Internet den Schutz der Privatsphäre des Einzelnen mit dem freien Zugang zu Informationen verknüpfen, welche die Allgemeinheit betreffen (www.ccc.de). Eine frühere Version findet sich in dem Buch »Hackers« von Steven Levy aus dem Jahre 1984, das erste »Hacker Manifest« erschien zwei Jahre später.

Dieser Kodex, von dem unterschiedliche Versionen zirkulieren, bietet eine gewisse Orientierung, ist aber weder abschließend noch verbindlich. Dass längst nicht alle Hacker private Daten schützen, zeigte zum Beispiel die Veröffentlichung der Namensliste der Unterstützer des Aufrufs »Wir sind die Urheber!« samt Adressen, Geburtsdaten und Telefonnummern im Netz. Ihre Homepages wurden außerdem durch gezielte Angriffe lahmgelegt.

Hier soll es jedoch nicht um die Glaubwürdigkeit von anonymen Hackern gehen, die Menschen mit anderen Ansichten mundtot zu machen versuchen, sondern um die Frage, ob sich heutzutage noch »private« Daten fein säuberlich von »öffentlichen« Daten unterscheiden lassen. Private Daten jedenfalls, die ins Internet gestellt werden, sind im Prinzip öffentlich, weil man nicht sicher sein kann, wer alles Zugriff darauf hat, und weil man die weitere Verwendung nicht mehr kontrollieren kann: Was im Netz ist, ist in der Welt. Das Netz stellt eine neue, nämlich die digitale Öffentlichkeit dar (Kretschmer/Werner 2011; Beckedahl/Lüke 2012). Das führt zu der Frage, was in dieser Sphäre das »Schützen privater Daten« praktisch noch bedeuten kann.

Dem Chaos Computer Club ging (und geht) es noch um etwas anderes, nämlich um einen freien Zugang zu Informationen, welche die Allgemeinheit betreffen. Auch die Piraten, die jetzt in einige Landtage eingezogen sind, wollen die völlige »Transparenz aller staatlichen Prozesse«. Dazu gehöre, wie es in ihrem Grundsatzprogramm heißt, dass ein jeder Bürger »effizient, komfortabel und mit niedrigen Kosten« Zugang zu staatlichen Informationen bekommen müsse und ein jeder unabhängig von persönlicher Betroffenheit und ohne irgendwelche Begründungen überall »Einsicht in die Aktenvorgänge« nehmen könne. Man müsse vom »Prinzip der Geheimhaltung« zu einem »Prinzip der Öffentlichkeit« kommen (zit. n. Häusler 2011: 151 ff.). Öffentliche Daten in diesem Sinne sind Daten, die von öffentlichen Stellen, also Parlamenten, Regierungen und Verwaltungen, erzeugt werden. Sie sollen, so die Forderung, möglichst maschinenlesbar und unentgeltlich zur weiteren Nutzung bereitgestellt werden (»Open Data«). Bund und Länder haben im Sommer 2012 eine Konsultation im Internet über Eckpunkte einer entsprechenden Strategie zur Förderung von Transparenz, Teilhabe und Zusammenarbeit durchgeführt (www.e-konsultation.de).

Es geht aber nicht nur um Statistiken, Geodaten und ähnliche Datensätze, sondern auch um Aktenvorgänge. Nach dem sogenannten Transparenzgesetz, das am 13. Juni 2012 von der Bürgerschaft der Freien und Hansestadt Hamburg beschlossen worden ist (Kleindiek 2012) und an dem neben Transparency International und dem Verein »Mehr Demokratie« auch der Chaos Computer Club mitgearbeitet hat, sollen künftig sämtliche Dokumente, die von öffentlichem Interesse sein könnten, unaufgefordert und kostenfrei in ein Informationsregister im Internet eingestellt werden (www.transparenzgesetz.de).

Das Parlament wollte mit diesem Gesetz einer Volksinitiative zuvorkommen, die sich »Transparenz schafft Vertrauen« nannte. Diese Bezeichnung trifft insofern zu, als mehr Transparenz hier und da zu mehr Vertrauen führen kann (Franke 2010). Die Forderung nach totaler Transparenz ist allerdings Ausdruck einer Misstrauenskultur (Han 2012a). Transparenz meint in diesem Zusammenhang Kontrolle, nicht Vertrauen. Darin steckt letztlich ein Stück totalitäres Denken: »Vertrauen ist gut, Kontrolle ist besser« (Lenin).

Von öffentlichem Interesse können im Prinzip auch Daten sein, die nicht ins Netz gestellt oder sogar bewusst geheim gehalten werden. Allerdings gibt es in der öffentlichen Verwaltung nicht nur eine grundsätzliche Verschwiegenheitspflicht über alle dienstlichen Angelegenheiten, sondern auch das Amtsgeheimnis, das Steuergeheimnis, das Sozialgeheimnis (Király 2010). Deshalb sind personenbezogene Daten, aber auch Geschäfts- und Betriebsgeheimnisse in der Regel von einer Veröffentlichung ausgeschlossen. Von Staatsgeheimnissen gar nicht zu reden.

Hacker wie Daniel Domscheit-Berg, Mitbegründer von WikiLeaks, aber dann im Streit mit Julian Assange ausgeschieden und seither auf dem Weg, eine eigene Plattform aufzubauen (»OpenLeaks«), wollen das

DIE VERSCHMELZUNG VON PRIVATER UND ÖFFENTLICHER SPHÄRE

so nicht akzeptieren: »Da eine Zunahme von Macht in der Regel mit einer Zunahme des Missbrauchs von Geheimnissen einhergeht, wird der Geheimnisverrat zur Notwendigkeit, diesem Missbrauch entgegenzuwirken, als ein Mechanismus der Checks and Balances von unten« (Domscheit-Berg 2011: 103). »Kollateralschäden«, also Gefahren für Leib und Leben unschuldiger Menschen, werden bei der Aufdeckung von Geheimnissen von Regierungen, Militärs und Firmen notfalls in Kauf genommen (Khatchadourian 2011: 41).

Auch die Piraten sehen im Whistleblowing, also dem Ausplaudern von Interna und dem Verrat von Geheimnissen, eine Form von Zivilcourage, die unbedingt unterstützt und geschützt werden müsse.

Eine »Akteneinsicht für jedermann«, wie sie die Piraten und etliche Hacker fordern, wirft die Frage auf, ob es sich dabei wirklich um »öffentliche« Daten und Dateien handelt. Denn in der öffentlichen Verwaltung dürfte es kaum Akten geben, die nicht irgendwelche Bezüge zu handelnden Personen haben. Deshalb unterliegen die meisten Vorgänge auch dem Datenschutz. Wenn der Bürger gesetzlich verpflichtet ist, dem Staat gegenüber bestimmte Angaben zu seinen persönlichen Verhältnissen zu machen, dann erwartet er mit einem gewissen Recht, dass diese vertraulich behandelt und nur zweckgebunden benutzt werden. Und wer eine staatliche Genehmigung für etwas haben muss, der möchte vielleicht auch nicht, dass alles, was im Antrag angegeben werden musste, gleich ans Schwarze Brett der Behörde gehängt wird. Sind also Daten, die bei öffentlichen Stellen vorhanden sind, zwingend »öffentliche« Daten, die es im Interesse der Allgemeinheit zu nützen gilt, oder kann es sich auch um Daten handeln, die als »privat« anzusehen und von daher zu schützen sind?

Solche Fragen machen deutlich, dass das Verhältnis von Privatheit und Öffentlichkeit im digitalen Zeitalter neu definiert werden muss. Die alte Hacker-Ethik kann dabei bestenfalls als grobe Richtschnur dienen, bietet aber keineswegs Antworten auf alle Fragen, die sich stellen. Im Internet – der neuen digitalen Öffentlichkeit – jedenfalls löst sich die Trennung zwischen »öffentlich« und »privat« de facto auf. Welche Schlüsse aus dieser Erkenntnis zu ziehen sind, wird in der Netzgemeinde, wie im nächsten Abschnitt (1) gezeigt werden soll, kontrovers diskutiert. Während die einen Vorstellungen von Privatheit als längst überholt ansehen, wollen andere eine Privatsphäre auch im digitalen Zeitalter bewahren.

Privatheit wird nicht nur von einem Staat und einer Wirtschaft bedroht, die zu viele Daten sammeln, sondern auch von vielen Menschen, die freiwillig vieles Privates ins Netz stellen. Norbert Bolz sieht einerseits im »Verlust des Privaten«, der aus einem mangelnden Problembewusstsein insbesondere bei jüngeren Menschen herrühre, und andererseits in einer weit verbreiteten »exposer culture« (Tim Wu), also einer riesigen Lust, sich öffentlich zu exponieren, geradezu einen neuen Strukturwandel der Öffentlichkeit. »Viele bürgerliche Selbstverständlichkeiten, ohne die wir uns Zivilisation gar nicht denken können, (existieren) offenbar für viele, die in diese Internetkultur hineingeboren sind, gar nicht mehr« (Bolz 2012: 36). Diese Verschiebungen der Grenzlinie zwischen Privatsphäre und Öffentlichkeit sollen in einem weiteren Absatz erörtert werden (2). Im digitalen Panoptikum unserer Tage ist der Einzelne nicht immer nur Opfer, sondern häufig auch Täter (3). Für die politische Gestaltung des Netzes wirft das spannende Fragen auf, die uns noch eine Weile beschäftigen werden.

1 Privatheit zwischen totaler Überwachung und totaler Transparenz

Der Schutz der Privatsphäre gehört zu den allgemeinen, unveräußerlichen Menschenrechten. Er findet sich nicht nur in Artikel 12 der Allgemeinen Erklärung der Menschenrechte vom 10. Dezember 1948, die inzwischen von den meisten Staaten unterzeichnet worden ist, sondern auch in Artikel 17 des Internationalen Paktes über bürgerliche und politische Rechte, dem sogenannten Zivilpakt, vom 19. Dezember 1966: »Niemand darf willkürlichen oder rechtswidrigen Eingriffen in sein Privatleben, seine Familie, seine Wohnung und seinen Schriftverkehr oder rechtswidrigen Beeinträchtigungen seiner Ehre oder seines Rufes ausgesetzt werden.« Und: »Jedermann hat Anspruch auf rechtlichen Schutz gegen solche Eingriffe oder Beeinträchtigungen« (zit. n. Bundeszentrale 1999: 78).

Das Menschenrecht auf Schutz der Privatsphäre, das lange als unstrittig gegolten hat (vgl. Zolotas 2010), wird in jüngster Zeit immer öfter in Frage gestellt. Während die einen es durch allseitige Überwachung gefährdet sehen, wollen es andere in totaler Transparenz auflösen. Während manche die Privatsphäre noch verteidigen, halten andere den Kampf längst für verloren. Der gesellschaftliche Grundkonsens, die Privatsphäre sei schützenswert (Trepte 2012), scheint jedenfalls zu bröckeln. Das soll in diesem Kapitel gezeigt werden.

Es ist eine merkwürdige Allianz von kommerziellen »Datenfressern« wie Facebook, Google & Co. (Kurz/Rieger 2011) und Hackern wie Julian Assange oder Daniel Domscheit-Berg, die sich anschickt, wesentliche

DIE VERSCHMELZUNG VON PRIVATER UND ÖFFENTLICHER SPHÄRE

Koordinaten unserer Demokratie zu verschieben. Während die einen vorrangig den »gläsernen Bürger« ins Visier nehmen, aber gerne auch staatliche Daten ausbeuten würden (»Open Data«), zielen die anderen besonders auf den »gläsernen Staat«. Dass beide Seiten selbst nicht sehr transparent agieren und sich nur ungern in die Karten schauen lassen, gehört zur Ironie der Geschichte. Das Spannungsfeld von Privatheit und Öffentlichkeit und von Geheimnis und Vertrauensbruch, in dem wir uns bisher bewegt haben, würde sich jedenfalls deutlich verändern, wenn sich diese Allianz durchsetzen würde.

»Der Schutz der Privatsphäre und der Datenschutz gewährleisten Würde und Freiheit des Menschen«, heißt es im Grundsatzprogramm der Piratenpartei. Die überwachte Gesellschaft entstehe allein schon dadurch, dass sie »technisch möglich« geworden sei und den Interessen von Wirtschaft und Staat gleichermaßen diene. Dieser Überwachung sage man entschieden den Kampf an. »Das Recht auf Wahrung der Privatsphäre ist ein unabdingbares Fundament einer demokratischen Gesellschaft.« Jedem Bürger müsse ein »Recht auf Anonymität« garantiert, das Briefgeheimnis solle zu einem generellen Kommunikationsgeheimnis erweitert werden. Der vorherrschende Kontrollwahn stelle eine weitaus ernsthaftere Bedrohung unserer Gesellschaft dar als der internationale Terrorismus (zit. n. Häusler 2011: 147).

Diese Position wird nicht von allen in der Netzgemeinde geteilt. Für den Blogger Christian Heller etwa ist die Privatsphäre ein Auslaufmodell: »Wir treten ein in das Zeitalter der ›Post-Privacy‹: in ein Leben nach der Privatsphäre.« Es lohne sich nicht, sie zu verteidigen, denn dieser Kampf sei längst verloren. Man könne ihn hier und da noch führen – aber nur aus taktischen Gründen und sicher nicht um jeden Preis. Das Ende der Privatsphäre bedeute nämlich nicht den Weltuntergang. »Die Post-Privacy kommt – und wir sollten lernen, das Beste aus ihr zu machen« (Heller 2011: 7 f.). »The age of privacy is over«, sagt kurz und bündig Facebook-Gründer Mark Zuckerberg (zit. n. Schertz/Höch 2011: 5; vgl. auch Schmidt in diesem Band).

Für das von Google finanzierte »Co:llaboratory Internet & Gesellschaft« ist die Vorstellung einer Intimsphäre bzw. Privatsphäre nicht nur »wissenschaftlich überholt«, sie werde auch »durch das Internet für jedermann sichtbar in Frage gestellt« (2011: 27). Entscheidende Stellschraube sei die Kontrollierbarkeit des Informationsflusses (ebd., 58 f.). »Wenn jede Information überall ist, gibt es keine Privatsphäre mehr« (ebd., 55). Wir hätten zwar eine personale Identität, würden uns aber in verschiedenen sozialen Strukturen mit verschiedenen Personas bewegen. Diese Vielfalt lasse sich weder technisch modellieren noch von einem normalen Nutzer beherrschen. Insofern sei ein solches Konzept nicht praktikabel (ebd., 27).

Constanze Kurz und Frank Rieger vom Chaos Computer Club weisen demgegenüber darauf hin, »dass die lautesten Beschwörer des ›Endes der Privatsphäre‹ die größten Profiteure dieser propagierten Entwicklung sind« (Kurz/Rieger 2011: 9), und raten zur Vorsicht: »Sich der Bedeutung der Privatsphäre bewusst zu werden, darüber nachzudenken, wo die Grenzen sind, was man wirklich für sich behalten will, ist der erste Schritt zur digitalen Mündigkeit. Jeder von uns hat etwas zu verbergen – die Frage ist immer nur, vor wem« (ebd., 11). Ihre Ratschläge – u. a. für jeden Service möglichst ein anderes Pseudonym zu verwenden (ebd., 265; vgl. auch Kotteder 2011) – dürften manchen Nutzer von Computer und Internet überfordern. Aber dass es der Schutz der Privatsphäre ist, der den Menschen vor dem Druck des Konformismus bewahrt, das habe der Jurist Edward Bloustein schon in den 1960er Jahren des vergangenen Jahrhunderts geschrieben (ebd., 271).

Als Constanze Kurz diejenigen, die anderer Meinung sind, öffentlich als »Post-Privacy-Spackos« titulierte, nahmen diese den Fehdehandschuh gerne auf und kämpfen seither unter dem Namen »Spackeria« gegen ein Festhalten an der Privatsphäre (www.spackeria.de). »Wir haben ja nichts dagegen, dass sich Leute im Netz nackig machen können«, erklärte Kurz. »Man soll es nur nicht als Lebensstil, als soziale Norm propagieren.« Frank Rieger: »Wir halten Post Privacy als Lebensstil für einen Irrweg«, für ein »ziemlich durchsichtiges Manöver von Google und Facebook« (zit. n. Seeliger 2010).

Laut dem amerikanischen Futuristen David Brin müssen wir unsere Freiheit anders verteidigen, als gegen die allgegenwärtige Überwachung anzukämpfen. Wenn wir gegenüber den Mächtigen schon keine Geheimnisse mehr bewahren könnten, dann sollten diese Daten wenigstens allen zur Verfügung stehen. Totale Überwachung werde dann zu totaler Transparenz. Darin hätten die Unteren weniger zu verlieren als die Oberen. In der »Transparenten Gesellschaft«, wie er sein Konzept nennt (Brin 1999), überwachen die Vielen das Oben, aber auch sich gegenseitig nach links und rechts. Das schwäche die Privatsphäre ebenso wie das staatliche Gewaltmonopol (zit. n. Heller 2011: 112f.). Wenn alles offenliege, wenn niemand mehr etwas zu verbergen habe, dann könne auch keiner mehr die Schwächen anderer ausnutzen. Die totale Demokratisierung der Überwachung mache Privatsphäre untereinander unmöglich.

Dass totale Transparenz ein erstrebenswertes Gesellschaftsmodell ist, ist zumindest strittig (Han 2012 a und b). Und selbst wenn man das bejahen würde, bliebe immer noch die Frage, wie der Weg dahin aussehen könnte. Es ist ja nicht so, dass man von heute auf morgen – und zwar weltweit – einfach auf totale Transparenz umschalten könnte. Wenn aber einzelne Menschen, Unternehmen oder Staaten bereits »gläsern« sind, während andere noch ihre Privatsphäre und ihre kleineren und größeren Geheimnisse schützen, dann machen sich jene sehr angreifbar und verletzlich. Gewalt, Macht und Interessen schmelzen im Internet nicht einfach dahin (Goldsmith/Wu 2008). Intoleranz und Repression gegenüber Menschen, Diskriminierung und Skandalisierung von bestimmten Verhaltensweisen sind jedenfalls nicht ausgeschlossen, nur weil einige für eine offenere und tolerante Welt kämpfen. Und wer nicht über entsprechenden Speicherplatz und hinreichende Rechenzeit verfügt, der könnte die schiere Menge der Daten bei totaler Transparenz ohnehin weder auswerten noch sinnvoll nutzen. Im Netz entsteht eine neue infrastrukturelle Macht, die – im Gegensatz zu weiten Teilen der Infrastruktur in der realen Welt – »komplett in privater Hand« liegt (Creutzberg 2012: 87).

Zuvor noch stellt sich die Frage, wer eigentlich darüber entscheidet, dass es künftig keinerlei Privatsphäre mehr geben soll. Mark Zuckerberg? Die »Spackeria«? Technische Sachzwänge? Oder demokratische Mehrheiten? Wer bestimmte Entwicklungen, die durch das Internet möglich geworden sind, als unabweisbar darstellt, versucht sich im Grunde einer öffentlichen Diskussion und demokratischer Entscheidung zu entziehen. Insofern steckt in Postulaten wie »Ende der Privatheit« und »totale Transparenz« auch ein Stück totalitäres Denken. In totalitären Systemen zählt das staatliche Geheimnis bekanntlich alles und das private Geheimnis nichts.

Was totale Transparenz künftig bedeuten könnte, lässt sich zum Beispiel aus einem Strategiepapier »Das Beschäftigungsmodell der Zukunft« des Software-Konzerns IBM erahnen (Dettmer/Dohmen 2012: 62): Künftig soll es nur noch eine kleine Kernbelegschaft, die für strategische Fragen und das Management des Unternehmens zuständig ist, eine feste Anstellung bekommen. Für Projekte und den Dienst am Kunden hingegen sollen – je nach Bedarf – für einige Tage, für ein paar Wochen oder Monate oder auch für Jahre jeweils irgendwo auf der Welt Mitarbeiter angeheuert werden, die ihre Arbeitskraft auf einer Internetplattform nach dem Vorbild von Ebay anbieten können. Die Menschen, die auf die Plattform gelassen werden, würden nach einem »Zertifizierungsmodell« – Blau, Silber oder Gold, je nach Qualifikation und Befähigung – gekennzeichnet, aber auch nach ihrer »digitalen Reputation« bewertet werden, nämlich nach ihren bisherigen Leistungen, pünktlichem Erscheinen, Termintreue, fristgerechten Abrechnungen, aber auch sozialem Engagement. Das berufliche Profil würde sich mit den Bewertungen früherer Auftraggeber und von ehemaligen Kollegen und Vorgesetzten zu einer Art elektronischem Lebenslauf verdichten, der von Firmen aus aller Welt auf der Plattform eingesehen werden kann. Über »virtuelle Kioske« sollen sie Zugriff auf das Personal erhalten und entscheiden können, wen sie anheuern und wen nicht. Nationales Arbeitsrecht, bestehende Tarifverträge und verbindliche Lohnregelungen spielen dann keine Rolle mehr. Schon jetzt halten viele Konzerne rund zwanzig Prozent ihrer Belegschaft durch Zeitarbeit, Werkverträge, Befristung oder Outsourcing flexibel. Die Zahl der unbefristeten Vollzeitstellen ist von 1999 auf 2009 um 18,5 Prozent gesunken. Nur noch etwa die Hälfte aller Arbeitnehmer hat eine feste Stelle, zugleich sind atypische Erwerbsformen wie Leiharbeit um fast 79 Prozent gestiegen (Dettmer/Dohmen 2012: 63). Dass manche, die sich als »digitale Bohéme« betrachten, das »Leben jenseits der Festanstellung« sogar noch glorifizieren (Friebe/Lobo 2005), sei hier nur am Rande erwähnt (vgl. dazu Meyer 2012).

Wer sich den Spielregeln des neuen Modells unterwirft, wäre praktisch lückenlos transparent. Wer sich verweigert, käme nicht auf die Bewerberliste (»Talent Cloud«). Wessen »digitale Reputation« nicht die Beste ist, hätte – weltweit – kaum eine Chance, erwählt zu werden. Dass jemand eine Zeitlang nicht perfekt funktioniert hat, weil die Ehe kriselte oder aus anderen Gründen, kann leicht zum Verhängnis werden: Was im elektronischen Werdegang steht, wird niemals vergessen. Keine beruflichen Geheimnisse mehr, praktisch keine Privatheit mehr – eine »schöne neue Welt« (Aldous Huxley).

Die private Sphäre wird einerseits bedroht durch »Datenkraken« wie Facebook, Google & Co., die immer mehr Daten von immer mehr Menschen sammeln und miteinander verknüpfen, um sie für kommerzielle Zwecke zu nutzen (Reppesgaard 2012), und andererseits durch einen Staat, der öffentliche Räume im Interesse von Sicherheit und Ordnung überwacht, aber auch die Freiheit im Netz einschränken möchte. So jedenfalls die Wahrnehmung. Im folgenden Kapitel soll gezeigt werden, dass es auch die Menschen selbst sind, die vielfach freiwillig ihre Privatsphäre aufgeben.

2 Privatheit zwischen verbreitetem Desinteresse und öffentlichem Exponieren

Die Grenzlinie zwischen Privatleben und Öffentlichkeit ist nicht starr, sondern sie hat sich im Laufe der Geschichte immer wieder verschoben: weil sich die sozialen Normen wandeln, wie man sich zu verhalten hat, und weil es immer wieder neue technische Möglichkeiten gibt, in die Privatsphäre einzudringen (Lewinski 2012; Gräf/Halft/Schmöller 2011b; vgl. Ochs in diesem Band). Dass Privates auch privat bleiben sollte, war in der bundesdeutschen Gesellschaft nach 1945 Konsens. Über die eigene finanzielle Situation, über Krankheiten und Beziehungsstress redete man nicht – nicht einmal mit Freunden oder Nachbarn und schon gar nicht mit Fremden oder Journalisten (Schertz/Höch 2011: 17f.).

Mit dem Aufkommen der privaten Sender hat sich das deutlich geändert. Menschen entblößen sich im Fernsehen in einer Weise, die früher als peinlich gegolten hätte. Kameras werden in Wohnungen gelassen, die man früher sorgsam verborgen hätte. Schamgrenzen scheint es im »Trash-TV« nicht mehr zu geben: Jeder präsentiert sich so blöde, wie er ist. Wo die eigene Scham schamlos versagt, ist „Fremdschämen" angesagt. Außerdem kann man abschalten.

Die Frage, was noch als private Angelegenheit gelten kann und was schon eine öffentliche Angelegenheit ist, müssen alle Medien jeden Tag für sich beantworten (Loosen 2012). In der Bonner Republik galt als Common Sense, über die Geliebte eines verheirateten Politikers nicht zu berichten, sondern nur über Verfehlungen im Amt. In der Berliner Republik müssen Politiker damit rechnen, auch in ihrem Privatleben regelrecht ausspioniert zu werden (Schertz/Höch 2011: 16). Seit es Internet gibt, Handy-Kameras, mit denen jeder schnell ein Bild oder ein Video machen kann, und YouTube, können sich Prominente kaum noch ungestört bewegen: Papparazzi allenthalben (Schneider 2004).

Gesunken ist sowohl die Schamgrenze der Menschen, die sich im Fernsehen prostituieren und im Internet präsentieren (Kainz 2011), als auch die Schamgrenze der Medien, die Privatsphäre anderer Menschen – ob prominent oder unbekannt – zu respektieren (Weigl 2011). Die »digitale Revolution« hat diese Entwicklung nicht ausgelöst, aber das Internet bzw. das interaktive Web 2.0, in dem jeder selbst Inhalte einstellen kann, ohne dass es professionelle Filterinstanzen gäbe, und die vielen mobilen Geräte haben ihr einen besonderen Schub gegeben. Während früher Telefonzellen gelb waren und schalldicht isoliert, damit niemand draußen das Gespräch mithören konnte, bekommen wir heute überall ungewollt mit, was Fremde anderen am Handy aus ihrem Leben erzählen. Facebook gewährt vielen Einblicke in privates Leben, die früher nur wenige hatten; Google Street View dringt mit der Kamera auch über hohe Hecken in private Gärten vor. Die Grenzen zwischen »privat« und »öffentlich« werden systematisch durchlöchert: »Die Google-Unternehmenspolitik bei vielen Dingen ist es«, hat Eric Schmidt offen erklärt, »bis genau an die Grenze zu gehen, wo es den Leuten unheimlich wird, aber nicht darüber hinaus« (zit. n. Kurz/Rieger 2011: 98). Und es geht natürlich darum, diese Grenze Schritt für Schritt, Stück um Stück zu verschieben, bis es irgendwann wirklich keine Privatsphäre mehr gibt (Wewer 2012b: 91).

Das Internet eröffnet Menschen, die früher kaum beachtet worden wären, Möglichkeiten zur Selbstinszenierung. Nicht alle überblicken dabei, was sie tun; der Trend zur öffentlichen Selbstdarstellung, der besonders unter jüngeren Menschen verbreitet ist, lässt viele Hemmungen fallen. Was das auf lange Sicht bedeutet, kann man heute nur ahnen. Das alles passiere nicht einfach so, sondern man wolle Spuren hinterlassen, schreibt Norbert Bolz, und nutze die sogenannten sozialen Medien hauptsächlich, um Aufmerksamkeit zu bekommen, »fast um jeden Preis«. Das sei ein Phänomen, das weit über diese Medien hinaus charakteristisch sei für eine veränderte Jugendkultur. Er sehe ein klares »Kontinuum zwischen der Facebook-Welt und all dem, was wir da in verschiedenen Privatkanälen des deutschen Fernsehens miterleben dürfen, mit den Castingshows und Ähnlichem mehr. Der gemeinsame Nenner ist nämlich der: Du musst bis zum Schluss um Aufmerksamkeit kämpfen« (Bolz 2012: 37). All das spreche dafür, dass wir eingetreten seien in eine vollkommen veränderte Öffentlichkeit (siehe auch Schmidt 2012 und Wagner/Gebel/Brüggen 2012).

Für Markus Beckedahl und Falk Lüke haben sich mit der neuen digitalen Öffentlichkeit zwei Prinzipien verändert: Zum einen sei es nicht mehr das Monopol einiger weniger, Informationen massenhaft zu verbreiten; zum anderen würden alle Informationen potentiell miteinander konkurrieren. Beides führe dazu, dass alte Regeln aufgeweicht würden (Beckedahl/Lüke 2012: 171).

Dass es im Netz keine Qualitätskontrolle für Informationen mehr gibt, sondern der größte Unsinn gleichberechtigt neben seriösen Quellen steht, wird von den einen bedauert und von anderen begrüßt. Auf die Dauer werde sich Qualität schon durchsetzen, sagen diese, der Schwarm korrigiere sich selbst. Professionelle Filterinstanzen, die Wichtiges von Unwichtigem und Belastbares von Gerüchten unterscheiden, brauche man nicht, Zensur wolle man nicht. Die Entwertung des Jour-

DIE VERSCHMELZUNG VON PRIVATER UND ÖFFENTLICHER SPHÄRE

nalismus vermittelt den Eindruck, man brauche kein Handwerkszeug, um Öffentlichkeit herstellen zu können. Jeder ist sein eigener Reporter. Nicht auswählen und dann senden, sondern das »Gesetz des Internets« laute umgekehrt: erst publizieren, dann prüfen – ob es Resonanz findet, etwas taugt oder verbessert werden muss (Bolz 2012: 31).

Ob sich Orientierungswissen und Medienkompetenz von allein einstellen, um mit dieser unsortierten Vielfalt sinnvoll umgehen zu können, sei dahingestellt. 98 Prozent aller Mails weltweit sollen Spam sein; die Websites, die global am meisten aufgerufen werden, sollen Pornoseiten sein. Das spricht nicht unbedingt für die neue digitale Öffentlichkeit. 400 Millionen Menschen haben sich bei YouTube ein Video »Charlie bit my finger« über einen Streit zweier kleiner Kinder angesehen (Beckedahl/Lüke 2012: 170). Haben die nichts Besseres zu tun? Der Erkenntnisgewinn von Twitterwalls, die inzwischen bei öffentlichen Veranstaltungen Mode geworden sind, ist meist ziemlich gering (»mein Akku ist gleich leer...«). Auch die Qualität der Vorschläge, die zu Bürgerhaushalten eingebracht worden sind, ist bisher empirisch noch nicht hinterfragt worden. Kommunikation scheint zum Selbstzweck zu werden.

So wie für den sozialen Konsum das Wort »Teilen« (Sharing) stehe, so stehe für den Konsum des Sozialen der Wunsch nach Teilhabe, Dabeisein, Mitmachen. Norbert Bolz sieht darin den »Megatrend des 21. Jahrhunderts« (Bolz 2012: 35). Immer mehr Leute seien bereit, zu teilen und etwas einfach zu verschenken, aber immer mehr wollten auch mitreden, ernst genommen werden und Entscheidungen nicht irgendwelchen Experten überlassen. »Die Experten verlieren an Autorität«, das sei das Erste, was die Gutenberg-Galaxis erschüttere. Das Zweite seien die »neuen Kulturtechniken«, mit denen man alles kopieren, ausschneiden und neu zusammenfügen, verlinken und remixen könne. So könne jeder behaupten, das sei seine persönliche individuelle Kreativität (ebd., 32 ff.). Jeder sein eigener Künstler.

All das macht natürlich nur Sinn, wenn es im Internet, wenn es in der Öffentlichkeit stattfindet. Wolfgang Lünenbürger-Reidenbach sieht bei der Debatte darüber, was privat und was nicht privat sein soll, »zwei kleine radikale Gruppen [...], die die öffentliche Diskussion bestimmen, obwohl sie kaum etwas von der Lebenswirklichkeit der Menschen verstehen« (2012: 52). Das eine seien die Datenschützer, die praktisch kein Recht auf Öffentlichkeit anerkennen wollten. Auf der anderen Seite stünde die »Spackeria«, für die es kein Recht auf Privatsphäre mehr gebe. Da seien die einen, die sehr restriktiv mit ihren Daten und mit ihrer Privatsphäre umgehen, die als Einstellung sozusagen »per default private« gewählt haben, und da gäbe es andere, die sich grundsätzlich für »per default public« entschieden hätten und nur in Ausnahmefällen etwas bewusst nicht öffentlich machen würden. Wer sich grundsätzlich für Privatheit entschieden habe, habe nicht nur viel Mühe und Arbeit, sondern faktisch eine viel geringere Kontrolle über das, was im Internet über sie bekannt sei, was andere über sie wissen und finden können (ebd., 53 f.).

Mit diesem »privacy divide« sei ein neuer Graben in der Gesellschaft entstanden, über den es bisher noch »keine Brücke und keine Verständigung« gebe (Lünenburger-Reidenbach 2012: 52). Dass die Vorstellungen darüber, was Privatheit heute bedeutet, weit auseinanderfallen, zeigen auch Umfragen. So stimmen nach der Milieu-Studie, die das SINUS-Institut für das von der Deutschen Post gegründete Deutsche Institut für Vertrauen und Sicherheit im Internet (DIVSI) erstellt hat, 15 Prozent der Befragten der Aussage voll und ganz und 43 Prozent ihr eher zu, dass wir uns an einen freieren Umgang mit Daten im Internet gewöhnen müssen. Andererseits stimmen der Aussage »Mir persönlich ist es egal, was mit meinen Daten im Internet geschieht« nur 3 Prozent voll und ganz zu und 7 Prozent teilweise. 68 Prozent hingegen sagen, dass es ihnen keineswegs egal ist, was mit ihren Daten geschieht (DIVSI 2012: 35; vgl. auch Ochs in diesem Band).

Das Kernproblem ist, dass die Vorstellungen nicht nur weit auseinanderklaffen, sondern sich diametral gegenüberstehen: »Wer sich (im Netz) nicht auskennt, fordert Schutz, und wer sich sicher fühlt, wünscht Freiheit« (DIVSI 2012: 157). »Allen Menschen recht getan, ist bekanntlich eine Kunst, die niemand kann.« Die Politik steht hier vor dem Dilemma, der aktiven Minderheit derjenigen, die im Netz wirklich zu Hause sind, vor den Kopf zu stoßen, wenn sie den Wünschen der eher ängstlichen Mehrheit, die sich im Internet unsicher fühlen, nachzukommen versucht. Wenn es aber nicht gelingen sollte, mehr Vertrauen und Sicherheit zu vermitteln, dann dürfte das, was der Staat an E-Government-Lösungen und die Wirtschaft an E-Commerce-Angeboten unterbreiten, nur zögerlich angenommen werden (Wewer 2012c). Nach dem jüngsten »E-Government-Monitor« der Initiative D 21 steht für die meisten Bürger »Sicherheit« an erster Stelle (87 Prozent) und »Datenschutz/Datensicherheit« an dritter Stelle (86 Prozent); das »Vertrauen in die jeweilige Behörde« ist für viele (82 Prozent) ebenfalls ein wichtiger Aspekt (Initiative D 21/ipima 2012: 13).

Nach einer Umfrage für den Branchenverband BITKOM ist es um das Vertrauen in die Sicherheit sozialer Netzwerke insgesamt eher schlecht bestellt: Bei allen abgefragten Netzwerken gibt jeweils mindestens die

DIE VERSCHMELZUNG VON PRIVATER UND ÖFFENTLICHER SPHÄRE

Hälfte der Nutzer an, der Plattform eher nicht oder gar nicht zu vertrauen. Dem Marktführer Facebook misstrauen 62 Prozent, Google+ 64 Prozent und Twitter sogar 70 Prozent. Am wenigstens vertraut wird der Online-Community Netlog (85 Prozent) (Wewer 2012a: 20).

Fast alle Nutzer sind der Ansicht, dass die Netzwerke für einen besseren Datenschutz sorgen müssen (94 Prozent). 86 Prozent wünschen sich ein Datenschutz-Siegel für Soziale Netzwerke. 78 Prozent sprechen sich für strengere staatliche Vorgaben für den Datenschutz in Sozialen Netzwerken aus. Und zwei Drittel der Befragten geben an, nicht genug Informationen darüber zu haben, was sie selbst für den Datenschutz in solchen Communities tun können. Nur fünf Prozent der Befragten stimmten hier der Aussage zu, ihnen persönlich sei es egal, was mit ihren Daten in Sozialen Netzwerken geschieht (Wewer 2012a: 20).

Bei der Auswahl eines Sozialen Netzwerkes ist nahezu allen Befragten die Sicherheit ihrer persönlichen Daten wichtig oder sehr wichtig (96 Prozent). Ähnlich viele (92 Prozent) legen großen Wert auf die Einstellungen zur Privatsphäre und auf die Benutzerfreundlichkeit (89 Prozent). Erst danach folgt das Kriterium, dass Freunde oder Kollegen in dem gleichen Netzwerk angemeldet sind (82 Prozent) (Wewer 2012a: 20).

Je weiter sich die digitale Öffentlichkeit ausdehnt, desto mehr schrumpft die Privatsphäre. Im Gegensatz zu den Verfechtern einer »Post-Privacy« sagt kaum jemand, dass ihm völlig egal ist, was mit den eigenen Daten im Internet geschieht. Aber das Risiko des Missbrauchs wird offenbar geringer eingeschätzt als der Nutzen, in dieser neuen Öffentlichkeit stattzufinden. Während die einen glauben, es werde schon nichts passieren oder man könne sich ohnehin nicht schützen, wollen die anderen dort gesehen und gehört werden, selbst wenn das Risiken mit sich bringen sollte. Und wer beachtet werden will, muss schon einiges tun, um in der Masse der Daten, die um den Globus kreisen, aufzufallen.

Die Umfragen belegen eine erhebliche Skepsis, dass die eigenen Daten beispielsweise in den sogenannten Sozialen Netzwerken wirklich »sicher« sind. Die Nutzerzahlen von Facebook, Google & Co. zeigen aber auch, dass sich die meisten über ihre Bedenken hinwegsetzen. Liegt das daran, dass man sich dem sozialen Druck, online präsent zu sein, gar nicht mehr entziehen kann? Ist es überhaupt noch vorstellbar, – quasi »allein zu Haus« – die digitale Öffentlichkeit konsequent zu meiden? Oder gibt es geeignete Strategien, in dieser Öffentlichkeit stattzufinden, ohne völlig auf eine Privatsphäre zu verzichten?

3 Opfer und Täter im digitalen Panoptikum

Wer sich in der Öffentlichkeit bewegt, muss damit rechnen, beobachtet zu werden; wer sich in die Privatsphäre zurückzieht, will das gerade nicht: »Hier bin ich Mensch, hier darf ich's sein« (Goethe, Faust I, Vers 4610). Hier kann man seinen Gefühlen – wie Scham, Angst oder Ärger – freien Lauf lassen, ohne sich rechtfertigen zu müssen; hier kann man seine Bedürfnisse ausleben, ohne sich kontrollieren zu müssen. Zur Würde des Menschen gehört das Recht, frei darüber befinden zu können, ob und wie er in der Öffentlichkeit stattfinden will (Schertz/Höch 2011: 23 f.).

Um sich in die Öffentlichkeit zu begeben, musste man früher sein Haus verlassen. Auf öffentlichen Straßen und Plätzen, in öffentlichen Verkehrsmitteln, in Einkaufszentren und Bibliotheken, auf Sportplätzen oder im Theater konnte man gesehen werden, aber auch »privat« (anonym) bleiben, wenn man niemanden traf, der einen kannte. Hier setzt die Kritik an der Videoüberwachung von Bahnhöfen oder vor Diskotheken an: Je mehr Kameras im öffentlichen Raum eingesetzt würden, desto kleiner werde der private Raum, in dem man sich unkontrolliert und ungestört bewegen könne. Die private Feier mit Freunden im Kleingarten bleibt davon unberührt; die Unverletzlichkeit der Wohnung (Art. 13 GG), das Briefgeheimnis (Art. 10) und die Meinungsfreiheit (Art. 5) bleiben dennoch Eckpfeiler der Privatsphäre. Die Grundrechte sollen in erster Linie die Freiheitssphäre des einzelnen vor Eingriffen der öffentlichen Gewalt sichern.

In der Überwachung des öffentlichen Raumes, um Sicherheit und Ordnung zu unterstützen, und in den Maßnahmen, die im Kampf gegen den Terror ergriffen werden, sehen manche einen »Angriff auf die Freiheit« und auf die Privatsphäre (Zeh/Trojanow 2009; vgl. auch Simon/Simon 2008). Handys dürfen jedoch nur abgehört und Computer dürfen nur beschlagnahmt werden, wenn ein Richter dem Antrag der Sicherheitsbehörden, die das Anliegen zu begründen haben, ausdrücklich zustimmt. Der totale Überwachungsstaat ist, jedenfalls in Demokratien, eine Chimäre. Daten, die der Bürger an den Staat liefert, dürfen nur zweckgebunden verwendet und nicht etwa an eine andere Behörde weitergegeben werden, die sie vielleicht auch brauchen könnte. Aus Gründen des Datenschutzes stellt sich der Staat ständig dümmer, als es die technischen Möglichkeiten zulassen würden. Und sollte er die gesetzlichen Vorgaben missachten, kann man ihn notfalls verklagen. Der Preis dafür ist, dass der Bürger etwa seine Stammdaten bei jedem

DIE VERSCHMELZUNG VON PRIVATER UND ÖFFENTLICHER SPHÄRE

Vorgang immer wieder neu mitliefern muss. Riesige Serverfarmen, wie sie Facebook oder Google weltweit betreiben, um Daten anzusaugen, miteinander zu verknüpfen und zu Profilen zu veredeln, gibt es beim Staat nicht. Staatliches Data Mining wäre rechtlich unzulässig und würde zu einem Aufschrei führen. ELENA, das elektronische Entgeltnachweis-Verfahren, ist bekanntlich gescheitert, und dass die Polizei bisweilen auch über Facebook fahndet, ist rechtlich noch nicht ausgepaukt. Man stelle sich vor, der Staat und nicht Google Streetview hätte begonnen, sämtliche Häuser in Deutschland zu fotografieren. Auch insofern ist Facebook ein geniales Geschäftsmodell: Die Arbeit von Millionen von Menschen, die freiwillig ihre Daten eingeben, macht einige wenige zu Millionären. Im Netz verdienen nicht die, die die Inhalte produzieren, sondern diejenigen, welche die Infrastruktur zur Verfügung stellen (Görig 2011: 187).

Wer sich an der öffentlichen Diskussion beteiligen wollte, konnte früher einer Initiative beitreten oder einer Partei, demonstrieren gehen oder Leserbriefe schreiben und musste ansonsten über die Medien gehen und damit in die Öffentlichkeit. Seine Meinung gedruckt zu finden oder sich im Radio oder Fernsehen artikulieren zu können, setzte voraus, dass die Redaktion den Beitrag wichtig und gut genug fand oder dass man in die Sendung eingeladen wurde. Diese Filter zwischen Sendern und Empfängern fallen im digitalen Zeitalter weg: Jeder kann nahezu beliebig senden und empfangen.

Der Cyberspace ist ein öffentlicher Raum, ist die neue digitale Öffentlichkeit (Kretschmer/Werner 2011). Privatheit in der Öffentlichkeit ist nur möglich, wenn man sich strikt anonym im Internet bewegt, wenn man nicht erkannt werden kann (Schmolz 2011). Für alle, die gesehen werden wollen, scheidet diese Option aus, selbst wenn man Anonymisierung und Pseudonymisierung technisch beherrschen und sich der ständigen Mühe unterziehen würde, bei jedem Schritt möglichst keine Spuren zu hinterlassen, die einem selbst zugeordnet werden können. Dass man letztlich sogar Aktivisten von Anonymus hat identifizieren können (Reissman/Stöcker/Lischka 2012), weckt allerdings Zweifel, ob das auf Dauer gelingen kann.

Insofern kann man sagen: Wer sich im Internet bewegt, verlässt seine Privatsphäre. In der neuen digitalen Öffentlichkeit ist Privatheit letztlich nicht möglich. Während man in der anonymen Fußgängerzone noch hoffen konnte, nicht erkannt zu werden, können im Internet »private« Daten beliebig oft kopiert und versendet, Einstellungen zur Privatsphäre auf der jeweiligen Plattform jederzeit geändert werden. Wer seine privaten Ansichten in dieser neuen Öffentlichkeit präsentiert, private

Fotos oder Filme oder gar sein ganzes Leben im Internet dokumentiert oder Dateien mit sensiblem Inhalt in eine Cloud auslagert, muss nicht nur damit rechnen, dass er diese nicht mehr spurenlos zurückholen kann, sondern auch davon ausgehen, dass er die Weiterverarbeitung und Auswertung nicht mehr kontrollieren kann: Was im Netz ist, ist in der Welt.

Was wirklich privat bleiben soll, darf man im Grunde nicht ins Internet stellen. Wer zum Beispiel einen Aufsatz ins Netz stellt, macht ihn praktisch öffentlich und darf sich dann eigentlich auch nicht mehr wundern, wenn er kopiert wird. Etwas anderes ist es jedoch, wenn ein solcher Aufsatz aus einer Zeitschrift oder einem Buch von jemandem eingescannt und dann ins Netz gestellt wird, ohne den Autor (oder den Verlag) überhaupt noch zu fragen. Das nennt man eine Raubkopie, deren Anzahl im Cyberspace prinzipiell unüberschaubar wird. Noch problematischer wird es, wenn Raubkopien nicht unentgeltlich zirkulieren, sondern mit dem geistigen Eigentum anderer hinter dem Rücken des Eigentümers kommerzielle Geschäfte gemacht werden. Aber das ist ein anderes Thema. Wer »private« Daten ins Netz stellt, gibt die Kontrolle darüber de facto auf.

Eine Möglichkeit, seine Privatsphäre zu schützen, wäre es, überhaupt nicht ins Internet zu gehen. Für die meisten von uns ist das keine realistische Option. Man könnte nicht mehr googeln und chatten, bloggen und skypen, man fände in der neuen digitalen Öffentlichkeit praktisch nicht statt. Das ist heute fast so, als ob es diese Person gar nicht gäbe. Wer sich bei einer Firma bewirbt, aber das nicht elektronisch abwickelt und bei Facebook oder Xing nicht zu finden ist, ist von vornherein aus dem Rennen. Das Privileg, nicht auf einer dieser Plattformen zu sein, dürften sich künftig nur ganz wenige leisten können. Es wird zum Luxus.

Bewusst nicht bei Facebook oder auf einer anderen Plattform zu sein und alle Cookies konsequent zu verweigern, heißt nicht, keine Spuren im Internet zu hinterlassen. Man kann auf Fotos zu erkennen sein, die Bekannte ins Netz stellen. Wenn wir ins Auto steigen und uns zum Ziel navigieren lassen, wenn wir an Tankstellen, in Hotels oder Restaurants bargeldlos bezahlen, wenn wir am Flughafen mit dem elektronischen Ticket einchecken, wenn wir in der Buchhandlung die Kreditkarte nehmen – überall hinterlassen wir Datenspuren, die über das Internet verarbeitet, zu Profilen veredelt und zu Targeting Marketing genutzt werden. Ein großer Teil der Telefonate, die wir führen, wird mittlerweile entweder sofort oder spätestens nach der ersten Schaltstelle über Voice-Server-IP getunnelt, läuft also auch über das Internet (Nerz 2012: 7). Smart Grids und Smart Meter werden die Datenflut weiter ansteigen

DIE VERSCHMELZUNG VON PRIVATER UND ÖFFENTLICHER SPHÄRE

lassen. Hier stellen wir nicht mehr oder weniger bewusst private Daten ins Internet, sondern hier wird automatisch registriert, wo wir uns befinden und was wir gerade tun. Wer seinen Terminkalender elektronisch führt und seine Kontaktadressen elektronisch verwaltet, muss damit rechnen, dass andere wissen, wen man kennt und mit wem man sich trifft. Peter Schaar, der Bundesbeauftragte für den Datenschutz und die Informationsfreiheit, spricht deshalb auch vom »Ende der Privatsphäre«, aber nicht von einem Überwachungsstaat, sondern vom Weg in die Überwachungsgesellschaft, auf dem wir uns befinden (Schaar 2009).

Die Daten, die auf diese Weise, wo wir gehen und stehen, produziert werden, fallen nicht beim Staat an, sondern bei privaten Unternehmen. Ihre Aktien werden in der Regel an der Börse gehandelt, sie können also verkauft und gekauft werden, und die Unternehmen können – freundlich oder feindlich – übernommen werden. Unsere Daten werden dann mit verkauft. An wen auch immer. Unternehmen können – wie nicht nur die »New Economy« gezeigt hat – insolvent werden. Was wäre mit den Daten der Nutzer, wenn Facebook pleiteginge? Wäre der so mühsam und schön über Jahre dokumentierte Lebenslauf dann für immer verloren? Und schlagartig alle Freunde? Oder könnte man darauf hoffen, dass alles, was man gewollt ins Netz gestellt hat und was einem wichtig ist, irgendwo in dessen Weiten gespiegelt worden ist? Aber was? Und von wem? Die Konstitution der neuen digitalen Öffentlichkeit wirft jedenfalls Fragen auf, für die es noch keine gesicherten Antworten gibt.

Man findet also in der digitalen Öffentlichkeit statt, selbst wenn man aktiv keine Daten ins Internet einstellt. Technische Prozesse stellen die herkömmliche Trennung von »öffentlich« und »privat« in Frage. Andere werden künftig wissen, wie ich mich in meiner Wohnung verhalte und ob ich oft oder selten dusche. Die Privatsphäre schrumpft.

Um sich einen Rest an Privatsphäre zu bewahren, stellen manche – ganz sparsam – nur das ins Netz, was aus ihrer Sicht getrost öffentlich werden, also im Prinzip jeder wissen kann. Ob das wirklich die bessere Strategie ist, die Kontrolle über das Bild zu behalten, das wir in der Öffentlichkeit abgeben, ist nicht sicher (siehe oben). Wer sein öffentliches Image bzw. seine »digitale Reputation« im Griff behalten möchte, der kommt künftig gar nicht umhin, regelmäßig zu kontrollieren, ob andere im Netz etwas über einen geschrieben oder gepostet haben. Wirklich ungesehen bleiben kann man in der Turing-Galaxis im Unterschied zur Gutenberg-Galaxis (Norbert Bolz) nämlich kaum. So wie Hotels Agenturen beschäftigen, um negative Bewertungen in Rankings zu neutralisieren, werden wir in der neuen digitalen Öffentlichkeit »Markenführung« (Wolfgang Lünenbürger-Reidenbach) bzw. Markenpflege betreiben müssen. Wer sich nicht den Luxus erlauben kann, dass ihm egal ist, was andere über einen denken, sagen und schreiben, wird sich in Zukunft um seine »digitale Reputation« kümmern müssen. Das erfordert Zeit, Arbeit und Kompetenz. Wird man im Netz angegriffen, beleidigt oder verleumdet? Lächerlich gemacht? Der Ton dort und auch der Stil entsprechen nicht unbedingt dem gehobenen Feuilleton überregionaler Qualitätszeitungen. Private Nischen gibt es in der neuen digitalen Öffentlichkeit letztlich selbst für die nicht mehr, die mit dem unaufhörlichen Selbstdarstellungsrennen unserer Tage nicht viel anfangen können.

Im digitalen Zeitalter gerät die Privatsphäre also von drei Seiten unter Druck: durch den Staat, durch die Wirtschaft und durch die Menschen selbst, die das Internet mit ihren privaten Daten füttern. Der Mensch, der sich gewollt oder ungewollt, unbedacht oder bewusst in die digitale Öffentlichkeit begibt, ist dabei das größte Risiko. Nicht nur, weil er die Konsequenzen dessen, was er tut, kaum überblicken kann, sondern auch, weil er sich einreden lässt, es gäbe keine Alternative zum »Ende der Privatsphäre« und zu totaler Transparenz. Der behauptete Zwang, schreibt Byung-Chul Han, sei kein ethischer oder politischer, sondern ein ökonomischer Imperativ: »Ausleuchtung ist Ausbeutung.« Die Besonderheit des digitalen Panoptikums sei, dass dessen Insassen selbst an dessen Bau und dessen Unterhaltung aktiv mitarbeiten, indem sie sich zur Schau stellen und entblößen. Die Freiheit werde nicht von außen angegriffen, sondern freiwillig aufgegeben und durch eigenes Verhalten zerstört: Freiheit und Kontrolle fallen in eins – »wie auch der transparente User Opfer ist und Täter zugleich« (Han 2012a: 41).

Larry Frohman
Rethinking Privacy in the Age of the Mainframe

Integrated Information Systems, the Changing Logic of Privacy, and the Problem of Democratic Politics in Surveillance Societies

In December 1983, the German Constitutional Court ruled that key parts of the census that had been planned for the previous spring violated the right to privacy, or what it called the right to »informational self-determination,« implicit in the country's constitutional commitment to human dignity and the free development of the individual personality.[1] This decision was so controversial in part because it explicitly codified a novel constitutional right, which – in a manner akin to Roe vs. Wade (1973) in the United States, though based on very different reasoning – was argued to be implicit in the country's Basic Law. But the ruling was also delivered against the background of a society that had been polarized by domestic terrorism, large-scale social protest, and the expansion and modernization of the police in response to these developments. Furthermore the decision was controversial because it represented the first attempt to systematically assess how the use of the new information and communication technologies by the state to survey its population was affecting individual freedom and the democratic process and to constitutionally adjudicate the conflict between privacy and security that had been brewing over the previous decade. In the following pages I will use the debates over privacy protection legislation in West Germany from the turn of the 1970s through the mid-1980s to construct a genealogy of the conception of privacy that informed the Court's reasoning in the census decision.

The starting point for postwar West German thinking on the matter was the concept of the private sphere. While libel and copyright law, as well as legislation governing the use of one's image for commercial purposes, had provided a means through which the individual could seek compensation for material damage to name, reputation and creative efforts, before 1945 German courts had consistently refused to recognize

---

[1] BVerfGE 65, 1. On the 1983/87 census boycotts and the Court decision, see Frohman (2012).

the immaterial rights of the personality (Persönlichkeitsrecht), that is, both the right to be free from unwanted intrusions and the right to the unfettered unfolding of the personality. However, the proclamation of human dignity and the free development of the personality as the fundamental values of the Basic Law soon led to the judicial recognition of the immaterial personality right to a private sphere independent of any violation of trust or confidentiality.[2] In its January 1957 Elfes decision the Constitutional Court had first ruled that »dem einzelnen Bürger eine Sphäre privater Lebensgestaltung verfassungsrechtlich vorbehalten ist, also ein letzter unantastbarer Bereich menschlicher Freiheit besteht, der der Einwirkung der gesamten öffentlichen Gewalt entzogen ist,«[3] and – as we shall see below – beginning in the 1950s West German jurists attempted to operationalize personality law by developing an elaborate theory of spheres to describe the degree of protection to be accorded to specific kinds of information in specific contexts. At the time, the private sphere was understood as a pre-social domain into which the individual could retreat in order to find emotional succor and release from the alienating antagonisms of public life – and from which the individual could then enter into intercourse with society on terms of his own choosing. As the Court wrote in its 1969 microcensus decision, »dem Einzelnen um der freien und selbstverantwortlichen Entfaltung seiner Persönlichkeit willen ein ›Innenraum‹ verbleiben muss, in dem er ›sich selbst besitzt‹ und ›in den er sich zurückziehen kann‹, zu dem die Umwelt keinen Zutritt hat, in dem man in Ruhe gelassen wird und ein Recht auf Einsamkeit genießt.«[4]

Surprisingly, however, the debate over privacy protection began by rejecting the concept of the private sphere, which a 1971 memorandum commissioned by the Federal Interior Ministry dismissed as »ausgedient und unbrauchbar.«[5] In the first section below I will argue that privacy

2 Götting (2008), chapters 1-2; Hubmann (1967). This right was first recognized by the Bundesgerichtshof in its 1954 Schacht- or Leserbrief-Entscheidung (BGH 13, 334).

3 BVerfGE 6, 32 (41). In the 1969 microcensus decision this concept was reformulated linguistically, though not in substance, as the »unantastbarer Bereich privater Lebensgestaltung« BVerfGE 27, 344 (350).

4 BVerfGE, 27, 1, (6). The interior citations are from Wintrich (1957: 15f.). Wintrich was a former president of the Constitutional Court. This definition of privacy has been recently echoed in Sofsky (2007: 19).

5 Steinmüller (1971). The Interior Ministry officials responsible for drafting the Federal Privacy Protection Law agreed with this reasoning. See Herbert Auernhammer, Vermerk Betr.: Vorbereitung eines Bundesge-

advocates were so critical of the concept of the private sphere because they believed that the concept rested on assumptions that were being undermined by social change and felt that it was incapable of theorizing the problems posed by the routine collection of personal information by modern bureaucracies and the new information and communication technologies. The impact of these historical and sociological critiques of the private sphere was reinforced by a growing awareness of the limitations and inconsistencies of the theoretical underpinnings of the concept, and in the second section I will argue that the inability to satisfactorily delimit the private sphere, together with the interpretive strategies adopted by the German courts, deprived the constitutional guarantee of a private sphere of much of its substance. I will then show how the insights gained from this critique of sphere theory coalesced with analyses of integrated information systems to give rise to a new conception of privacy as informational self-determination – a concept that, I will argue, was also burdened by its own theoretical limitations.

In the third section I turn from jurisprudential to political discourse on privacy. It has often been suggested that the retreat into a private sphere of seclusion and solitude is inimical to and incompatible with the obligations of social life and democratic politics and that the defense of privacy rights sets a merely subjective interest in keeping information secret against a variety of other, more compelling collective interests, such as security, public welfare, the efficient functioning of public administration, and the transparency needed to insure the proper functioning of a market economy.[6] However, in this section I argue that one of the major theoretical strengths of the idea of informational self-determination is that it made it possible to conceptualize privacy not in terms of the retreat of the individual from society, but rather in terms of the informational relations between individuals in society and the power relations with which these information flows are infused and through which they are reproduced. I show how these insights into the nature of informational power led privacy advocates to argue that, in modern information and surveillance societies, a degree of informational privacy was the vital precondition for the democratic process, not its antithesis, and I will sketch out what I see as the main lines of continuity

setzes zum Schutz der Privatsphäre (January 7, 1971), Bundesarchiv Koblenz (BAK) B106, Nr. 96305. However, This shift in perspective was not uncontested. See Bundesminister der Justiz an den Bundesminister des Innern, Betr.: Entwurf eines Gesetzes... (June 5, 1972), BAK B106, Nr. 96307.
6 See Regan (1995).

between these debates and the reasoning of the Constitutional Court in the census decision.

1 The Disappearance of the Private Sphere in Modern Society

The distinction between the public sphere and the private and the conviction that the latter was the basis of individual freedom and self-determination were constitutive of modern liberalism (Rössler 2001; Benn/Gaus 1983). Not only were these doctrines nourished by the liberal belief in the separation of state and society. The domestic sphere was also the point of departure for the formation of the liberal (male) self, as well as its ultimate reward.[7] And both the social substance and the symbolic value of the private sphere were further enhanced by the status and privileges that set the Bürgertum apart from the laboring masses. However, the most influential accounts of privacy in the 1970s began by analyzing the ways in which the social foundations of the bourgeois (bürgerliche) private sphere and the autonomy it promised had been progressively undermined since the end of the 19th century.[8]

In the United States, the seminal 1890 article by Samuel Warren and Louis Brandeis registered the new dialectic of privacy, respectability, and scandal that was set in motion by the rise of the mass media in Western society,[9] and Otto Mallmann, who has recently retired as presiding judge of the Bundesverwaltungsgericht, began his 1977 work on privacy protection with an account, which drew upon the work of Jürgen Habermas, of the evolution of the bourgeois private sphere and the ways in which it was being undermined by the rise of mass media and the commercialization of intimate information. As Mallmann noted, the conflict that prompted the original call by Warren and Brandeis for a »right to be left alone« was a »spezifisch bürgerlich« one resulting from the clash between the insistence by the more affluent classes on

7 On the gendered Bildungsgeschichte of the liberal subject, see Poovey (1988: 89-125).
8 For the history of the Bürgertum and its culture, see – among many others – Kocka (1987); Budde et.al. (2010). The classic account of the bourgeois private sphere is Habermas (1989). See also Calhoun (1992). The later feminist critique of the uses of the public-private distinction within the bourgeois domestic sphere did not have any influence on German privacy protection debates in the 1970s.
9 Warren/Brandeis (1890); Friedman (2007); Whitman (2004).

protecting their familial and social life from the prying eyes of those members of their own class who owed their wealth and position to the rise of the mass media. However, Mallmann also noted that the class-specific nature of the bourgeois private sphere was being altered in contradictory ways by the development of the welfare state, whose benefits were making possible the downward spread of middle-class notions of personal privacy at the same time that the nascent working-class private sphere was being constricted and hollowed out by the expanding informational demands on which the provision of these benefits was predicated. This inverse relationship between privacy and social status was most clearly visible in the near-total absence of privacy rights for the recipients of public assistance. Moreover, although much of the jurisprudence relating to personality law and many provisions of the 1976/77 Federal Privacy Protection Law were based on the notion of informed consent, Mallmann warned that the failure to recognize the assumption that the individual was free to decide whether or not to disclose his personal information was grounded in historical and social conditions that no longer obtained would transform privacy protection legislation into an instrument for the perpetuation of class privileges (Mallmann 1977: 16-33).

While it would be imprudent to do more here than gesture to the impact of the total state on relations between publicity and privacy between 1933 and 1945, Heinrich Hubmann's influential *Das Persönlichkeitsrecht* was, among other things, a screed against collectivism and mass society, and he regarded the defense of the private sphere as a means of carving out a social space within which the individual »nach seiner Eigenart und Besonderheit leben kann, in der er gegen jede platte Verallgemeinerung, gegen stumpfe Vermassung und gegen die Neugier anderer geschützt ist« (Hubmann 1967: 1). However, both Hubmann and Alan Westin, whose 1967 *Privacy and Freedom* was also a central point of reference for German debates, argued that the parameters of privacy were also being threatened by another aspect of modernity: the new observational, eavesdropping, recording, lie detection, and testing technologies that had been the focus of extensive Congressional hearings in the United States (Westin 1967).

But the central issue for the sociological critique of the private sphere was that steady and irreversible expansion of the routine collection of personal information on a mass basis by modern bureaucracies. Like Mallmann, Spiros Simitis – Frankfurt law professor and later (1975-1991) Hessian privacy commissioner – also maintained that the historical linkage of privacy and autonomy had been overtaken by social change, and he argued that the rise of modern bureaucracies and the emergence of an information and surveillance society was leading to the virtual disappearance of privacy in the modern world. In the era of the liberal night watchman state, in which the state was – in theory at least – responsible only for the physical security of the individual and the enforcement of contractual and property rights, but had no positive obligations towards the individual, the state had needed to make only limited informational demands upon the individual. The private, domestic sphere of the middle classes remained by and large undisturbed by the state, and, although the working classes were not in a position to enjoy a similar degree of seclusion, they were not the object of special solicitude either.

Simitis argued that things changed, however, as soon as the state began to assume responsibility for promoting the health, welfare, and productivity of the population because it then became necessary for the state to demand more extensive and more intimate information in order to document the diverse social needs that were to be the object of public melioration.[10] The result was not only the scientization of the social (Raphael 1996), but also its bureaucratization, and this process led to the entanglement of the individual in an increasingly fine-meshed informational net and, as we shall see below, an increasingly perfected system of social control. Such a comprehensive registration of the individual was, Simitis concluded, a »Funktionsvoraussetzung einer weitgehend vom Staat administrierten Gesellschaft,« and he argued that this process would ultimately lead to the hollowing out of the private sphere, the systematic deprivatisation of the individual, and his eventual transformation into a completely transparent, systematically manipulable object of bureaucratic administration (Simitis 1971: 675 f.). This same process, Simitis noted, was also taking place in the private sector, where the consequences of the informationalization of the consumer were no less stark: »Die spätindustrielle Gesellschaft,« Simitis concluded, »kennt keine Privatheit mehr« (ebd.).

Implicit in these arguments was a distinctive vision of the role of personal information in the governance of modern society. Not only were such societies by definition information societies. Since this information was gathered not for its own sake, but rather in anticipation of how it could be used to control individuals and populations, information societies were also, and inescapably, surveillance societies characterized by

---

10 In Sofsky's phrasing, »Gerechtigkeit führt unweigerlich zur Erosion des Privaten«, Sofsky (2007: 117).

a totalizing quest for the information needed for increasingly rational, efficient, and foresightful social governance. Already in the 1930s the conservative jurist Ernst Forsthoff had argued that individual citizens were increasingly dependent upon the social service administration (Leistungsverwaltung) to provide those necessities that inhabitants of modern, urban society could no longer secure individually (Forsthoff 1938). What Simitis did was to argue that this dependence made it virtually impossible for individuals to refrain from providing public and private sector bureaucracies with the information – no matter how banal or intimate – they required as the condition for helping individuals satisfy their basic needs and that it deprived the notions of autonomy and choice, which were central to the structures of the bourgeois private sphere and liberal subjectivity, of all meaning (Simitis 1972/73: 144 f.). From this perspective, renouncing the social services for which one would otherwise be eligible or refusing to avail oneself of the opportunity to purchase consumer goods on credit simply because this would require the disclosure of personal information would be an act of social insanity tantamount to dropping out of the modern world.

Both Mallmann and Simitis pointed out important ways in which the concept of the private sphere – rooted as it was in notions of individual choice – was limited in its ability to theorize these developments. However, these debates over publicity and privacy were compounded by a set of distinct, but not unrelated problems posed by the development of new information and communication technologies. If at the beginning of the 1960s computers were expensive, esoteric, and not always reliable machines reserved for complex calculations by the military and the aerospace and nuclear industries, by the end of that decade mainframes were well on their way to becoming essential tools not only for calculation, but also for the processing of all kinds of information in both the public and the private sectors. But it was not simply the automation of personal information that precipitated the politicization of privacy, but rather the advent of integrated data processing or information systems and multifunctional databases, which were bringing about a »Strukturwandel der Information« (Dammann 1974) and giving the information contained therein a »novel quality« (Simitis 1971: 677).

Government agencies at every level held vast quantities of information on individual citizens. However, these files were organized to meet the administrative, regulatory and revenue-collection needs of the agency that generated them; information pertaining to a specific individual could not be easily linked across agencies, aggregated and analyzed for planning purposes, or acted upon; and, as a result, each agency created more work for itself and the public by collecting and maintaining all of the information needed to carry out its own responsibilities. The information technology revolution that was beginning to transform administrative practices in both the public and private sectors during the 1960s and 1970s inverted this logic. The basic principle of integrated information systems was that all of the administratively relevant information pertaining to a specific individual should be collected once and only once and then stored in a single location, where it could then – thanks to the new communications technologies – be made available in up-to-date form on an as-needed basis to all other users, who would thus be in a position to make use of and update the information held in the central storage site. The Germans use the ugly neologism Datenfernverarbeitung to describe this fusion of technologies, and the slogan of the time was »Less information collection. More information exchange« (Steinmüller 1971: 111 f.). Although these systems promised huge efficiency gains, by making it possible to creatively connect discrete pieces of information in ways that had not been anticipated at the time when they had originally been collected, they also promised to enhance the value and expressivity of each piece of information and thus transform the processing of personal information from a bureaucratic burden into a political resource.

Moreover, many people also worried that, by welding the public administration into a single informational entity, these systems were bringing about a dangerous concentration and centralization of state power that substantially increased the power of the executive and the administration with respect to both the individual citizen and the legislative branch.[11] Debates on this issue pivoted around the constitutional doctrine of Amtshilfe. While Amtshilfe permitted ministries and state agencies to provide each other with information required for the performance of their constitutionally mandated responsibilities, in the age of paper the information that had been collected by government agencies remained to a greater or lesser degree the property of that agency, and it was only made available to other agencies on the basis of a case-by-case evaluation of the needs of the office requesting the data. Integrated information systems threatened to eliminate these constraints, and one of the top priorities of early privacy advocates was to institutionalize the »separation of informational powers« (informationelle Gewaltenteilung) as a bar to the unitary tendencies they espied in the new information technologies.[12]

11 See Mallmann (1976: 23-26); Lenk (1973: 23-28).
12 For example, Idem: 23-32, 45.

At the turn of the 1970s, one of the primary concerns of privacy advocates was to insure the completeness and accuracy of electronically processed information; such protections were regarded as the correlate of data processing and the precondition for securing public acceptance of the new technologies.[13] However, academic privacy experts warned that multifunctional databases were intrinsically incapable of capturing the complex reality they aspired to model and that, as a result, they invariably deformed the personal information they contained.[14] As Simitis explained, raw data was always shaped by the interests, the definitional power, and instrumental reasoning of those bureaucratic organizations that collected and controlled it, and this data was only transformed into information when it was evaluated in relation to the specific strategic purpose or Zweck for which it was collected (Simitis 1972/73: 151 f.; Mallmann 1977: 78). By their very design, however, integrated systems made it easier to abstract this information from its original context, shoehorn it into simplified database fields, link together »at the push of a button« the discrete pieces of personal information that had been gathered from diverse sources for utterly disparate purposes to form an extremely problematic »profile« of or »dossier« on the individual, and then instantaneously disseminate this information to other persons, who could then use it for purposes that might be entirely different from those for which the individual pieces of information had originally been collected. Not only did this process encourage the neglect of the thick context within which this information had originally been embedded and which gave this information its meaning and truth.[15] By substituting electronic linkages and remote, online access for contextualized human judgment, such systems compounded this deformation of content by removing information from the control of its original owners, who had to some degree ensured that the requesting agency had a legitimate

13 As reflected, for example, in the subtitle of Otto Mallmann's book: Mallmann (1977).
14 Idem: 70 ff.
15 In *Computer Power and Human Reason. From Judgment to Calculation* (Weizenbaum 1976), Joseph Weizenbaum drew on such insights to criticize the imperialism of instrumental reason and to argue – in opposition to those advocates of artificial intelligence, who maintained that all human thinking could be reduced to formalizable rules for effective procedures – that there were many aspects of human knowledge and experience that should not be made the object of automated analysis and decision-making precisely because they could only be communicated in natural, not formal, language.

need for the information and that the context and meaning that had inhered in the act of collecting it was not completely lost in the process of its dissemination: »[D]er Datenermittler hört [auf], die persönliche Kontrollfunktion des Geheimniswahrers auszuüben und sein Patronat [wird] von einem schillernden Interessenspektrum abgelöst, wenn es zum Aufbau von Datenbanken kommt. Die Datenbestände führen ein gewisses Eigenleben« (Seidel 1972: 139).

Privacy advocates argued that the only way to counteract the distortion of meaning resulting from that infinite contextual displacement inherent in the operation of integrated information systems was to insure that such information could not be used in unintended contexts for potentially inappropriate purposes to make decisions that would deleteriously affect the life-chances of the individual, and they argued that the principle of finality or Zweckgebundenheit, which maintained that personal information could not be used in ways and contexts that were different from that for which it had originally been collected, had to be the cornerstone of any privacy protection regime.

Databases also had a second unintended effect. The use of highly formalized schemata (i.e. database fields) to abstract administratively relevant pieces of personal information from the complex social reality in which they were embedded was essential to insuring that information flowed quickly through any bureaucracy and that it would have the same meaning for all of its end users. However, privacy advocates argued that this reduction of context also alienated the individual from his information and that, when carried to its logical extreme, the individual would find himself virtually supplanted by the data double to which his real history has been reduced (what Ulrich Dammann characterized as »seine zu Daten geronnene Lebensgeschichte«). As Dammann explained, »sein aktuelles Verhalten wird mit seiner Datenhistorie kontrastiert [und] von dieser Basis aus interpretiert und bewertet. Das Individuum erlebt damit eine verstärkte Rückbindung an seine eigene Lebensgeschichte, freilich nicht an deren individuelle und sinnhafte Ganzheit, sondern an ein bloßes Datenraster, dessen universelle Kommunizier- und Verwendbarkeit gerade auf der vollständigen Abstraktion von Sinnzusammenhängen und den sozialen Bezügen der Datenentstehung beruht. [...] Der einzelne kann das Bild, das man sich von ihm macht, nicht mehr bestimmen.«[16] Such attempts to spell

---

16 Dammann (1974: 267-301), citation 277, who also (272, 275) notes how the accuracy of information is endangered when it is separated from the original purpose for which it was collected by the »syste-

out the implications of the informationalization of human experience clearly anticipate later arguments by Jean Baudrillard, Mark Poster, and the surveillance studies group concerning the way that codes precede experience, become the measure of its truth, and ultimately abolish the distance between representation and reality as they take on a life of their own as simulations.[17]

Across the second half of the 1960s, integrated information systems were being established at both the federal and state levels, and these initiatives led to the passage of the world's first privacy protection law in Hessen in 1970. If, as David Lyon has argued, »all societies that are dependent on communication and information technologies for administrative and control processes are surveillance societies« (Lyon 2001: 1), then it was precisely at this moment that West Germany was becoming such a society. The question was how to meet the dangers associated therewith. However, Hessian lawmakers still understood the problems posed by the new information technologies primarily in terms of »data protection« (Datenschutz) and the »invasion« of privacy. The normal use of personal information within such systems and the kinds of power that they generated were not perceived as problems requiring legislative action, and, as a result, the law did not specify in detail either the conditions under which information could be collected, stored, and processed or the circumstances under which government agencies were authorized to make use of the personal information contained in the system. Such questions were inherent in the operation of multifunctional databases and integrated information systems; they were essential to the circumscription of what was meant by the term »private sphere« (whose nature was not addressed by the Hessian law); they had already surfaced in conjunction with the population registry law; and they would soon become major points of contention in the drafting of the Federal Privacy Protection Law.[18]

matische Vorratswirtschaft« characteristic of integrated information systems.
17 Baudrillard (1981); Poster (1990); Bogard (1976); and *Surveillance & Society* (http://library.queensu.ca/ojs/index.php/surveillance-and-society/).
18 Frohman (unpublished manuscript).

2 The Changing Logic of Privacy

These historical and sociological critiques of the bourgeois private sphere notwithstanding, personality law and the sphere theory erected upon it remained (and remain in modified form) the law of the land, and those who maintained that privacy had to be rethought in order to meet the challenges posed by both new forms of bureaucratic surveillance and the new information technologies had to engage with sphere theory both to demonstrate its limitations and show what a new conception of privacy would have to achieve. The outcome of this process, I argue, was a paradigm shift in the understanding of privacy.

The most basic problem with sphere theory was its relativity, that is, the fact that the intimacy, sensitivity or privacy of information was defined in relation to specific individuals, who differed widely in regard to what information they were willing to reveal – or what information they wished to conceal – in different contexts (Mallmann 1977: 26; Mallmann 1976: 47 f.). However, this did not mean that people did not try to square this circle. For example, in his influential treatise on personality law Hubmann argued that the social space required for the development of the individual personality encompassed three dimensions, which he called the individual, the private, and the secret spheres (Hubmann 1967: 268 f.). While the individual sphere was intended to insure the faithful representation of the individual *in* public and addressed such matters as accurate reporting about the individual in the media, the private and the secret spheres guaranteed in their respective ways the protection of the individual *from* the public by asserting the right of the individual to control the terms under which he entered into relations with others.

The relativity of the private sphere was always threatening to burst such neat schemas at the seams, and jurists developed a number of additional spheres to theorize those facets of experience that were not adequately described by Hubmann's triad. These reached from the »intimate sphere,« which included »das schlechthin Persönliche,« via the sphere of confidence or trust (Vertrauenssphäre), the secret sphere, the individual sphere, the personal sphere (Eigensphäre), and the private sphere to the social sphere and the sphere of publicity (Maass 1970: 22 f.; Seidel 1972: 65). However, these efforts to more systematically develop sphere theory ultimately came to grief on two mutually reinforcing problems, which rendered it more porous, elastic, and subject to judicial interpretations that ultimately deprived it of much of its substance (Amelung 2002: 16).

On the one hand, the courts repeatedly argued that the privacy rights of the individual diminished in proportion to the degree to which the individual gave expression to mute, purely interior states of mind and interacted with others in the external world.[19] Such attributions of a social dimension to any act that gave visible expression to otherwise mute, interior states of mind thus raised the question of whether the innermost, ostensibly inviolable core of personality rights and privacy protection either actually existed or, if it did, whether it had any practical significance (Amelung 2002: 16f.).

On the other hand, sphere theory was based on the notion that certain kinds of information were intrinsically private, sensitive and deserving of protection, and the law punished not the collection of such information, but its embarrassing disclosure and dissemination. However, around the turn of the 1970s these assumptions were also called into question. For example, in its 1970 divorce papers decision, the Constitutional Court ruled that the doctrine of Amtshilfe could not be invoked without qualification to obtain access to the intimate information regarding the marital life of a couple that had been provided as testimony during divorce proceedings and that the communication of this information to any other public office could only take place on a case-by-case basis based on a consideration of the personal and factual circumstances and a balancing of the privacy interests of the concerned individual against the public interest represented by the requesting agency.[20]

These arguments had far-reaching unintended consequences: once one began to qualify the assumption that certain kinds of information were intrinsically private by taking into account the context within which they were used, there was no principle by which to limit this line

19 These included the 1957 homosexuality decision and a series of decisions by both the Bundesverfassungsgericht and the Bundesgerichtshof relating to the admissibility of diaries in criminal proceedings.
20 BVerfGE 27, 344, (350-353). Such rulings led Forsthoff to argue that personality law could not provide a viable rationale for limiting the scope of information collection by the state, whose actions, he argued, could only be limited by the principle of proportionality. What was decisive for him was the fact that there were many instances – as had been the case in the divorce papers decision – in which the state claimed that intimate information, which the individual might otherwise desire to keep secret, was necessary to make decisions regarding the suitability of individuals for certain occupations, their reliability, and their trustworthiness (Forsthoff 1964: 41-60).

of thought, which began to take on a life of its own and supplant one of the basic principles of sphere theory. Already in 1973 Simitis drew the consequences of this logic of context for sphere theory. Individuals, he explained, freely revealed certain kinds of information in specific situations, but not in others. However, he insisted, the criteria for making such decisions were to be found not in the nature of the information itself, but rather in the context in which the information was to be disclosed and used. Reflecting on the problems raised by the new information technologies and the contextual displacement described above, Simitis concluded that »solange nicht feststeht, für wen und warum Angaben gesammelt und verarbeitet werden, lassen sich auch die möglichen Konfliktherde nicht ausmachen. [...] Keine Datenschutzregelung kann deshalb ohne eine erschöpfende Inventarisierung der Daten und ihrer Verwendungszusammenhänge auskommen.« However, since such an exhaustive and unambiguous empirical description of the scope and content of the private sphere was unattainable, »[w]as zu jenem ›innersten Bezirk‹, der dem einzelnen ›um seiner freien und selbstverantwortlichen Persönlichkeitsentfaltung willen verbleiben muß‹, wirklich zählt, bleibt letztlich ebenso undefiniert wie der ›schlechthin unantastbare Bereich‹.«[21]

This shift in focus from the intrinsic sensitivity of certain kinds of information to the context in which they were used dovetailed seamlessly with contemporary accounts of the ways in which information was distorted by integrated information systems and the need to compensate for this effect by means of the principle of finality. It also raised perforce the question of the individual's right to control the use of his or her information in these contexts. The 1969 ruling of the Constitutional Court in the microcensus case established the precedent that even the mere collection of personal information by the state could represent a violation of the personality rights of the individual,[22] and contemporary commentators also saw in the divorce papers decision the first intimations of an individual right to control the use of his information (Mallmann 1976: 64f.; Kamlah 1970), a trend that was explicitly confirmed in the 1973 Lebach decision, where the Constitutional Court ruled that the individual had a broad right to determine how his private life was represented by the media.[23]

---

21 Simitis (1972/73: 143). The inner quotations here are taken from BVerfGE 27, 1, (6) and 27, 344 (350f.).
22 BVerfGE 6, 1; Kamlah (1970).
23 BVerfGE 35, 202 (220).

What we see here in the early 1970s is a saddle or tipping point at which a more explicit emphasis by the courts on context and intent, which had originally been intended to render sphere theory more flexible, began to take on an alternative life and logic of its own and to coalesce with the reflections on population surveillance and the new information technologies described in Section I to give rise to a new conception of privacy as informational self-determination. This was a more functional conception in which privacy was defined not in terms of the intrinsic sensitivity of certain kinds of information, but rather through the interplay of the principle of finality and the subjective rights. While the concept of the private sphere as a domain of seclusion had been directed against the modern mass media, it had been unable to theorize the problems posed by the bureaucratic collection of personal information. The concept of informational self-determination was based on the assumption that, in the age of integrated information systems and multifunctional databases, *any* information pertaining to an identifiable individual – and not just that information traditionally considered sensitive, intimate or private – could, depending on the context within which it was used, impair the freedom of or opportunities available to the individual. Consequently, the underlying thrust of the concept of informational self-determination was to give the individual the means through which to channel the flow of personal information (that is, personenbezogene Daten) or information that could be related to an identifiable individual – and thereby to control and deflect the power generated through these information flows. From this perspective, data or privacy protection (Datenschutz) could be defined as the »institutionalisierte Vorsorge für eine gezielte Informationslosigkeit zwischen dem einzelnen und seiner Umgebung« in order to bring about a »kalkuliertes Nichtwissen« on the part of the potential users of this information.[24] What was necessary, Mallmann argued, was an »informationsbezogener Privatheitsbegriff,« which would focus not on

---

24 Simitis (1972/73: 155). Similarly, Dammann (1974: 274) defined privacy protection as the »humane Steuerung« of these information flows. Mallmann (1977: 30) argued that the private sphere had to be defined as »ein je nach der individuellen und gesellschaftlichen Interessenkonstellation unterschiedlicher Bereich von Nichtinformation über Individuen.« And Mallmann (1976: 67) argued that the »Privatsphäre sagt in funktioneller Hinsicht etwas aus über das Grundverhältnis von Person und Individualinformationen; die Privatsphäre ist eine Ausformung dieses Grundverhältnisses.«

the invasion of privacy, but on the ways in which the new information technologies diminished the life chances of the individual (Mallmann 1977: 26).

Already in 1971, Wilhelm Steinmüller had called for the recognition of a constitutional right to informational self-determination (Steinmüller 1971: 84-96). However, if the contours and principles of the concept of informational self-determination were already clear by the early 1970s, this new conception of privacy raised two questions: How could a right to informational self-determination be justified if it could not be grounded in personality law? And could the concept of »personal information« be circumscribed clearly enough to define the scope of this postulated right?

At the beginning of the 1970s the increasing frustration with the apparently insuperable difficulties in satisfactorily delimiting the scope of the private sphere led many people to hope that a more viable foundation for privacy rights could be found in the sociological analysis of modern society than in jurisprudential reasoning, and most of those who followed this path focused on role theory and the ways in which role-specific self-presentation might be theoretically leveraged to legitimate a right to informational self-determination. Though Westin had little to say about the new information technologies, his definition of privacy as a right (»the claim of individuals, groups, or institutions to determine for themselves when, how, and to what extent information about them is communicated to others«, Westin 1967: 7), rather than as property inhering in specific kinds of information, provided an impetus and point of departure for German efforts to rethink privacy rights in terms of the control over the dissemination of personal information, rather than the invasion of privacy. The work of Erving Goffman similarly served as an ambiguous hinge between older and newer conceptions of privacy (Goffman 1973). While Mallmann was of a divided mind about the value of role theory for the theoretical grounding of a right to informational self-determination,[25] Niklas Luhmann went much further down this road and claimed that role theory could, in fact, justify a constitutional right to informational self-determination without having to rely on what he considered to be the dubious premises of personality law (Luhmann 1965: esp. 53-83). Nevertheless, role-theoretical justifications of a right to informational self-determina-

[25] Mallmann (1977: 36-43) and Müller (1974) provide good overviews of the ways in which role theory was employed in both German and American privacy discussions.

tion, such as that presented by Luhmann, were problematic in several respects, which – for reasons of space – cannot be discussed here.[26] Nor was the question of the nature of »personal information,« which was addressed most systematically in the debates over consumer credit reporting, resolved to any greater degree than that over the status of the right to informational self-determination.[27]

3 Privacy and Democratic Politics in Surveillance Societies

The last issue that needs to be addressed is that of the contemporary understanding of the political implications of privacy rights. My basic claim here is that the new concept of informational self-determination fundamentally altered the terms in which the question of the political implications of privacy rights was framed by defining privacy in terms of the informational relations among individuals in society, rather than as the withdrawal from society, and directing attention toward the power relations with which these informational relations among essentially social subjects was infused and through which they are reproduced. This paradigm shift, so to speak, rendered moot the charge of privatism and made it possible to regard privacy rights as both the condition for the meaningful participation of the individual in society, rather than as a means of escaping from it, and as the foundation of the democratic process.[28]

These questions had already been broached in the early 1970s. While privacy concerns had initially focused on the misuse of personal information, Lenk argued that the real problem lay, instead, in their normal, intended use. As he wrote in 1973, »to define privacy with regard to public administration is equivalent to determining how much and what kind of control [...] of citizens should be conceded to public administration.« Although many people had argued that privacy played a vital role in diminishing the psychological pressures of the conflicting roles

26 But see Amelung (2002: 23-26).
27 See the discussion in Frohman (2012b).
28 Mallmann (1976: 53-58). In the Anglophone world, a similar approach was taken by Robins/Webster (1988: 70), who argue that »information is not a thing, an entity; it is a social relation, and in contemporary capitalist societies it expresses the characteristic and prevailing relations of power.«

that individuals must fill in modern society, Lenk argued that »damit wird ausgeblendet, welche gesellschaftliche Einflüsse bestimmen, was innerhalb dieses Bannkreises geschieht. Der emphatische Begriff der Privatsphäre als der Garantie eines Lebensbereichs, der die soziologische Voraussetzung zur Bildung autonomer Persönlichkeiten ist, ist damit begraben.« The danger lay no longer in »[dem] neugierigen Eindringen des Mikrozensus in die Privatsphäre,« Lenk maintained, but rather in the ways in which this information was used as a mechanism of social discipline and control. This insight led him to insist that the problem of informational power could not be theorized in terms of the »invasion« of privacy: »Die Durchleuchtung von Konsumgewohnheiten, politischen Einstellung usw. lässt sich als Bedrohung der Privatsphäre nicht mehr fassen.« The preoccupation with the invasion of privacy, rather than with questions of power and social control, was, Lenk argued, symptomatic of the limited political vision that characterized much of the privacy protection literature.[29]

However, the most important account of the enduring political value of privacy came from Simitis. As I have argued elsewhere, Simitis' main claim was that surveillance, that is, the routine collection of formalized personal information on a mass basis by public and private bureaucracies, gave rise to a normalizing, disciplinary power that was the basis for an increasingly pervasive and potentially totalizing form of social control in modern society, one that rendered the individual unfit for democratic citizenship.[30] Simitis was also critical of the concept of the private sphere, and he insisted that every attempt to construct privacy as a domain of seclusion enjoyed by the pre-social individual on the basis of personality or property rights would always come to grief on the problems involved in balancing between such a right, the equally fundamental right to information, and the importance of transparency for social communication.[31] In his oral arguments in the census case, Simitis urged the Constitutional Court to reject the individualist premises of sphere theory and instead view privacy in terms of the right of the individual to control the use of personal information in order to

29 Lenk (1973, citations 17, 20, 33 f.). The first quotation from Lenk (in English) was taken from Thomas (1971: 61); and the critical comment on the recuperative function of the private sphere is directed at Westin (1967: 51).
30 Frohman (2012a). Similar insights can be found in Dammann (1974: 276); Mallmann (1977: 41 f.)
31 Simitis (1982: 512 f.). This is why Simitis opposed proposals to amend the Basic Law and codify a constitutional right to privacy.

secure »jenes Mindesmaß an [sozialer] Distanz, dessen jeder Einzelne bedarf, um seine Grundrechte wahrnehmen zu können und damit einen demokratisch strukturierten Staat erst existenz- und funktionsfähig zu machen.«[32] Similarly, Adalbert Podlech explained to the Court that »Privatheit, d.h. die Möglichkeit, Informationen zum eigenen Schutz zurückzuhalten oder im eigenen Interesse abzugeben, ist keine Sache des isoliert gedachten Individuums, die durch Kommunikation mit anderen, die durch einen Sozialbezug verloren ginge. Privatheit ist eine mögliche Eigenschaft des Umgangs mit anderen, sie ist eine soziale Eigenschaft der Person.«[33]

Despite his account of the ways in which the private sphere was being hollowed out in surveillance societies, Simitis insisted that privacy retained an enduring value in modern political life. On the one hand, Simitis conceded that the rights to information and free speech were indispensable to democracy because a degree of transparency was a »basic element of communicative action« (Simitis 1987: 732f.), and he warned that, the more that »privacy is equated with a deliberate and legally protected seclusion of the individual, the more the right to be let alone develops into an impediment to the transparency necessary for a democratic decisionmaking process« (Ibid.: 731). On the other hand, Simitis also argued that the spread of the new information technologies as a normal tool of both government and private enterprise was diminishing the communicative competence of the individual. Computerization »dictates the conditions under which communication takes place;« it »forces the individual once more into a preset scheme;« it »appears as the ideal means to adapt an individual to a predetermined, standardized behavior that aims at the highest possible degree of compliance with the model patient, consumer, taxpayer, employee or citizen;« and the transparency achieved in this way »creates possibly the best conditions for the colonization of the individual's lifeworld« (Ibid.: 734).

Whereas Simitis had begun by explaining why transparency was essential to social communication, his analyses of the implications of both the new information technologies and bureaucratic population surveillance redirected his reasoning back in the opposite direction and led him to conclude that privacy and limitations on transparency were, in fact, the »prerequisite to the capacity to participate in social

32 Cited from documents of Maja Stadler-Euler and Gisela Wild, two of the original complainants in the legal challenge to the 1983 census.
33 Podlech, Stellungnahme... [with regard to the census case], Landesarchiv Berlin B Rep. 004, Nr. 1111.

discourse. Where privacy is dismantled, both the chance for personal assessment of the political and social processes and the opportunity to develop and maintain a particular style of life fade« (Ibid.). Although the generalized, unregulated exchange of personal information for the purpose of risk prevention would undoubtedly increase the rationality and efficiency of the organizations that controlled this process, these gains would be paid for in the currency of human freedom, and Simitis argued that the concept of privacy retained an enduring value because it signaled this potential loss of freedom and denoted the threshold »die nicht überschritten werden darf, wenn Informationsbeschaffung und Informationsverarbeitung den einzelnen nicht vollständig funktionalisieren und zum schlichten Objekt staatlicher und privater Bürokratie degradieren sollen [...]. Eine Gesellschaft, die Privatsphäre für überflüssig erklärt, gibt damit auch jede Hoffnung auf Selbstbestimmung auf. Die Existenz der Privatsphäre ist insofern Grundbedingung individueller Freiheit.«[34] But the private sphere to which Simitis returns here was not a pre-social domain of seclusion, but rather that sphere of non-information described above, which surrounds the subject, who is otherwise embedded in those ubiquitous channels of bureaucratic information collection that constitute the infrastructure of the modern information and surveillance society. The task of privacy protection legislation was to determine the precise scope and contours of such spheres.

I have argued elsewhere that the Court's reasoning in the census case relied on the same critical analysis of the impact of the new technologies on individual freedom and privacy as that employed by the protesters, but that their arguments in turn echoed those made by Simitis and other academic privacy advocates.[35] What I hope that I have succeeded in doing in the preceding pages is to have shown 1) how the attempt to theorize the problems posed by the emergence of both surveillance and information societies and the new information technologies drove the paradigm shift from a theory of privacy based on the concept of the

---

34 Simitis (1972/73: 147). Mallmann (1977: 68) arrived at a similar conclusion: »Erst die Beschränkung von Verhaltenstransparenz ermöglicht freie Kommunikation, persönliche Initiative, Teilhabe am sozialen – auch politischen – Geschehen. Privatheit ist unabdingbare – wenn auch nicht hinreichende – Voraussetzung für autonomes Verhalten, für Selbstdarstellung, abgestufte Distanzsetzung und Bildung von Identität. Aufgabe des Datenschutzes ist es, Privatheit angesichts der von den modernen Informationstechnologien, aber auch von perfektionierten manuellen Systemen ausgehenden Gefahren zu gewährleisten.«

35 Frohman (2012).

private sphere to one based on the concept of informational self-determination and 2) how this new concept could be deployed to critique the normalizing, disciplinary effects of surveillance – both electronic and bureaucratic – in ways that then made it possible for the Constitutional Court to argue that the codification of a right to informational self-determination was crucial to insuring the development of the individual personality and protecting against the diminution of the capacity of the individual to meaningfully participate in democratic public life in modern surveillance societies.

Marcel Berlinghoff
»Totalerfassung« im »Computerstaat«
Computer und Privatheit in den 1970er und 1980er Jahren

»Wir leben im Computerstaat!«, sang 1980 *Frank Z.*, Frontmann der Wavepunkband *Abwärts*, die damit einen Underground-Hit landete, der noch bis weit in die 1990er Jahre hinein die Mitglieder der alternativen Szenen zum Tanzen brachte; erst in besetzten Häusern, später auch in Diskotheken.[1] Dieser Erfolg kann als Hinweis darauf gelesen werden, dass der massive staatliche Einsatz von Computern zur Kriminalitäts-, Spionage- und Terrorismusbekämpfung einerseits und zur Verwaltungsarbeit andererseits nicht nur popkulturell verarbeitet wurde, sondern mit seinen Anspielungen auf ein breit empfundenes Bedrohungsgefühl zurückgreifen konnte, das sich unter anderem aus den staatlichen Bemühungen um eine Erhöhung der Inneren Sicherheit und den Ausbau der Verwaltungsautomation seit den frühen 1970er Jahren speiste (vgl. Saupe 2010; Scheiper 2010; März 2012). Hierzu gehörten so unterschiedliche Aspekte wie die geheimdienstliche Überprüfung von Bewerbern für den öffentlichen Dienst im Rahmen des *Radikalenerlasses* oder die technische Aufrüstung der Polizei unter dem »Mr. Computer« genannten Präsidenten des Bundeskriminalamts (BKA) Horst Herold. Spätestens mit der 1979 durchgeführten Rasterfahndung nach Terroristen der Rote Armee Fraktion (RAF), bei der polizeiliche mit anderen Datenquellen verknüpft und computergestützt ausgewertet wurden, schien die befürchtete Bedrohung der individuellen Privatheit und letztlich auch der Demokratie an sich real zu werden. Nicht zuletzt das nahende »Orwell-Jahr« 1984 rückte das Thema der staatlichen Überwachung in den Fokus der Debatten über Computer. Datenschutz – oder informationelle Privatheit – wurde an der Wende von den 1970er zu den 1980er Jahren in Medien und Gesellschaft breit diskutiert (Wirsching 2006).

Informationelle Privatheit, also die Kontrolle darüber was andere über die eigene Person wissen können, ist nicht nur eine der Kerndimensionen von Privatheit (Rössler 2001). Sie ist zugleich die Dimension von Privatheit, die in Diskursen über Informationstechnologien und insbesondere über den digitalen Wandel der vergangenen Jahr-

---

1 Abwärts: Computerstaat, 7" (ZickZack Records) 1980, vgl. Teipel (2001: 271).

zehnte im Vordergrund steht. Da sich dieser Wandel – in mancher Hinsicht lässt sich zu Recht von einer digitalen Revolution sprechen – längst nicht mehr nur in »westlichen« Gesellschaften vollzieht, sondern globale Ausmaße besitzt, handelt es sich hierbei um Phänomene universalen Charakters.

Im Folgenden soll der zeithistorische Blick exemplarisch auf die späte alte Bundesrepublik, also auf Westdeutschland in den 1970er und 1980er Jahren geworfen werden. In dieser Zeit entwickelte sich eine breite gesellschaftliche Debatte um Privatheit, die eng mit der Verbreitung von Computern im öffentlichen Leben, der sogenannten *Computerisierung*, verbunden war (vgl. Schnepel 1984). Anfangs vor allem ein Elitendiskurs von Verwaltungs- und Datenverarbeitungsexperten, spitzte sich die Diskussion in den frühen 1980er Jahren zu und kulminierte in den Protesten und Boykottaufrufen gegen die geplante Volkszählung von 1983 (Raithel 2009; Hannah 2010). Der Widerstand gegen die staatliche »Erfassung« der Bürger, entstanden aus einem Aufruf Berliner Kriegsdienstverweigerer, verbreitete sich – für damalige Verhältnisse und immer noch auf analogem Wege – rasend schnell und schwoll zu einer Protestbewegung, die Kreise weit über die alternativen Milieus hinaus erfasste.[2] Dies lag maßgeblich daran, dass, so die erste These meines Beitrags, eine Gefährdung der Privatheit durch *Computerisierung* insbesondere vonseiten des Staates befürchtet wurde.

Die Klage vor dem Bundesverfassungsgericht, das den Zensus schließlich in seiner geplanten Form verbot, führte zu einem Urteil, in dem das Recht auf informationelle Selbstbestimmung begründet wurde; ein Recht, das bis heute nicht nur die deutschen Diskussionen über Privatheit im Kontext der digitalen Revolution bestimmt (Bennet/Raab 2006: 128). Gleichwohl wurde 1987 eine Volkszählung in der Bundesrepublik durchgeführt. Zwar immer noch unter Protest und Boykottaufrufen, doch erreichten diese nicht mehr den Rückhalt, den die Proteste noch vier Jahre zuvor erfahren hatten. Dieser Verlust an breiter gesellschaftlicher Unterstützung, so versuche ich in meinem Beitrag zu zeigen, lag nicht zuletzt im Rückgang gesellschaftlicher Vorbehalte gegen die *Computerisierung* der Gesellschaft begründet, die den häufig vernachlässigten Hintergrund des Widerstands gegen die Volkszählung

---

2 Laut einer Umfrage im Auftrag des Bundesinnenministeriums widersprachen im Sommer 1983 45 Prozent der Befragten der Aussage, dass jeder die Volkszählungsbögen ausfüllen solle und die Hälfte der Befragten befürchtete einen Missbrauch der gegebenen Auskünfte (Frohman 2012a: 335).

bildeten. Die *Gewöhnung* an Computer, so die zweite These dieses Beitrags, trug im Verlauf der 1980er Jahre entscheidend dazu bei, die Angst vor den Folgen der neuen Technologie abzubauen und den damit verbundenen Dystopien weniger Beachtung zu schenken.

Die Geschichtsschreibung der digitalen Informationsgesellschaft beginnt gerade erst. Wurde Computergeschichte bisher vor allem als Technik- oder Mediengeschichte geschrieben, so finden sich in jüngerer Zeit auch Beiträge, die kultur- und sozialgeschichtliche Ansätze nutzen, um sich dem Phänomen der *Computerisierung* zu nähern (Danyel 2012). Im Folgenden werde ich mich an der Schnittstelle von Kultur-, Medien- und Mentalitätsgeschichte bewegen, um das Verhältnis von Diskursen um Computer und Privatheit in den 1970er und 1980er Jahren näher zu untersuchen. Hierzu werde ich in drei Schritten vorgehen. Anknüpfend an Larry Frohmans Überlegungen in diesem Band, werde ich zunächst skizzieren, welchen Stellenwert Privatheit in den Diskussionen um Computer in dieser Zeit einnahm (1). Dabei werde ich besonderes Augenmerk auf die sicherheitspolitischen Aspekte der *Computerisierungs*-Debatte legen (2). In einem weiteren Schritt werde ich kurz auf die Proteste gegen die Volkszählung von 1983 eingehen und dabei versuchen zu zeigen, welche Rolle die vorangegangenen Diskussionen um *Verdatung* und *Erfassung* in diesem Kontext spielten (3). Schließlich werde ich anhand der Veränderung der Computerdiskurse in den 1980er Jahren zeigen, dass die Ängste vor einem »Computerstaat« abnahmen (4). Als Quellen dienen mir neben zeitgenössischer Literatur vor allem die Berichterstattung in drei überregionalen Printmedien, nämlich der *Frankfurter Allgemeinen Zeitung* (FAZ), der Wochenzeitung *Die Zeit* und dem ebenfalls wöchentlich erscheinenden Nachrichtenmagazin *Der Spiegel*.

1 Verwaltungsautomation und Datenschutz – Computerdiskurse der 1970er und 1980er Jahre

Zum Verständnis der Diskurse um Computer in den 1970er und 1980er Jahren ist es hilfreich, sich in Erinnerung zu rufen, was Computer zu Beginn dieser Zeit waren: Schrankgroße und millionenschwere Großrechner, die sich außerhalb der militärischen und wissenschaftlichen Bereiche insbesondere in der Versicherungs- und Bankenbranche sowie bei den großen Luftfahrtunternehmen fanden.[3] Die Erwartungen an

---

3 Kühnert (1969) spricht von 4.000 Anlagen, die 1969 in der Bundesrepu-

diese geheimnisumwobenen Maschinen waren in jeglicher Hinsicht immens und reichten von der befürchteten massenhaften Vernichtung von Arbeitsplätzen über die *Humanisierung der Arbeit* bis hin zu entscheidenden Wachstumsinitiatoren im internationalen Wettbewerb (vgl. Raithel 2009: 39 f.; Schuhmann 2012; Seibring 2011). Gleichwohl standen im Mittelpunkt der zu Beginn der 1970er Jahre in den Feuilletons und Leserbriefspalten ausgetragenen Debatten die Gefahren einer digitalen Aufrüstung der staatlichen Verwaltung (vgl. Frohman in diesem Band).

Im Rahmen der *Planungseuphorie* der 1960er und parallel zu deren Abflauen in den 1970er Jahren wurde die staatliche Verwaltung in Pilotversuchen auf die Möglichkeiten der computergesteuerten Verarbeitung großer Datensätze aufmerksam (vgl. Dammann et al. 1974; Wirsching 2009). So strebte beispielsweise der Hessische Ministerpräsident Albert Osswald 1970 »die höchste Stufe der Verwaltungsautomation« an, um »die Erfüllung von Aufgaben der Exekutive aus der örtlichen, institutionellen und sachgebundenen Isolierung zu lösen und so miteinander zu verknüpfen, daß sich daraus ein vollständiges Informationssystem für einen weiten Bereich staatlicher und kommunaler Aufgaben ergebe.«[4] Durch eine zentrale Sammlung und breite Verfügbarkeit von Bevölkerungsdaten sollten der Bedarf an infrastrukturellen Investitionen vom Wohnungsbau über Krankenhäuser und Schulen bis hin zum Ausbau des öffentlichen Personennah- und Individualverkehrs genau ermittelt und effizienter und damit billiger gedeckt werden. Zudem solle, so die Hoffnung der Befürworter, der Dienstleistungscharakter der öffentlichen Verwaltung gestärkt werden.

Gleichwohl waren nicht alle von den Vorteilen der zentralen Erfassung und computergestützten Auswertung von Bürgerdaten überzeugt. Anknüpfend an Debatten aus den USA wurde seit den späten 1960er Jahren über die Gefahren einer zentralen Datenspeicherung und -auswertung diskutiert (Bull 1984).[5] Dabei wurde von den Befürwortern der *Verwaltungsautomation* argumentiert, die Erhebung und Samm-

blik bei Banken, Versicherungen, Industriebetrieben, im Fernmeldewesen sowie der Verwaltung in Betrieb seien. »Ritt auf dem Tiger« (1970) nennt eine Investitionssumme von 80 Mrd. DM für die in den 1960er Jahren »ein Heer elektronischer Rechensklaven installiert« worden sei. »100445301111« (1973) nennt für 1973 bereits die Zahl von 15.000 »elektronischen Heilsbringern« (vgl. Kammer 2001; Wurster 2002).

4 Zit. n. »Für ›Hessen 80‹ mehr Computer« (1970).
5 Vgl. Kühnert (1969) sowie die daran anknüpfenden Leserbriefe. Beispielhaft: Albes (1969), Kamlah (1969).

lung der Daten stelle keinen neuen Akt dar, sondern es handle sich vielmehr um eine Arbeitserleichterung der Behörden, die letztlich auch dem Gemeinwesen nutze. Die Kritiker wiesen dagegen darauf hin, dass die bei verschiedenen Ämtern gesammelten Daten bisher nur schwer zusammengeführt werden konnten und die vollkommene Durchleuchtung einer Person dadurch unwahrscheinlich gewesen sei. Knapp formuliert in den Worten des Erlanger Juristen Ruprecht Kamlah (1969): »Die Unvollkommenheit der Datenerfassung schützt die Privatsphäre.« Durch die computergestützte Sammlung und Analyse solcher Daten werde jedoch nicht nur eine »unerträgliche Transparenz«[6] ermöglicht, die dauerhafte Speicherung sorge auch dafür, dass politische oder strafrechtliche Vergehen in der Vergangenheit nicht in Vergessenheit gerieten. Und schließlich ermögliche die computergestützte Auswertung großer Datensätze die Generierung neuer Wissensbestände, die weit über den ursprünglichen Erhebungszweck hinausgingen (Schnepel 1983). Der Journalist Hanno Kühnert (1969) warnte daher in einem Leitartikel der *FAZ*: »Nur Phantasie kann den Machtzuwachs von Amtspersonen ermessen, der hier möglich ist.« Was hier auf den individuellen Machtmissbrauch zielte, galt in der Argumentation der Kritiker jedoch auch für das demokratische System an sich. So zog sich die Warnung vor einer wachsenden Informationsasymmetrie der Exekutive gegenüber dem Parlament und der (außerparlamentarischen) Opposition aufgrund der digital verfügbaren Datenmengen durch die folgenden zwei Jahrzehnte. Des Weiteren, so wurde argumentiert, führe die *Verdatung* zu einer Normalisierung der Gesellschaft, die Devianz sofort sichtbar mache und so von vornherein unterdrücke. Denn die individuelle Selbst-Kontrolle, die sich bei erwartbarer Überwachung automatisch einstelle, erschwere die freie Meinungsbildung ebenso wie deren Ausdruck und gefährde damit die Demokratie von ihrer Basis aus (vgl. Frohman 2012a: 349 und ders. in diesem Band).

Derlei Diskussionen gingen auch an den Initiatoren des zitierten Zukunftsprogramms »Hessen 80« nicht vorbei, weshalb Hessen 1970 als erstes und neben Rheinland-Pfalz lange auch einziges Bundesland ein Datenschutzgesetz verabschiedete und mit Willi Birkelbach im Jahr darauf einen parlamentarischen Datenschutzbeauftragten einsetzte.[7]

6 »Ringschaltungen von Datenbanken aller Behörden können die menschliche Person bis zur Unerträglichkeit transparent machen [...]« (Kühnert 1969).
7 Rheinland-Pfalz folgte 1974 (vgl. »Für ›Hessen 80‹ mehr Computer«, 1970; »EDV im Odenwald« (1979); »100445301111« (1973); Behr (1974).

Tatsächlich war das Land damit sogar weltweit der erste Staat mit einem Datenschutzgesetz. Und selbst der Begriff »Datenschutz«, der bis heute den Bereich der informationellen Privatheit mehr schlecht als recht beschreibt, geht auf das hessische Recht zurück (Bull 1984: 84). Weitere zweieinhalb Jahre später, im November 1973, brachte die Bundesregierung in erster Lesung ein Datenschutzgesetz in den Bundestag ein – begleitet von einem Entwurf für ein Bundesmeldegesetz, das unter anderem die Einführung einer individuellen und lebenslang gültigen Personenkennzahl (PK) beinhaltete, mit der jeder Bürger identifiziert und damit für die Verwaltungsautomation »lesbar« gemacht werden sollte.[8] Während der gesetzlich geregelte Schutz persönlicher Daten bei deren computergestützten Erhebung und Speicherung in der Öffentlichkeit grundsätzlich begrüßt wurde, trug der Entwurf des Meldegesetzes wenig dazu bei, die Skepsis gegenüber der behördlichen »Sammelwut« zu entkräften.[9] Nicht nur, dass das Meldegesetz die Speicherung von rund 200 Einzeldaten über jeden Bürger vorsah, die eindeutige Kennzahl sollte diese Informationen auch datenbankübergreifend verfüg- und damit kontrollierbar machen. Es war nicht zuletzt die Erinnerung an entsprechende Versuche der Nationalsozialisten, 1944 eine »Reichspersonalnummer« zur Erfassung der gesamten Bevölkerung einzuführen, die diesem Vorhaben letztlich ein Ende bereiteten.[10] Die vorgesehene Meldepflicht für Hoteliers und Vermieter trug in Erinnerung an die Folgen von Denunziation in der NS-Diktatur ebenfalls nicht zu einem Vertrauensgewinn bei. Ob es letztlich parteitaktische Überlegungen oder föderale Differenzen waren, die das Meldegesetz 1977 scheitern ließen, harrt noch der historischen Untersuchung.[11] Dagegen wurde das »Gesetz zum Schutz vor Mißbrauch personenbezogener Daten bei der Datenverarbeitung«, wie das Bundesdatenschutzgesetz offiziell hieß, im November 1976 verabschiedet und trat zum 1. Januar 1978 in Kraft – wenn auch stark verwässert, wie Kritiker, etwa der Zeit-Redakteur Horst Bieber (1978), anmerkten:

8 Eine Bundestagsentschließung hatte bereits 1969 eine gesetzliche Regelung gegen den Missbrauch der elektronischen Datenverarbeitung gefordert (Bieber 1978). Vgl. »10044530111« (1973).
9 Vgl. Bieber (1978); »Kalte Wut« (1982).
10 Dammann et al. (1974: 25) weisen darauf hin, dass die bereits eingeführte Abkürzung PKZ aus »Angst [...] vor solchen zeitgeschichtlichen Vergleichen« und »zur Vermeidung klanglicher Assoziationen« mit den Nummertätowierungen von KZ-Häftlingen in PK verkürzt wurde (vgl. Hoffmann 1978; Bieber 1978; Aly/Roth 1984; Bull 1984: 190-207).
11 »Das Stahlnetz stülpt sich über uns« (VI) (1979).

»TOTALERFASSUNG« IM »COMPUTERSTAAT«

»In den sechs Jahren hat es die wohl wechselvollste Geschichte eines bundesdeutschen Gesetzes erlebt. Es lohnte sich, sie in allen Einzelheiten aufzuzeichnen; sie wäre exemplarisch für die Pressionen der Lobbies, unter denen Parteien und Abgeordnete stehen. Herausgekommen ist ein Gesetz, dem im Sinne eines wirksamen Datenschutzes fast alle Zähne gezogen worden sind.«[12]

Derweil konzentrierte sich die Debatte um *Computerisierung* nicht allein auf die möglichen Gefahren einer allwissenden Exekutive. Neben dem vielfachen »unbekümmerten« Umgang mit Daten in der Verwaltung, den Birkelbach und seine Kollegen in ihren Datenschutzberichten wiederkehrend rügten, wurden auch Fälle der »Veruntreuung« von Daten öffentlich, in denen Behördenmitarbeiter Bürger- oder gar Patientendaten an Versicherungen und Adresshändler verkauften.[13] Bisweilen erfolgte diese Weitergabe auch unentgeltlich, wovon beispielsweise Parteien für ihre Wahlwerbung profitierten. Wenngleich die kommerzielle Speicherung, Aufbereitung und der Verkauf von Daten als wachsender Zukunftsmarkt wahrgenommen wurden, galt die Sammelleidenschaft der Behörden als größeres Übel (vgl. Niedieck 1973; Bieber 1978).

2 Rasterfahndung dank »Totalerfassung« – Die Angst vor dem polizeilichen Überwachungsstaat

Eine weitere Dimension staatlicher Überwachung eröffnete sich durch die Bemühungen der Sicherheitsbehörden, allen voran des BKA-Chefs Horst Herold, Computer für die Kriminalitätsaufklärung und -prävention zu nutzen.[14] Herold war 1971 auf den Posten berufen worden, um das Bundeskriminalamt mithilfe von Computern von den erdrückenden Aktenbergen zu erlösen und die Polizeiarbeit anhand »neuester wissenschaftlicher Erkenntnisse« zu effektivieren (Scheiper 2010: 255; vgl. Baumann et al. 2011: 79-85): »1,7 Millionen Akten, rund drei Millionen Karteikarten, etliche Millionen Lichtbilder, Fingerabdruckblätter standen oder lagen in den Regalen, die Verfügbarkeit war abhängig

12 Tröstlich sei allein, dass ein Anfang gemacht worden sei, der bei zukünftigen Novellierungen verbessert werden könne. Hierfür werde die Unbestimmtheit des Gesetzestextes genügend Anlass geben (vgl. »Gutes Recht«, 1977; Bull 1984: 104-108).
13 Vgl. »100445301111« (1973); Behr (1974); »Freier Markt« (1977).
14 Vgl. Neumaier (1975); »Das Stahlnetz stülpt sich über uns« (II) (1979).

von der manuellen oder visuellen Fertigkeit einzelner Beamter.« (Neumaier 1975). Im Kontext der Fahndung nach RAF-Mitgliedern wurden innerhalb von zwei Jahren die personellen Kapazitäten wie auch der Etat des BKA verdoppelt und die Wiesbadener Zentrale mit einem Rechenzentrum ausgestattet, das als das modernste der Welt galt.[15] Öffentlichkeitswirksame Stellungnahmen des BKA-Präsidenten führten dazu, dass der in den Medien auch »Mr. Computer« genannte Herold bald zu einem Symbol der computergestützten Fahndung wurde.[16] Das Informationssystem der Polizei (Inpol) ersetzte ab 1972 das gedruckte »Deutsche Fahndungsbuch« wodurch sich, auch dank Zugangsterminals an Grenzübergängen und Flughäfen, die Zahl der Fahndungsaufgriffe allein 1975/76 von 30.000 auf 100.000 verdreifachte.[17] Hinzu kamen ein Zentraler Personen-Index (ZPI), eine Straftaten/Straftäter-Datei (SSD), eine Datenbank zu Ermittlungen gegen Rauschgifthandel und Terrorismus (»Personen, Institutionen, Objekte, Sachen« – PIOS) sowie drei weitere elektronische Datenbanken, die die Polizeidienststellen des Bundes und der Länder vernetzen sollten. Mit der Zeit kamen zahlreiche weitere, zum Teil von Länderseite angelegte Dateien hinzu, die einzelne Gruppen wie Demonstrationsanmelder, Häftlingsbetreuer, psychisch Kranke oder Kommunarden, aber beispielsweise auch Homosexuelle betrafen.[18]

Nach anfänglichen Fahndungserfolgen vor allem gegen Mitglieder der RAF wurde die Ermordung des von RAF-Terroristen entführten Arbeitgeberpräsidenten Schleyer im Herbst 1977 zu Herolds »Waterloo« (Leinemann 1979): Der entscheidende Hinweis über die Erftstadter Wohnung, in der Schleyer gefangen gehalten wurde, ging auf dem Dienstweg verloren, so dass der digitale Fahndungsapparat in diesem Fall ins Leere lief. In der Folge war nicht nur Herolds Stern im Sinken begriffen, auch die öffentliche Kritik an den durch ihn repräsentierten Ermittlungsmethoden wurde lauter. Hierzu trugen sicherlich auch die Geheimdienstskandale bei, in deren Folge 1978 sowohl Innenminister Werner Maihofer als auch Verteidigungsminister Georg Leber zurück-

15 »Der Sonnenstaat des Dr. Herold« (1979).
16 Vgl. Neumaier (1975); »Bissiger Hund« (1979); Bieber (1979); »Das Stahlnetz stülpt sich über uns« (II) (1979).
17 Die Zahl der zur Fahndung Ausgeschriebenen halbierte sich zwischen 1973 und 1976 von 80.000 auf 39.000 (vgl. ebd.; Bull 1984: 220-233; Dammann et al. 1974: 33-43; Hofmann 1986).
18 »Das Stahlnetz stülpt sich über uns« (II) (1979), vgl. Baumann et al. (2011: 302-312).

treten mussten. Maihofer zog die Konsequenzen aus einem illegalen Lauschangriff des Verfassungsschutzes auf den Nuklear-Experten Klaus Traube, der verdächtigt wurde, in Kontakt mit der RAF zu stehen. Leber übernahm die politische Verantwortung für zwei Abhöraffären des Militärischen Abschirmdienstes (MAD), der sowohl Lebers Sekretärin als auch Mitglieder des Kommunistischen Bundes Westdeutschland illegal belauscht hatte.[19]

Während die Abhöraktionen und die computergestützte Fahndung nach Terroristen im Kontext des Deutschen Herbstes noch weitgehende Zustimmung bei breiten Bevölkerungsschichten genoss, blieb die behördliche Erfassung, Sammlung und Weitergabe von Daten vielen Kritikern suspekt.[20] So betonte der Regensburger Juraprofessor und Gutachter der Bundesregierung in Datenschutzfragen Wilhelm Steinmüller in einem Verleumdungsprozess, den Herold 1978 gegen ihn angestrengt hatte, dass die Gefahren, die in der behördlichen Erfassung lägen, größer seien als diejenigen durch Datensammlungen des BKA und der Geheimdienste: »die Entwicklung der Verwaltungsautomation [geht] in eine Richtung, die die polizeiliche Totalerfassung erübrigt.«[21] Schließlich könnten sich die Geheimdienste – und bisweilen auch die Polizei – ja jederzeit aus diesem Datenpool bedienen.

Einer breiten Öffentlichkeit bekannt wurden die Möglichkeiten und Auswirkungen eines solchen Datenabgleichs durch ein bis heute umstrittenes Instrument der Ermittlung von Terrorverdächtigen aus dem Hause Herold: die Rasterfahndung. 1979 glichen Ermittler des BKA die Daten von Stromversorgern in Frankfurt und Hamburg mit Dateien der Einwohner- und Verkehrsmeldeämter, von Renten- und Bafög-Empfängern ab, da sie davon ausgingen, dass Terroristen die Stromrechnung für konspirative Wohnungen unter falschem Namen in bar bzw. nachträglich beim Vermieter bezahlten (Bull 1984: 241). Tatsächlich konnte auf diese Weise Rolf Heißler festgenommen werden, der im Verdacht stand, zwei niederländische Zollbeamte erschossen zu haben. Ähnliche Aktionen folgten 1980 in drei weiteren deutschen Großstädten.[22]

Dass diese Fahndungsmethoden jedoch nicht nur gegen Agenten und Terroristen eingesetzt wurden, war vor dem Hintergrund der

19 »Das Stahlnetz stülpt sich über uns« (I) (1979); vgl. Foschepoth (2012: 238f.).
20 Vgl. unten, Noelle-Neumann (1983: 321); Bull (1984).
21 Zit. n. »Das Stahlnetz stülpt sich über uns« (I) (1979).
22 »Ihr West' is rein?« (1980). Schon 1976 hatte der Verfassungsschutz mit einer ähnlichen Methode 46 »Ostagenten«, Stasi-Mitarbeiter mit gefälschter Identität, aufgespürt.

geheimdienstlichen Überprüfung von Bewerbern für den öffentlichen Dienst und zahlreicher über den legalen Kontext hinausgehender Überwachungsskandale eine Sorge, die vor allem junge Leute erfasste. Das Thema Datenschutz, so die *Frankfurter Rundschau* 1979, sei inzwischen ebenso wichtig wie Umweltschutz und Atomenergie.[23] »Von den 900.000 Studenten hat die Hälfte wirklich Angst«, zitierte der *Spiegel* 1979 den Berliner Hochschulsenator Peter Glotz.[24] In einer siebenteiligen Serie mit dem Titel »Das Stahlnetz stülpt sich über uns« beleuchtete das Hamburger Nachrichtenmagazin Stand, Entwicklung und Gefahren der elektronischen Erfassung und Vernetzung von Polizei- und Geheimdienstdaten.[25] Der Titel bezog sich auf ein Zitat des ersten hessischen Datenschutzbeauftragten Birkelbach, der in Anspielung auf die TV-Krimiserie »Stahlnetz« vor einer Gefährdung der Demokratie durch »geheime Computersysteme« warnte: »Den Anfang würde die Lähmung der Basisaktivitäten im politischen Raum machen, ausgelöst von der Furcht des Bürgers, unkontrollierbaren Mächten ausgeliefert zu sein.«[26] Im Rahmen dieser Berichterstattung, zu der auch Innenminister Gerhard Baum mehrfach öffentlich Stellung bezog, wurden zunehmender Datenmissbrauch, Verwechslungen und unverhältnismäßige Fahndungsmethoden der Polizei und der Geheimdienste publik, so dass diese Entwicklung auch über die Gruppe junger Linker hinaus in Frage gestellt wurde (März 2012). Laut Umfragen des Allensbacher Instituts für Demoskopie nahm die Zahl derer, die die Einschränkung von Persönlichkeitsrechten bei der Terrorfahndung hinnahmen, von 1975 bis 1978 deutlich ab (von 69 auf 53 Prozent) während die Zahl derer, die dies ablehnten von 21 auf 36 Prozent anstieg (Noelle-Neumann 1983: 321). So fragte 1980 selbst die *Bild*-Zeitung »Muss Rasterfahndung sein?«, und die *Lübecker Nachrichten* wie auch das *Hamburger Abendblatt* wollten in ihren Schlagzeilen wissen, wo denn die Grenze dieses Vorgehens sei und wohin das alles führen werde.[27]

Die dystopische Antwort darauf lautete für Kritiker der *Computerisierung*, diese Entwicklung führe in den »Orwellstaat«.[28] Gemeint

23 Zit. n. »Das Stahlnetz stülpt sich über uns« (I) (1979: 24 f.).
24 Ebd., 25; vgl. März (2012).
25 *Der Spiegel*, 18/1979-24/1979.
26 Zit. n. »Das Stahlnetz stülpt sich über uns« (I) (1979: 29).
27 Zit. n. »Bange Fragen« (1980). Die mediale Debatte um die Zulässigkeit des Datenabgleichs spiegelte sich auch darin wider, dass »Rasterfahndung« zum Wort des Jahres 1980 gewählt wurde.
28 So der *Spiegel*-Titel 1/1983 (vgl. Pethes 2004).

»TOTALERFASSUNG« IM »COMPUTERSTAAT«

war ein totalitärer technikgestützter Überwachungsstaat, wie ihn George Orwell in seinem Roman »1984« entworfen hatte (Orwell 2008). Datensammlung, Überwachung und Repression waren, so erschien es vor allem politisch aktiven Linken, in der Bundesrepublik schon an der Tagesordnung, so dass es – je nach Sichtweise – ohnehin nur eine Frage der Zeit sei, beziehungsweise es im Falle eines politischen Umsturzes ein Leichtes wäre, einen dem »ozeanischen« System in nichts nachstehenden Überwachungsapparat zu installieren.[29] Selbst BKA-Präsident Herold warnte: »Die Gefahren des ›großen Bruders‹ sind nicht mehr bloß Literatur. Sie sind nach dem Stand der heutigen Technik real.«[30] Je näher das vermeintlich fatale Datum kam, desto häufiger wurden die Verweise auf den Roman und in seiner ersten Ausgabe 1983 (!) lotete der *Spiegel* gar in einer Titelgeschichte aus, wie nahe die bundesdeutsche Realität der Dystopie Orwells bereits gekommen war.[31] Die populäre – und eingängige – Chiffre trug dazu bei, das Thema Datenschutz und Überwachung einer breiteren Öffentlichkeit bewusst zu machen und hatte einen nicht unerheblichen Einfluss auf den breiten Protest, der sich der für 1983 geplanten Volkszählung entgegenstellte.[32]

3 »Ausgeforscht und abgespeichert?« – Die Volkszählung als vorläufiger Höhepunkt der »Angst vor dem Computer«[33]

Volkszählungen hatte es in der Bundesrepublik zuvor schon mehrere gegeben. Dabei waren die Erhebungen von 1950, 1961 und 1970 ohne größere Proteste vonstattengegangen. Und auch die Verschiebung der eigentlich im Zehn-Jahres-Turnus geplanten Zählung von 1981 auf 1983 war in föderalen Streitigkeiten um die Finanzierung des Projekts begründet. Da auch das Volkszählungsgesetz von 1982 weder im Bundestag noch in der medialen Öffentlichkeit Widerspruch erfuhr, war die Überraschung über die fundamentale Kritik einer breiten und schnell

29 Zudem erschien im Zeichen von NATO-Doppelbeschluss die Gefahr, dass aus dem Zweiten Kalten Krieg ein »heißer« wurde, größer denn je. Eine weitere Parallele zur Romanhandlung in welcher Ozeanien im ständigen Krieg mit einer der anderen beiden Supermächten liegt (vgl. auch März 2012: 215).
30 Zit. n. »Die neue Welt von 1984« (1983).
31 Ebd.
32 Vgl. Duve (1983); »Volkszählung« (1983).
33 Ellerbrock (1983); Bull (1984).

wachsenden Boykottbewegung einigermaßen groß (vgl. Hubert 1983; Wirsching 2006: 393-396; Frohman 2012a). »[N]och niemals zuvor«, schrieb der SPD-Bundestagsabgeordnete Freimut Duve (1983: 25),

> »hat es eine so tiefe Kluft gegeben zwischen der Selbstverständlichkeit, mit der Legislative und Exekutive entschieden und gehandelt haben, und dem plötzlich aufbrechenden Widerstand in der Bevölkerung wie bei der Volkszählung. [...] Sie hat Politiker [...] und die Verwaltung, aber vor allem auch die Statistiker völlig überrascht.«

Ein erster Aufruf zum Boykott unter dem Motto »Politiker fragen – Bürger antworten nicht«, war bei einer Versammlung der »Internationale der Kriegsdienstgegner« im September 1982 in Westberlin entstanden: Aus Protest gegen die Stationierung von Atomraketen in der Bundesrepublik und die Weigerung der Regierung, über deren Standorte nähere Auskunft zu geben, sollte der Tag der geplanten Volkszählung, der 27. April 1983, als Aktionstag genutzt werden:

> »Die Regierung sagt, sie brauche die Informationen von uns, um besser regieren zu können. Wir sagen, wir brauchen die Informationen von ihr, um uns besser wehren zu können. Kommt die Regierung ihrer Auskunftspflicht nicht nach, so werden wir das auch nicht tun. Wenn die Regierung für Atomraketen schweigt, schweigen wir für den Frieden!« (zit. n. Hubert 1983: 258)

In den folgenden Monaten schlossen sich 70 Gruppen und Einzelpersonen dem Aufruf an, ohne dass dieser über die Friedensbewegung hinaus größere Wirkung entfalten konnte. Erfolgreicher war eine Hamburger Gruppe, die sich im Anschluss an eine Veranstaltung zu den »Gefahren der Personalinformationssysteme« im Dezember 1982 zusammenfand, um sich über das Verfahren der Volkszählung genauer zu informieren und die Öffentlichkeit aufzurütteln. Ende Januar 1983 veröffentlichte sie ein Flugblatt mit dem Titel »Computer beherrschen das Land«, in dem es hieß: »Mit Hilfe moderner Computertechnologien soll jeder Bürger in seinem Lebenszusammenhang total erfasst und verdatet werden« (ebd.). Neben dieser »totalen Bestandsaufnahme«, seien auch ganz konkrete Nachteile für jeden einzelnen zu erwarten, wenn etwa herauskomme, dass der Erstwohnsitz falsch gemeldet sei, Vermieter den lokalen Mietspiegel genauer erfahren und Unternehmen sich bevorzugt in Gegenden mit niedrigem Lohnniveau niederlassen würden. Wenn die gegenwärtige Entwicklung so weitergehe, so der Aufruf, »werden wir uns bald verdatet, verkauft und verplant kaum noch bewegen können.« Dagegen helfe nur ein Boykott der Volkszählung.

»TOTALERFASSUNG« IM »COMPUTERSTAAT«

Infolge dieses Aufrufs, der unter anderem von der Berliner *Tageszeitung* (taz) medial begleitet wurde, gründeten sich im ganzen Land allein bis Anfang März 400 Initiativen zum Boykott der Volkszählung (vgl. Hannah 2010). Das Besondere war, dass sich diese nicht nur szenetypisch aus dem alternativen Milieu der Großstädte rekrutierten, sondern auch Bürger einbezog, »die normalerweise einen Bogen um jede Protestbewegung machen« (Hubert 1983: 259) und die in Kleinstädten im ganzen Land lebten. In der Folge berichtete nicht nur die link(sliberal)e Presse wie *taz*, *Hamburger Rundschau*, *Spiegel* oder *Zeit*, sondern auch das *Hamburger Abendblatt* und die *FAZ* über die Proteste.[34] Prominente wie Walter Jens, Günther Grass oder der Atomphysiker Klaus Traube solidarisierten sich öffentlich mit der Boykottbewegung.[35] Angesichts der Breitenwirkung des Themas und der bevorstehenden Bundes- und Landtagswahlen schlossen sich nach den Grünen auch bald Politiker der anderen drei Parteien der Kritik an der Volkszählung an; darunter der Bayerische Ministerpräsident Franz Josef Strauß und der Spitzenkandidat der schleswig-holsteinischen Sozialdemokraten Björn Engholm.[36]

Wie sehr sich die Kritik an der Volkszählung von 1983 an der elektronischen Verarbeitung der dabei erhobenen Daten und der dahinter liegenden Angst vor einer *Computerisierung* und *Verdatung* der Gesellschaft festmachte, verdeutlicht auch der Aufruf einer Essener Initiative von Volkszählungsgegnern, in der diese die »Tendenz zur technokratischen Verplanung der Gesellschaft« hervorhoben. Die Wirklichkeit werde solange mit Computermodellen nachgebildet, »bis diese Modelle der Wirklichkeit aufgedrückt werden können.« Der Bürger werde dabei »auf die Rolle des ›Datenträgers‹ reduziert der sich dann mit sanfter Gewalt technokratisch zustande gekommener Entscheidungsprozesse konfrontiert sieht.« (Hubert 1983: 263). Damit folgte die Kritik der Aktivisten einerseits dem Fachdiskurs von Datenschützern über Devianz, Kontrolle und Anpassung in den 1970er Jahren und nahm darüber hinaus zugleich Bezug auf die Vorstellungen eines Horst Herold über die »sozialhygienischen« Möglichkeiten des Computereinsatzes in der Kriminalprävention.[37] Andererseits stellte der Zugriff von Polizei und

34 »Viele Initiativen gegen die Volkszählung« (1983); Pokatzky (1983).
35 »Volkszählung« (1983); vgl. Wirsching (2006: 396).
36 Inwieweit das Thema den Grünen den Sprung über die 5 Prozent-Hürde und damit den erstmaligen Einzug in den Bundestag ermöglichte, bedarf noch einer eingehenderen Untersuchung (vgl. Wirsching 2006; Frohman 2012a: 355).
37 Vgl. Frohman (2012a: 349f.) sowie ders. und Aumann in diesem Band.

Geheimdiensten auf die gesammelten Daten durch die gesetzlich erlaubte Weitergabe eine konkrete Gefahr dar, für deren Umsetzung die Rasterfahndung nach RAF-Mitgliedern ein eindrückliches Beispiel war. Ihr vorläufiges Ende fand die Volkszählung dann vor dem Bundesverfassungsgericht (BVerfG). Eine Vielzahl von Klägern hatte die Verfassungsgemäßheit des Vorhabens angezweifelt, wovon das BVerfG zwei Musterbeschwerden auswählte und zur Verhandlung annahm.[38] Auf Antrag von Gisela Wild, einer der Beschwerdeführerinnen, untersagte das Gericht zudem per einstweiliger Anordnung die Durchführung der Volkszählung im April. Nach einer Hauptverhandlung im Herbst verwarf der erste Senat schließlich im Dezember das Volkszählungsgesetz des Vorjahres und erklärte es als in Teilen verfassungswidrig (Wirsching 2006: 396).[39] Das Gericht bemängelte nicht die Datenerhebung an sich, sondern befand, dass die mangelhafte Anonymität des Verfahrens und der beabsichtigte Abgleich der Erhebungsdaten mit den Melderegistern die Persönlichkeitsrechte der Bundesbürger unzulässig einschränke.[40] In diesem Urteil begründete das Gericht ein »Recht auf informationelle Selbstbestimmung«, das die deutsche Rechtsprechung zum Datenschutz bis heute prägt und auch international beachtet wird (Bennet/Raab 2006: 128).

4 Ein Zeichen der Gewöhnung?

Für die Gegner der Volkszählung war das Urteil dagegen nur ein Teilerfolg, waren sie doch mit dem Ziel, die Volkszählung grundsätzlich zu stoppen, gescheitert. Entsprechend führten sie ihre Mobilisierung auch im Vorfeld der Volkszählung von 1987 fort, ohne jedoch eine vergleichbare Rückendeckung einer breiteren Öffentlichkeit aufrechterhalten zu können (vgl. Appel/Hummel 1987; Kutscha/Paech 1987; Hannah 2010). Laut Umfragen des Allensbacher Instituts hielt noch im November 1986 eine knappe Mehrheit der Bundesbürger die Volkszählung für unnötig. Im Laufe der folgenden Monate stieg die Zustimmung jedoch bis zum Mai 1987, dem Startpunkt der Zählung, auf bis zu 54 Prozent gegenüber 29 Prozent ablehnender Haltungen. Ebenso stieg

---

38 Laut Frohman (2012a: 357) waren 102 formelle und 1.121 weniger formelle Beschwerden gegen den Zensus eingegangen.
39 Vgl. Grunenberg (1983); Kühnert (1983); »Schwere Schlappe« (1983).
40 BVerfGE, Bd. 65, 1-71, Urteil vom 15.12.1983, zit. n. Wirsching (2006: 396), vgl. Frohman (2012a).

das Vertrauen in den Datenschutz.⁴¹ Was war passiert? Hatte die breite Medienkampagne zugunsten der Erhebung die Befürchtungen und Ängste beruhigen können? Waren die Gefahren des »Orwell-Staates« gebannt? Oder hatten sich die Bundesbürger dem »Prestigedenken der Regierenden, die den Bürgerinnen und Bürgern ein für alle Mal zeigen wollten, wer der Herr im Hause ist«, das der Berliner Grünen-Politiker Hans-Christian Ströbele (1987: 9 f.) diagnostizierte, gebeugt?

Freimut Duve sah in dem breiten gesellschaftlichen Protest gegen die Volkszählung von 1983 einen »punktuelle[n] Katalysator für eine tief in uns allen sitzende Mischung aus Zorn oder Angst über die Verwirklichung der orwellschen Vision ›1984‹, gegen die bisher die Bürger keinerlei Chance hatten zu protestieren oder Widerstand zu leisten.« (Duve 1983: 26) Und der Historiker Andreas Wirsching (2006: 394) stützte diese These in seiner Darstellung der Bundesrepublik in den 1980er Jahren, indem er die Boykottbewegung mit einer »Legitimationskrise« erklärte, »in die das bundesrepublikanische politische System etwa während des Zeitraums von 1975 bis 1985 geriet und die eine wachsende Kluft zwischen den Politik- und Funktionseliten in Parteien und Parlamenten, Behörden und Verbänden einerseits und den Stimmbürgern andererseits offenbarte.« »Ganz offensichtlich«, so Wirsching weiter, »hatte das Projekt den Großteil seines Schreckens verloren, und bei der Mehrheit der Bürger setzte ein Prozeß der Gewöhnung ein.« (ebd., 397). Das Verfassungsgerichtsurteil kann in diesem Kontext als »Beruhigungspille« interpretiert werden, die half, das Vertrauen in die staatlichen Institutionen wiederherzustellen. Im Folgenden soll eine weitere Erklärungsmöglichkeit hinzugefügt werden, nämlich die gesellschaftlich Gewöhnung an Computer, die das Schreckensbild der anonymen *Computerisierung* verblassen ließ.

Seit den 1970er Jahren hatte die Miniaturisierung in der Halbleiterentwicklung eine Verkleinerung der Geräte und damit auch eine enorme Kostensenkung in der Computerproduktion ermöglicht (vgl. Wurster 2002; Kammer 2001: 527 f.; Hörisch 2004: 383-385). Computer, die außer dem Bildschirm nur noch wenig mehr Platz als eine Schreibmaschine benötigten, fanden sich, auch dank der neuen grafischen Benutzeroberflächen, zunehmend in Büros und der tägliche Umgang

---

41 Im Januar 1985 hatten 15 Prozent bzw. 30 Prozent »großes« oder »etwas Vertrauen« in den Datenschutz. Dagegen äußerten 41 Prozent »wenig« oder »kein Vertrauen« zu haben. Im Mai 1987 lauteten die Werte 28 Prozent (»groß«) bzw. 38 Prozent (»etwas«) gegenüber 29 Prozent (»wenig/kein Vertrauen«) (Noelle-Neumann 1992: 599).

mit ihnen am Arbeitsplatz, in Reisebüros und bei Bankbesuchen ließ die Angst in Faszination und später Gewöhnung umschlagen (vgl. Thomsen 1990).[42] Mikro- und Home Computer wie der Apple II oder der Commodore 64 hielten seit den frühen 1980er Jahren auch Einzug in westdeutsche Kinderzimmer und der allgemeine Computerdiskurs verschob sich deutlich von den Gefahren der *Computerisierung* für Arbeitsplätze und Demokratie hin zu den Chancen, die die digitale Technik berge (Wirsching 2006: 435 f.). Zwar widersprachen 1987 noch 69 Prozent der Teilnehmer einer Allensbach-Umfrage der Annahme, Computer schüfen mehr Arbeitsplätze, aber immerhin 53 Prozent stimmten der Aussage zu, Computer machten das Leben leichter (Noelle-Neumann 1992: 898). Dies passt zur Entwicklung der allgemeinen Technikakzeptanz. Langzeitdaten zeigen, dass die Skepsis, die die Bundesbürger der technischen Entwicklung entgegenbrachten, und die in den 1970er Jahren stark angestiegen war, in der zweiten Hälfte der 1980er Jahre wieder leicht im Sinken begriffen war: Auf die Frage ob die Technik »alles in allem« eher als Fluch oder als Segen zu betrachten sei, bezeichneten 1987 nur neun Prozent der Befragten die Entwicklung als Fluch, während 36 Prozent darin einen Segen sahen. Zu Beginn des Jahrzehnts waren noch 13 Prozent von den grundsätzlich negativen Folgen der technischen Entwicklung überzeugt, während bei nur 31 Prozent die positive Erwartung überwog.[43]

Nun aber wurden die Stimmen derer lauter, die sich den »Herausforderungen« der *Neuen Informations- und Kommunikationstechnologien* stellen wollten (Krebsbach-Gnath/van Buiren 1986; vgl. Deutscher Bundestag 1983; Gergely 1985; Wirsching 2006: 437; Raithel 2009: 44). Kulturpessimismus und Fortschrittsoptimismus wogten in den Debatten hin und her und mit der Zeit gewann eine mittlere Position die Hegemonie, die davon ausging, dass man der allgegenwärtigen digitalen Technisierung faktisch nicht ausweichen könne, weshalb sich die Gesellschaft ebenso wie jeder Einzelne auf die Neuen Technologien einlassen müsse, um das Beste daraus zu machen (vgl. exemplarisch

42 Neben Computerspielen waren insbesondere die zunehmend komfortablen Möglichkeiten von Textverarbeitungsprogrammen für die breite gesellschaftliche Durchsetzung des *Home* oder *Personal Computers* verantwortlich.

43 Die Zahl derer, die sich einem eindeutigen Urteil enthielten, blieb mit 53 Prozent (1981) bzw. 52 Prozent nahezu gleich. Noch 1966 hatten 72 Prozent der Befragten die technische Entwicklung als Segen und nur 3 Prozent als Fluch bezeichnet (Noelle-Neumann 1983: 511; dies. 1992: 894; vgl. Wirsching 2006: 433-444).

Haller 1990). Die Ausstattung von Schulen mit Computern für den Unterricht war eines der Themenfelder, in denen die Bedeutung des Geräts für die Zukunftsfähigkeit der Bundesrepublik diskutiert wurde und das Argument, man benötige einen Rechner für die Schule, überzeugte viele Eltern, dem Nachwuchs ein solches Gerät ins Kinderzimmer zu stellen (vgl. Stöcker 2011: 11). Dass die »Computerkids« die »Kisten« eher zum Spielen, denn für die Hausaufgaben nutzten, behinderte den Diskurswandel ebenso wenig, wie die weiterhin mahnenden bis alarmierenden Stimmen, die vor einer Perfektionierung der computergestützten staatlichen Überwachung im Rahmen der diskutierten *Sicherheitsgesetze* warnten, allen voran der Einführung des maschinenlesbaren Personalausweises (Kutcha/Paech 1987).

Es erscheint daher angebracht, die Gründe für die überwiegende Akzeptanz der Erhebung und computergestützten Auswertung der Volkszählungsdaten 1987 im Vergleich zum breiten gesellschaftlichen Protest, den dieser Zensus 1983 erfahren hatte, zumindest zum Teil mit dem gewandelten gesellschaftlichen Bild des Computers zu erklären. Hatte *Computerisierung* in den 1970er und frühen 1980er Jahren noch für eine unkontrollierbare technische Gleichschaltung gestanden, die sich auf alle Lebensbereiche auswirke und die im Zusammenspiel mit staatlichen Überwachungsansprüchen sowohl die individuelle Privatsphäre als auch das demokratische Gemeinwesen gefährde, so stand der Computer seit Mitte des Jahrzehnts zunehmend für Modernität, Unterhaltung und Zukunftsgewandtheit.

5 Fazit

Die Diskussionen über eine Gefährdung der Privatheit durch *Computerisierung* richteten sich in der Bundesrepublik der 1970er und frühen 1980er Jahre vor dem Hintergrund elektronischer Verwaltungsautomation, computergestützter Kriminalistik und einer Politik der Inneren Sicherheit in erster Linie gegen den Staat. Zwar wurde im Kontext der computergestützten Erhebung, Speicherung und Verarbeitung von Meldedaten auch der Missbrauch beispielsweise durch die Vermarktung durch Adresshändler thematisiert, doch richteten sich die Vorwürfe meist gegen die leichtfertige und bisweilen illegale Weitergabe dieser Daten durch die Behörden. Sorge bereitete dabei zunächst vor allem das mögliche Auffliegen der sogenannten »kleinen Geheimnisse« eines jeden durch die Verknüpfung von Datenbeständen unterschiedlicher Ämter. Im Rahmen des Auf- und Ausbaus computergestützter

Fahndungsmethoden durch die Polizei und Geheimdienste sowie deren Zugriff auf die Datenbestände anderer staatlicher und halbstaatlicher Institutionen wuchs die Angst vor der Möglichkeit eines totalen Überwachungsstaates; sei es im Zuge einer Politik der Inneren und Äußeren Sicherheit oder auch nur vor dem Schreckbild der Errichtung einer totalitären Gesellschaft nach einem möglichen Staatsstreich. Das literarische Vorbild hierzu war George Orwells Roman »1984«, der als Chiffre die Debatten um computergestützte Überwachung und Privatheit umso häufiger zierte, je näher das vermeintlich verhängnisvolle Jahr kam. Im Anschluss an mehrere Überwachungsaffären der Geheimdienste 1978 und spätestens mit Bekanntwerden der Rasterfahndung nach Terroristen der RAF 1979/80, wurde aus dem Expertendiskurs eine breitere Debatte über die privatheitsgefährdenden Potentiale der *Computerisierung*, die zunehmend breitere Kreise der Gesellschaft erreichte. Den Höhepunkt dieser Debatte stellte der plötzliche und unerwartet heftige Protest gegen die für 1983 geplante Volkszählung dar, der auch als Protest gegen die scheinbar unkontrollierbare Verbreitung des Computers im öffentlichen Leben gedeutet werden muss. Zeitgleich setzte jedoch mit der Verbreitung von Personal oder Home Computern am Arbeitsplatz und in den Kinderzimmern eine gegenläufige Entwicklung ein, die bei wieder wachsender Technikakzeptanz zu einer Faszination und Gewöhnung an Computer führte. Diskurse über die Zukunftsfähigkeit der Gesellschaft lösten die Warnungen vor den Gefahren der *Computerisierung* ab und einhergehend mit dieser Entdämonisierung des Computers sank auch das Mobilisierungspotential für die Kritiker der computergestützten staatlichen Datenerhebung bei der Volkszählung 1987. Computer standen bei aller weiterhin bestehenden Kultur-, Technik- und Staatskritik in der zweiten Hälfte der 1980er Jahre mehrheitlich für Zukunftschancen gegenüber der Dystopie einer totalitären Überwachungsgesellschaft.

Carsten Ochs
Wettrüsten der Skripte
Widersprüchlichkeiten soziotechnischer Privatheitspraktiken im Internet

Digitale Informations- und Kommunikationstechnologien (IKT) rufen seit langem Ängste bezüglich einer Zerstörung von Privatheit hervor. Während sich die aktuelle öffentliche Debatte in Deutschland zwischen dem Zelebrieren eines *Post Privacy*-Zeitalters einerseits und der Warnung vor den apokalyptischen Folgen einer Auflösung des Privaten andererseits bewegt, ist empirisch kaum geklärt, mit welchen Privatheitsvorstellungen NutzerInnen im Internet agieren und inwieweit die technischen Informationsverarbeitungen im Internet mit diesen in Einklang stehen. Mit dem vorliegenden Text unternehme ich den Versuch, zu einer solchen Klärung beizutragen. Ich stütze mich dabei zum einen auf sozialwissenschaftliche Forschungen, die ich gemeinsam mit Martina Löw im Rahmen des Projektes »Internet Privacy« durchgeführt habe, und zum anderen auf Forschungsresultate der ebenfalls am Projekt beteiligten InformatikerInnen.[1] Wie ich zeigen werde, stehen die Vorstellungen der NutzerInnen teilweise in Widerspruch zu den technischen Abläufen. Darüber hinaus ist die Privatheit im Internet der Gegenstand eines dynamischen Wettrüstens zwischen der von Anbietern eingesetzten Technik auf der einen und den technischen Kompetenzen der NutzerInnen und rechtlichen Regulierungen auf der anderen Seite.

1 Soziotechnische Privatheit

Zunächst soll die Bedeutung von Privatheit im Internet geklärt werden. Dabei lässt sich mit der Feststellung ansetzen, dass technische Strukturen immer sozial geformt und soziale Beziehungen immer (auch) tech-

---

[1] Im Rahmen dieses von der Deutschen Akademie der Technikwissenschaften (*acatech*) koordinierten Projektes wurden Forschungen zur Privatheit im Internet durchgeführt. Der Projektgruppe danke ich für die fruchtbaren interdisziplinären Diskussionen, aus denen ich viel gelernt habe. Die im Text vertretene Position ist dennoch nur meine eigene. Sofern LeserInnen im Text Mängel erkennen, sind auch diese ausschließlich mir anzulasten.

nisch erzeugt werden (Bijker/Law 1992). Helen Nissenbaum spricht im Zusammenhang mit IKT von *soziotechnischer* Privatheit und verweist darauf, dass diese nicht nur von menschlichen, sondern auch von technischen Prozessen bestimmt wird (2010: 4-6). Mitgedacht wird dabei, dass Privatheit nicht die Isolierung eines Akteurs *vom Sozialen*, sondern vielmehr qualitatives Merkmal *sozialer Beziehungen selbst* darstellt: So bestimmt etwa der Grad an Wissen und Nicht-Wissen innerhalb einer sozialen Beziehung deren Qualität (Simmel 1992). Gleichzeitig wird dieser Grad nicht allein individuell, sondern kollektiv festgelegt: Im Rahmen der alltäglichen informationellen Praktiken der Selbstpräsentation und -maskierung vor Anderen errichten Akteure nicht nur Bühnen, auf denen sie agieren, sondern auch den Blicken entzogene private Bereiche – »backstage« – welche *kollektiv* anerkannt und aufrechterhalten werden müssen, um wirksam zu sein (Goffman 1973).

In diesem Sinne lässt sich Privatheit zunächst als Resultat »kollektiver Informationspraktiken« (Dourish/Anderson 2006) verstehen. Praktiken und Beziehungen werden im Internet nun aber nicht nur von Menschen hergestellt. Bei der Computernutzung wird vielmehr eine Operationskette (vgl. Leroi-Gourhan 1987) mit menschlichen und technischen Anteilen erzeugt: NutzerInnen nehmen die Oberfläche des Computers (Interface) wahr und manipulieren diese (über die Maus, Tastatur etc.), woraufhin der Computer weitere Operationen ausführt (binär-digitale Rechenvorgänge). Im Resultat entsteht eine Operationskette, welche an Komplexität zunimmt, wenn der Computer an das Internet angeschlossen ist. Damit die Nutzungsprozesse Muster aufweisen und somit überhaupt als Praxis erkannt werden können, müssen sie stabilisiert werden. Letzteres leisten *Programme* (ebd., 288-295), welche gleichzeitig auf Seiten der NutzerInnen wie auch der technischen Agenten[2] operieren. Beispielsweise formt einerseits die Software von Eingabemasken sowohl die Operationen der NutzerInnen (Algorithmen erlauben keine Abweichung) als auch der Apparate (Algorithmen steuern die Prozessierung eingegebener Daten; vgl. Aneesh 2009). Anderer-

---

[2] »Technische Agenten« meint hier im Sinne der Akteur-Netzwerk-Theorie (vgl. Latour 2005) materielle Apparaturen, die zu den fraglichen Prozessen beitragen und deren Operationen die resultierenden sozialen Beziehungen mit-formen. So bestimmt etwa bei der Facebook-Nutzung nicht zuletzt die Art und Weise, in der digital-technologische Apparaturen Informationen prozessieren (an welche Instanz, auf welche Weise, zu welchem Zweck), über den resultierenden Privatheitsgrad der NutzerInnen (und damit über die Form der entstehenden sozialen Beziehung).

seits bestimmt kognitiv verankertes (implizites und explizites) Wissen, etwa in Form von Kompetenzen, Nutzungsnormen, Wahrnehmungsrastern, Bedeutungsgeweben usw. den Umgang der NutzerInnen mit der Technologie und damit die Form der Operationsketten. Menschlichtechnische »Programs of Action« (Latour 1992) setzen sich folglich aus kognitiv und materiell-semiotisch verankerten *Skripten* zusammen, welche Menschen (Wissen), Apparaturen (Software) und Dokumenten (Gesetzestext, Bedienungsanleitung) eingeschrieben werden (Akrich 1992; Latour 1992).

Die spezifischen Verhaltensregeln – Normen – an denen sich soziale Akteure üblicherweise orientieren, lassen sich demzufolge als normative Skripte verstehen: »Behavior guiding norms prescribe and proscribe accepatable actions and practices.« (Nissenbaum 2010: 133) Zwei Dinge sind dabei zu beachten:

- *Erstens* sind Normen Bestandteile eines dynamischen soziokulturellen Kontextes und liefern strukturelle Anlässe für Konformität wie auch Abweichung. Sie beziehen ihre Geltung nicht unbedingt daraus, dass sie ausnahmslos befolgt werden, sondern dass sie in Form von Erwartungserwartungen auf andere gerichtet werden: Selbst wenn ein Akteur bewusst eine Norm verletzt, erwartet er bei der Ausführung der normverletzenden Operation doch, dass der generalisierte Andere seinerseits eine Einhaltung der Norm erwartet. Aus diesem Grund verlieren Normen ihre Geltung nicht durch Abweichung, sondern bleiben auch dann noch bestehen, wenn ihnen zuwider gehandelt wird: »Gerade das sich Aneignen von Erwartungserwartungen ermöglicht es deshalb, die erwarteten Erwartungen anderer zu enttäuschen« (Luhmann 1987: 177). Ein solches nicht-deterministisches Normverständnis erlaubt die Frage, ob und inwiefern die Erwartungen der NutzerInnen auch in Bezug auf technische Systeme erfüllt/enttäuscht werden.
- Dabei ist *zweitens* zu berücksichtigen, dass Normen auch Apparaten und Systemen als materiell-semiotische Skripte eingeschrieben werden. Beispielsweise wird die Verhaltensregel, nur angeschnallt Auto zu fahren, materiell und zeichenhaft implementiert, indem zunächst Anschnallgurte erfunden werden (materielle Einschreibung). In vielen Fahrzeugen ertönt zudem bei Nicht-Anschnallen ein nervtötendes Alarm-Signal (zeichenhafte Einschreibung).[3] Das technisch prozessierte normative Skript erhöht die Wahrscheinlichkeit der Normbefolgung und hinsichtlich digitaltechnologischer Systeme gilt:

---

3 Das Beispiel stammt aus Latour (1992).

»informational norms regulate the flow of information of certain types about an information subject from one actor (acting in a particular capacity, or role) to another or others (acting in a particular capacity or role) according to particular transmission principles.« (Nissenbaum 2010: 141)

Zusammengefasst bezeichnet soziotechnische Privatheit somit die Möglichkeit von NutzerInnen, Operationsketten zu verknüpfen (soziale Beziehungen zu erzeugen) und zu generieren, ohne dabei die Kontrolle über Verknüpfung und Informationsfluss zu verlieren. »Kontrolle« meint in diesem Zusammenhang, dass der Informationsfluss den Erwartung(serwartung)en der NutzerInnen entspricht: Die Kompatibilität der kognitiven mit den materiell-semiotischen Skripten der Technologien. Um zu klären, inwieweit eine solche Kompatibilität empirisch vorliegt, müssen also sowohl die Skripte der NutzerInnen als auch die der Anwendungen sichtbar gemacht und verglichen werden. Bevor ich dies tue, werde ich als nächstes kurz auf die empirische Stichprobe eingehen, auf die ich mich hier beziehe.

2 Forschungsdesign und empirische Stichprobe

Für unsere Studie teilten wir die Internet-NutzerInnen in Deutschland in drei Gruppen ein:
- *Digital Natives* (NutzerInnen 18-25 Jahre, selbstverständliche Internet-Nutzung).
- *Technikaffine* (VielnutzerInnen ab 26 Jahre, selektive Internet-Nutzung).
- *Technikdistanzierte* (alle Altersstufen, defensive Internet-Nutzung).[4]

4 Unsere Einteilung wurde durch die Milieu-Studie des Deutschen Instituts für Vertrauen und Sicherheit im Internet (DIVSI 2012) bestätigt, welche ein gutes halbes Jahr nach unserem Projektbeginn veröffentlicht wurde. Darin wurden die NutzerInnen zunächst in »Digital Natives«, »Digital Immigrants« (bei uns Affine) und »Digital Outsiders« (bei uns Distanzierte) unterteilt, innerhalb dieser Gruppen wurden dann weitere Untergruppen gebildet, sodass am Ende sieben Milieus unterschieden werden konnten (ebd.: 16). Für die Zwecke der hier vorgelegten Forschung reichte die weniger granulare Einteilung jedoch aus, da keine quantitative Repräsentativität angestrebt wurde.

Mit allen Nutzertypen wurden in vier Städten (Berlin, Leipzig, Frankfurt, Essen) Fokusgruppen-Interviews durchgeführt (insgesamt also zwölf). Bei letzteren handelt es sich um eine qualitative Forschungsmethode, die bevorzugt dann Anwendung findet, wenn die Erfahrungen verschiedener Akteure sichtbar gemacht werden sollen (Krueger/Casey 2009: 12). An den im Fokusgruppen-Interview zutage tretenden Privatheits-*Problemen* lassen sich normative Privatheitsvorstellungen identifizieren.[5] Dabei diskutieren sechs bis acht TeilnehmerInnen problemzentriert und ergebnisoffen über ihre Erfahrungen, Vorstellungen, Werthaltungen, Bedürfnisse usw. Die TeilnehmerInnen einer Gruppe werden anhand eines Kriterien-Katalogs (›screener‹) ausgewählt. In der Gruppendiskussion wird ein vorab formulierter Fragenkatalog eingesetzt, um das Gespräch in thematisch relevante Richtungen zu lenken. Damit komme ich zu den Ergebnissen der Forschung.

3 Die normativen Privatheitsvorstellungen von Internet-NutzerInnen

Grundsätzlich unterscheiden sich die drei NutzerInnen-Gruppen weniger hinsichtlich der *Spezifik*, als vielmehr in Bezug auf die *Gewichtung* der Privatheitsnormen. Ich werde nun zunächst die allen Gruppen tendenziell gemeinsamen Privatheitsvorstellungen zusammenfassend darstellen und anhand von Interview-Zitaten illustrieren, bevor ich auf die Unterschiede zu sprechen komme.

In allen Gruppen finden sich normative Privatheitsvorstellungen, die sich auf den Körper (Intimität), den Raum (Privatsphäre) und auf

5 Im Gegensatz zu quantitativen Verfahren kann so die *Qualität* von Privatheitsvorstellungen und Problemlagen sichtbar gemacht werden. So wird z.B. in der DIVSI-Studie festgestellt, dass »39 Prozent der deutschen Bevölkerung [...] mit dem Thema Sicherheit und Datenschutz im Internet überfordert [sind] und [...] sich daher verunsichert [fühlen]«; unsere Fokusgruppen-Studie erlaubt es herauszuarbeiten, *warum* sich dies so verhält. Dabei kann dann etwa deutlich werden, dass die meisten NutzerInnen sich davor fürchten, dass die verschiedenen sozialen Rollen, die sie täglich spielen, im Internet dadurch in Konflikt geraten, dass die zugehörigen Publika nicht mehr voneinander zu trennen sind. Im nächsten Schritt lässt sich danach fragen, *warum* es den NutzerInnen schwer fällt, verschiedene Publika im Internet voneinander abzugrenzen usw. Dass wir bereits nach dem zweiten Interview-Durchlauf typische Antwortmuster erkennen konnten, spricht für die Verallgemeinerbarkeit der Befunde.

Wissen (persönliche Informationen) beziehen. Bezüglich des letzteren Aspektes wird vor allem ein über Beobachtung generiertes allzu umfangreiches Wissen über Personen problematisiert:[6]

»Da, wo ich wohne, ist eine Plattenbaugegend mit lauter alten Leuten. Ist zum *Kotzen*, die haben nichts zu tun, da weiß jeder über jeden Bescheid, oder jeder *meint*, über jeden Bescheid zu wissen, die beobachten einen ständig. [...] also dass die sich dann auch immer alle eine Meinung bilden müssen, da kriegt man echt das Würgen.«

Online findet sich diese Vorstellung dann ebenfalls wieder:

»Es gibt halt schon ganz banal auch einfach mal Bilder, von denen man gar nicht möchte, dass andere Leute die sehen. Ich meine, ich kenne das selber. Ich bin in einem Verein, wo regelmäßig Bilder hochgeladen werden. Und es kann ja auch einfach ein Bild sein, wo man selber einfach kacke drauf aussieht und auf einmal sieht es die ganze Welt, wo man dann halt selber sagt, ›hallo, hättest du mich nicht wenigstens vorher mal fragen können?‹ [...] Also ich finde, zu weit geht es in dem Moment, in dem es einfach frei zu kopieren ist und frei zu verlinken ist. So, dass es wirklich überall rein gehen kann, weil rein theoretisch sage ich auch [...] das macht mir nichts, weil jeder weiß, dass ich in diesem Verein bin, und es macht mir auch nichts, was ich da mache, aber es geht halt darum, dass es dann trotzdem nicht unbedingt verbreitet werden muss, wo es nicht hingehört.«

Die als problematisch empfundene Kenntnis persönlicher Merkmale betrifft verschiedene Aspekte, wie das Zitat verdeutlicht, etwa das Erscheinungsbild, das erweiterte soziale Netzwerk oder Interessen. Daneben gilt auch die minutiöse Beobachtung des *Verhaltens* einer Person als grundsätzliche Privatheitsverletzung:

»Als wir in die neue Wohnung gezogen sind. Als ich dann so nach einer Woche festgestellt hab, dass unser Nachbar eigentlich direkt ins Wohnzimmer kucken kann. Das war dann doch sehr unangenehm. Seitdem hab ich blickdichte Gardinen, weil, das ist dann schon irgendwie ein bisschen seltsam, gerade, wenn man// man läuft ja zuhause nicht unbedingt immer rum wie auf der Straße, oder der Nachbar muss ja auch nicht immer wissen, was man kuckt im Fernsehen oder so was. [...] Also es ist wirklich, dass einem immer

---

6 Da es an dieser Stelle um Gemeinsamkeiten geht, die über alle Gruppen hinweg bestehen, zitiere ich zunächst aus Interviews aller drei Nutzergruppen ohne genaue Angabe der Gruppe.

wieder bewusst wird, wenn die Gardinen halt mal offen sind, dass man beobachtet wird. Und dass man, ich sage mal so ganz blöd, wenn man jetzt auf der Couch gammelt, dass man sich dann auch mal anders hinsetzt, das klingt total blöde, aber das ist wirklich so, dass man sich dann einfach vielleicht mal gerade hinsetzt.«

Wie die Passage verdeutlicht, kann schon die diffuse Vermutung, beobachtet zu werden, zu einer aktiven Verhaltensanpassung führen. Eine weitere Gefahr, die besonders eng mit dem Internet verknüpft ist, besteht den NutzerInnnen zufolge in einer Vermischung von Handlungsfeldern:

»zum normalen menschlichen Leben gehören die wahnsinnig unterschiedlichsten Facetten, und da gehört es auch zum Beispiel [dazu], was weiß ich, [dass] Studenten auf irgendwelchen Studentenpartys auch mal die Sau rauslassen, das ist vollkommen normal und natürlich und in Ordnung und nicht zu kritisieren. Aber in dem Augenblick, in dem auf so einer Studentenparty jemand Fotos schießt von irgendwelchen lustigen Gegebenheiten, die dann auch noch ins Internet stellt und die dann auch noch beim Personalchef, wenn er den Namen googelt, auftreten, und der sich dann aufgrund dieser Fotos ein Bild macht, dann ist es nach wie vor so, dass der mit Fug und Recht sagen kann, ich hab nix zu verbergen, hat tatsächlich auch nichts verbrochen. Aber er hat Nachteile zu gewärtigen. Und das ist nur ein Beispiel von vielen. Ich könnte jetzt noch weitere aufzählen. Und am Schluss ist dann die Lebensqualität ganz einfach gesunken, indem Informationen an die Öffentlichkeit gelangen und an Entscheidungsträger, die Einfluss auf meinen Lebensweg nehmen, die vorher ohne Internet so nicht an die gelangt wären. Und das kritisiere ich.«

Dem Zitat nach kann durch die Zugänglichkeit von Informationen im Internet Verhalten aus einem lebensweltlichen Kontext beobachtet und in einem anderen beurteilt werden. Dadurch kommt es zu einer Vermischung sozialer Handlungsfelder, was zu Nachteilen für die betroffene Person führen kann. Menschen führen auch online ihr Leben in unterschiedlichen Kontexten, und auch online gilt die minutiöse Beobachtbarkeit als problematisch:

»Amazon zum Beispiel, wenn ich da irgendwohin gehe und irgendwas recherchiere, und ich melde mich an, weil ich einen Account habe bei Amazon, dann kriege ich zack, erstens mal, sofort, wenn ich irgendwas suche, irgendwas, was entweder dazu passt oder was andere gesucht haben oder sonstige Dinge. Und ja gut, Facebook ist bekannt, da muss man schon vorsichtig sein, was man da rein tut und ob man über seinen Arbeitgeber lästert oder nicht, finde ich jetzt, hat dann immer// beziehungsweise, man muss dann am anderen Tag möglicherweise antreten, wenn es einer liest. Also man muss schon vorsichtig sein, ich glaube, dass es eine ganze Menge Daten über jeden gibt, im Internet, die man selber gar nicht preisgegeben hat, glaube ich irgendwie.«

Zusammengefasst lässt sich feststellen, dass die überwiegende Mehrheit der NutzerInnen offline wie online ein Recht auf »Privacy in Public« (Nissenbaum 1998) einfordert. Wissen, das über das hinausgeht, was im öffentlichen Raum über eine Person in Erfahrung zu bringen ist – etwa persönliche Vorlieben usw. – wird tendenziell als Verletzung dieses Rechts betrachtet. Zwar handelt es sich hierbei um ein wohl auch in der offline-Welt nicht vollständig realisiertes Ideal, aber dennoch bildet eben dieses den Kern der normativen Privatheitsvorstellungen der NutzerInnen. Ein/e Fokusgruppenteilnehmer/in bringt dies treffend auf den Punkt:

»jedes Mal dann, wenn jemand auf mich zukommt, den ich nicht kenne, mit Informationen, die ich ihm nicht gegeben habe, dann fühle ich mich in meiner Privatsphäre verletzt, also wenn mich irgendjemand anruft, den ich nicht kenne und sagt, Sie stehen doch auf Levis Jeans, wir haben da ein Superangebot […] erstens mal, wer sind Sie, und zweitens, woher wissen Sie das. Was mir öfters passiert ist […] meine Emailadresse steht Leuten zur Verfügung, denen ich sie nicht gegeben habe, und denen auch Bekannte von mir sie nicht gegeben haben. Und *das* verletzt meine Privatsphäre.«

Nun besteht nicht nur hinsichtlich der normativen Privatheitsvorstellungen über die Nutzergruppen hinweg weitestgehend Übereinstimmung, sondern auch hinsichtlich der *Einschätzung von Gefahren* (definiert als mögliches Eintreten eines Schadens, dessen Verursachung der Umwelt eines menschlichen Akteurs zugerechnet wird, vgl. Luhmann 1991: 31), welche durch Normverletzungen drohen. Da das Internet als solches eine unüberschaubare Komplexität darstelle, sei das potentielle Publikum anonym und diffus; dadurch könne man nie genau wissen, welche Rezipienten faktisch adressiert würden; Dritte könnten persönliche oder Falsch-Informationen einspeisen; und die nicht-existente Möglichkeit, einmal eingespeiste Informationen zu löschen, führe zu einer gnadenlosen Zementierung der eigenen Biographie, womit die Option der Selbst-Transformation massiv eingeschränkt werde.

Abweichungen finden sich dagegen in Bezug auf die *Bewertung von Risiken* (definiert als mögliches Eintreten eines Schadens, das dem eigenen Verhalten zugerechnet wird, vgl. Luhmann 1991: 30f.), die sich zum einen aus dem Agieren im Internet für die Normverletzung ergeben, zum anderen aber auch aus der Normverletzung erwachsen. Vor allem technikdistanzierte NutzerInnen weisen generell ein äußerst starkes Kontrollbedürfnis in Bezug auf Informationsflüsse auf. So findet sich in dieser NutzerInnengruppe nicht nur der Wunsch, sowohl die »Abgabe« *als auch* die »Aufnahme« von Informationen zu kontrollieren (weshalb Werbeprospekte, -anrufe, und -mails gleichermaßen als Privatheitseingriff eingestuft werden); vielmehr gilt schon die ungewollte Kontaktaufnahme – *die unkontrollierte Verknüpfung von Operationsketten also* – im physischen öffentlichen Raum als Verletzung der Privatsphäre:

> TD-A[7]: »das ist auch mit diesen Organisationen ziemlich extrem. Ich wohne ja in der Nähe vom [Ort im Stadtzentrum]. Und es war diesen Sommer so, dass man da rüber gelaufen ist und sieben oder acht verschiedene, ob es jetzt Malteser, WWF oder was weiß ich war, kommen da immer angerannt, »hallo, hallo, hier, ich bin der und der« und wollen einem irgendeinen Mist aufquatschen. Das ist schon sehr nervig, und das ist ja nach wie vor hier. Erst, wo ich hierher kam, war Amnesty International hier unten an der [XY-]Straße, genau der gleiche Scheiß, genau die gleichen Leute zum Teil, die auch am [Ort im Stadtzentrum] dann für Malteser stehen. Da frage ich mich auch, wie viele Organisationen die da angeblich sein wollen und helfen wollen.«

Die Diskussion in der Fokusgruppe, der obiges Zitat entnommen ist, entwickelte sich ganz von selbst von der Verletzung eines eingeforderten »right to be let alone« im offline-Leben in Richtung online-Privatheit, was verdeutlicht, dass der unkontrollierten Verknüpfung von Operationsketten auch im Internet kritisch begegnet wird:

> TD-B: »Ich finde auch Spam lästig [...] weil, das kann man eigentlich auch irgendwie nicht abstellen. Also, wenn man da einmal irgendwie in deren Kartei drin ist, dann kommt da regelmäßig was. Bei guten Organisationen kann man noch, man will diesen Newsletter oder so nicht mehr haben, da kann man das noch. Aber es gibt halt viel, wo ich nicht wieder rauskomme irgendwie.«

---

7 Da es im Folgenden um Unterschiede geht, wird über Kürzel die Zugehörigkeit der Äußerungen zu den verschiedenen Gruppen kenntlich gemacht: »TD« steht für Technikdistanzierte, »TA« für Technikaffine und »DN« für *Digital Natives*. Die Buchstaben A-C markieren unterschiedliche Fokusgruppen-TeilnehmerInnen.

[...]
TD-C: »Was ich ganz furchtbar finde, ist jetzt neu, vielleicht liegt es auch an den Einstellungen von meinem Rechner. Wenn ich auf irgendeiner Internetseite gewesen bin, irgendwas gesucht habe, seien es Klamotten oder so, und ich bin auf der nächsten Seite, dann kommt immer genau von dem, wo ich war, Werbung. So nach dem Motto, wollen Sie nicht noch mal –.«

Diese Äußerungen spiegeln eine gewisse Hilflosigkeit wieder: Weder haben die Technikdistanzierten Kenntnis von der Funktionsweise des Internet noch verfügen sie über Kompetenzen zur Kontrolle des Informationsflusses. Gleichzeitig ist das Kontrollbedürfnis sehr ausgeprägt.

Die Technikaffinen legen demgegenüber in beiderlei Hinsicht wesentlich mehr »Anwendungswissen« an den Tag:

TA-A: »ich möchte nicht wissen, gerade Facebook, aber auch andere Sachen, egal, auf welche Seite man kommt, bumms wird ein Cookie angelegt und die sehen dann, ja, der war dann und dann da, hat sich die und die Inhalte angekuckt. Also es wird mehr über uns gesammelt, als wir uns vorstellen können. […] Da muss man sich bewusst sein, und wenn man sagt, okay, ich will das nicht, dann muss man halt die Finger vom Internet lassen, aber das heißt nicht, dass man nicht trotzdem aufpassen sollte, was man preisgibt. […] da packt man sich wirklich manchmal nur noch an den Kopf, wie unvorsichtig viele Leute sind.

[…]

TA-B: »Wenn man sich wirklich intensiv damit beschäftigt, dann hat man glaube ich Kontrolle […] Bei mir ist es zum Beispiel so, ich öffne irgendwann meinen Emailaccount und finde wieder massiv Werbung von Sachen, von denen ich gar nicht weiß, wie kommen die dahin. So. Ich weiß aber auch, ich hätte es wahrscheinlich selber auch irgendwo verhindern können, hätte ich irgendwo da das und das nicht angeklickt.«

Hier zeigt sich dank höherer Kompetenz ein weitaus differenzierteres Problembewusstsein und ein deutlich souveränerer Umgang mit dem Internet. Wenn ein Nutzer um die Folgen seines Online-Verhaltens weiß, kann er das entsprechende Risiko auch besser beherrschen.

Bei den *Digital Natives* liegt schließlich generell ein recht moderates Kontrollbedürfnis vor – zum einen offline:

DN-A: »Nee, also bei WG, ich hab damit keine Probleme, da schnüffelt auch keiner in den Papieren rum oder so, da kommt halt jemand ins Zimmer, kuckt, ob ich da bin und geht wieder raus, wenn ich nicht da bin. Zumindest hab ich das Gefühl (lacht).«

[...]

DN-B: »Es kann halt auch oft genug passieren, aber dann stört's mich halt im Endeffekt nicht so, also weil, ich toleriere das einfach, wo halt andere// also, das ist ja auch eine Empfindungssache, würde ich sagen.«

Zum anderen online, wo sich das niedrige Kontrollbedürfnis mit vergleichsweise hoher Kompetenz verbindet:

DN-B: »Ich hab auch eine Emailadresse für diesen ganzen Müll. Ich mach [...] jetzt nicht gerade mit meinem realen Namen eine Emailadresse, aber, ja, was die halt letzten Endes damit machen oder was die mir schicken, ist mir halt wirklich egal. Ich schreib auch nicht meine Handynummer irgendwohin, so lange es halt nicht sein muss.«

[...]

DN-C: »Ich hab zum Beispiel gegen personalisierte Werbung oder allgemein gegen Werbung im Internet Skriptblocker im Firefox, dann No Script, dann gibt's Ghostery, da gibt's ganz viele kleine Plug-ins [...]. Ich habe keine Werbung, keine Skripte, keine komischen Leute, die irgendwo rein laufen, das kenne ich halt alles nicht. [...] Und wenn ich mich halt irgendwo anmelde, dann benutze ich 10-Minuten-Mails, also einfach, um mich vor Spam und irgendwelchem Rotz zu schützen.«

Aufgrund der Unterschiede bezüglich Kontrollbedürfnis und Kompetenz gewichten die drei Gruppen Privatheitsnormen sehr unterschiedlich: Die Technikdistanzierten geben diesen im Verhältnis das größte Gewicht und kommen zu einer hohen Risikobewertung; die Technikaffinen sehen das Risiko indes als beherrschbar an; die *Digital Natives* schätzen das Risiko eher gering ein und ordnen ihre Privatheitsvorstellungen im Zweifel dem Bedürfnis nach Sozialität[8] unter. Da die meisten

---

8 »Sozialität« wird hier als abstrakter Sammelbegriff zur Beschreibung sozialer Beziehungen verwendet. Er erlaubt es, den – u.a. angesichts der intensivierten IKT-Nutzung – problematisch gewordenen Gesellschaftsbegriff zu vermeiden (z.B. wird mittlerweile auch von einer »Sozialität

Mitglieder dieser NutzerInnen-Gruppe einen Großteil ihrer Sozialität über *Online Social Networks* organisieren, ist der Einzelne einem gewissen *Peer Group Pressure* ausgesetzt, dort ebenfalls teilzuhaben (vgl. dazu Boyd 2007).
Damit sollten die normativen Privatheitsvorstellungen der NutzerInnen hinreichend skizziert sein. Online wie offline gilt die Kontrolle der Operationskettenverknüpfung und des darüber erfolgenden Informationsflusses dann als geboten, wenn die fraglichen Informationen es erlauben, Wissen über Personen und ihr Verhalten zu generieren. Die Technikdistanzierten sehen tendenziell schon in der unkontrollierten Verknüpfung selbst eine Normverletzung, die Technikaffinen gehen demgegenüber davon aus, dass das Risiko durch hohes Bewusstsein und hohe Kompetenz beherrschbar ist und die Digital Natives sehen den Kontrollverlust eher gelassen und verfügen über relativ hohe Kompetenzen (z. B. Kenntnis von Software zur Kontrolle des Informationsflusses). Ich werde nun als nächstes den Einsatz eines der prominenten soziotechnischen Skript-Typen des Internet in Beziehung zu den normativen Skripten der NutzerInnen setzen.

4 Zur Normativität digitaltechnologischer Skripte im Internet: Das Beispiel Cookies

»Cookies sind Fluch und Segen zugleich« schreibt Wissenschaftsjournalist Maximilian Schönherr auf der Website des Deutschlandfunk (Schönherr 2012). Der Einsatz von Cookies bringt eine ganze Reihe von Vorteilen mit sich, verbessert etwa die Navigierbarkeit und Benutzerfreundlichkeit des World Wide Web (Brain 2012). Die Kommunikation zwischen dem Browser (z. B. *Mozilla Firefox*) eine/r NutzerIn und einem Web-Server basiert auf dem *Hyper Text Transfer Protocol* (HTTP). Ruft ein/e NutzerIn eine Website auf, so wird ein »HTTP request« gesendet, eine Anfrage an den adressierten Web-Server. Diese enthält im »header« die gesuchte Adresse. Beantwortet der Web-Server die Anfrage (sendet die Website-Daten zum Browser der NutzerIn), so integriert er dabei eine kurze Text-Passage – das Cookie – in den »header«. Das Cookie wird im Browser-Speicher abgelegt und bei allen künftigen Interaktio-

    mit Objekten« gesprochen, vgl. Knorr-Cetina 1998). In diesem Sinne
    meint »Sozialität« das In-Beziehung-Treten als solches und setzt keinen
    nationalterritorialen Gesellschaftsrahmen als Horizont des Sozialen vor-
    aus.

nen zwischen Browser und Web-Server kommuniziert. Der Web-Server kann damit den Browser identifizieren (zumindest bis das Cookie manuell gelöscht wird oder automatisch verfällt). Die Identifizierung macht wiederum eine Personalisierung der aufgerufenen Website möglich: Der Server kann die Einstellungen des Browsers speichern und die gesendeten Daten durch Identifizierung speziell auf den Browser zuschneiden, etwa die angefragte Website in der »richtigen« Sprache darstellen oder sich merken, was ein Kunde bislang bereits in den Einkaufswagen gelegt hat (Kelbert/Shirazi/Simo 2012: 229-231; Steindel 2010: 461). Ein Cookie wird ausschließlich zu dem Server gesendet, der es ursprünglich gesetzt hat. Nur dieser Server kann auf das Cookie zugreifen.

Jedoch werden Cookies nicht nur von den durch die NutzerInnen bewusst adressierten Web-Servern gesetzt; vielmehr kann die beim Web-Server angeforderte Website auch Elemente von dritten Parteien, sogenannten »Third Party Servers« enthalten, etwa Werbebanner und dergleichen. In diesem Fall werden Teile des »HTTP request« zum Aufrufen der Seite ebenso an den »Third Party Server« gesendet, ohne dass dies den NutzerInnen angezeigt würde (Whalen 2012). Wird beispielsweise eine Website aufgerufen, die ihre Werbeflächen über den 2008 von Google aufgekauften Online-Vermarkter DoubleClick vergibt, so erhält auch letzterer die Möglichkeit ein Cookie zu setzen oder bereits gesetzte Cookies auszulesen. Auf diese Weise kann Werbung individuell zugeschnitten werden.

Steht diese Art und Weise der gleichzeitig technischen und sozialen Informationsprozessierung nun in Einklang mit den normativen Privatheitsvorstellungen der NutzerInnen, das heißt *erfüllt sie deren Erwartungen?* Wie oben ausgeführt, müssen wir zwei Aspekte berücksichtigen, wollen wir diese Frage beantworten:
- Die im Zuge des Cookie-Verkehrs erfolgenden Verknüpfungen von Operationsketten.
- Die daraus erwachsende Möglichkeit, persönliche Merkmale und Verhalten zu beobachten.

Zunächst ist offensichtlich, dass Cookies das Sammeln von Daten über das Verhalten eines bestimmten Browsers durch das Gegenüber, den Web-Server, erlauben. Jedoch sammelt in ähnlicher Weise der Verkäufer eines regelmäßig frequentierten Buchladens (»sie mögen doch so gerne Krimis, wir haben da was reinbekommen...«). Wenn NutzerInnen auf *amazon.com* einkaufen und folglich mit dem Web-Server Amazons interagieren, verknüpfen sie ihre Operationsketten mit diesem und initiieren einen Informationsfluss. Obwohl sie folglich auch ein Bewusstsein für die mögliche Sammlung von Daten bezüglich ihres Kaufverhaltens durch Amazon haben, weisen technikdistanzierte NutzerInnen ein so hohes Kontrollbedürfnis auf, dass sie in den Empfehlungen von Amazon bereits eine Verletzung ihrer Privatheitsvorstellungen sehen – schließlich läuft auch eine ungewünschte Informations*aufnahme* ihren Erwartungen zuwider. Wird nun beim Interagieren mit Amazon auch ein »HTTP request« zu einem »Third Party Server« gesendet, so erfolgt dies unterhalb der Wahrnehmungsschwelle der NutzerInnen. Es verknüpfen sich damit Operationsketten in einer Weise, die nicht leicht zu kontrollieren ist. Zwar gäbe es Programme, die die unsichtbare Verknüpfung mit »Third Party Servern« sichtbar machen[9], doch fehlen den Technikdistanzierten die Kenntnis und die Kompetenz, diese anzuwenden. Natürlich finden auch im Offline-Leben permanent Operationsketten-Verknüpfungen jenseits der Kontrolle einzelner menschlicher Akteure statt, aber genau das wird von den Technikdistanzierten eben kritisiert (z. B. wenn im öffentlichen Raum offensiv um Mitgliedschaften bei NGOs geworben wird).

Während die Technikdistanzierten also kategorisch eine »Privacy in Public« einfordern, sehen die Technikaffinen das Internet grundsätzlich als öffentliche Arena. Allerdings gilt auch ihnen die minutiöse Beobachtung von Verhalten als Privatheitsverletzung. Folglich lässt sich mit der Frage fortfahren, ob die nicht-aktiv geknüpfte Beziehung (Operationsketten-Verknüpfung) zu »Third Party Servern« einen Informationsfluss generiert, der solche Beobachtung ermöglicht. Und genau das ist der Fall, denn: »Cookies […] can still be used to track users' behavior across multiple sites.« (Steindel 2010: 462) Werbetreibende wie DoubleClick sind auf einer *sehr großen Zahl* der vielfrequentierten Websites aktiv. Bewegt sich eine Nutzerin nacheinander auf mehreren solcher Websites, dann kann derselbe Werbetreibende das Browse-Verhalten über den Cookie-Verkehr nachvollziehen. Ruft man etwa nacheinander die Websites von *Spiegel-Online*, *Ebay.de*, *gmx.de* und *opodo.de* auf, so zeigt der Skript-Blocker *Ghostery* an, dass er auf jeder dieser Websites ein Cookie von *INFOnline* blockiert. Für *INFOnline* ist das Browse-Verhalten also beobachtbar. Während die Technikaffinen sich dieses Umstands stärker bewusst sind als die Distanzierten (s. o.: »egal, auf welche Seite man kommt, bumms wird ein Cookie angelegt und die sehen dann, ja, der war dann und dann da, hat sich die und die Inhalte angekuckt«), nutzen die Digital Natives mitunter Gegen-Skripte, um

---

9 So z. B. *Ghostery*, ein Programm das die Verbindung zu »Third Party Servern« auflistet und auf Wunsch blockiert.

den ungewünschten Informationsfluss zu unterbinden (s. o.: »Ich hab zum Beispiel gegen personalisierte Werbung oder allgemein gegen Werbung im Internet Skriptblocker im Firefox, dann No Script, dann gibt's Ghostery, da gibt's ganz viele kleine Plug-ins«). Eine noch einfachere Gegenmaßnahme besteht im regelmäßigen Leeren des Cookie-Ordners. Eine im Januar 2011 veröffentlichte Studie stellte fest, dass in Deutschland mehr als 20 Prozent der NutzerInnen »first party cookies« und zwischen 30 und 40 Prozent der NutzerInnen »third party cookies« einmal im Monat löschen (comScore 2011: 14). Dies deutet darauf hin, dass NutzerInnen beim Agieren im Internet zunehmend Gegen-Skripte entwickeln oder nutzen (seien es technische, wie Plug-Ins, oder praktische, wie verstärktes manuelles Löschen), also in puncto Kompetenzen und Techniken *aufrüsten*, um ein gewisses Maß an Kontrolle zu behalten.

Allerdings hat die Internet-Werbeindustrie darauf schnell reagiert. Eine neue Strategie, die Nachvollziehbarkeit des Verhaltens auch dann zu gewährleisten, wenn die NutzerInnen regelmäßig ihre HTTP-Cookies löschen, besteht im vermehrten Einsatz von sogenannten Flash Cookies (Soltani et al. 2010: 1). Im Prinzip haben diese eine ähnliche Funktion wie HTTP-Cookies. Dateien des Flash-Player erlauben es den Servern, sich entsprechende Einstellungen zu merken. Auch diese Dateien können von »Third Party Servern« gesetzt werden: »Thus, merely visiting some websites (without actually clicking on an advertisement or video) can cause Flash data from a third party advertiser to be stored on the user's computer, often unbeknownst to the user.« (ebd.: 2) Flash Cookies weisen indes eine Reihe von Besonderheiten auf, die sie zu einer attraktiven Alternative zu den von vielen NutzerInnen mittlerweile regelmäßig gelöschten HTTP-Cookies macht: Sie sind dauerhafter als HTTP-Cookies, haben eine wesentlich größere Speicherkapazität und kein Verfallsdatum; sie werden nicht im Browser-Speicher, sondern auf dem Rechner selbst abgelegt. Dadurch können sie auch bei Verwendung verschiedener Browser eingesetzt werden und sind für NutzerInnen zumeist gar nicht erst sichtbar. Schließlich können sie mitunter auch bereits gelöschte HTTP-Cookies wieder herstellen (vgl. Kelbert/Shirazi/Simo 2012; Soltani et al. 2010).

Aus diesen Gründen kann die Beobachtung durch Dritte von den NutzerInnen weder durch Löschen der HTTP-Cookies, der Browser-Chronik oder des Cache-Ordners noch durch Surfen im »Privatmodus« des Browsers abgewehrt werden (ebd.: 1). Mit Flash Cookies rüstet die Internet-Werbeindustrie auf: In einer einflussreich gewordenen Studie untersuchten ForscherInnen um Ashkan Soltani 2010 die 100 beliebtesten US-amerikanischen Websites (kommerzielle und staatliche) auf den Einsatz von Flash Cookies und fanden heraus, dass diese auf 54 Websites eingesetzt wurden. Mit großer Häufigkeit tauchten zudem solche Flash Cookies auf, welche »unique identifiers« zur eindeutigen Browser-Identifizierung speichern. Des Weiteren fanden sie auf 31 der untersuchten Websites »at least one overlap between a HTTP and a Flash Cookie« (ebd.) Beim Aufrufen dieser Websites werden also sowohl ein HTTP-Cookie im Browser-Speicher als auch ein Flash-Cookie im Unterordner für Flash-Dateien gespeichert, und beide Cookies haben dieselbe Funktion. Dies und die Tatsache, dass diese doppelte Cookie-Buchführung in den meisten Fällen auf »third-party advertising networks« zurückzuführen war, deutet darauf hin, dass der Zweck der Flash-Cookies im NutzerInnen-Tracking bestand, und dass die Cookies doppelt gesendet wurden, um auch bei solchen NutzerInnen wirksam zu werden, welche ihre HTTP-Cookies regelmäßig löschen (ebd.). Einige der aufgefundenen Flash Cookies erwiesen sich zudem als fähig, bereits gelöschte HTTP-Cookies wieder herzustellen (sog. »respawning«). Flash-Cookies erhielten auch solche NutzerInnen, die von der Möglichkeit der auf manchen der getesteten Websites verfügbaren Möglichkeit Gebrauch machten, das Tracking zu untersagen (»Opt-Out«). Und nur vier der Websites gaben in ihren »Privacy Policies« den Einsatz von Flash Cookies an. Daher: »Given the different storage characteristics of Flash cookies, without disclosure of Flash cookies in a privacy policy, it is unclear how the average user would even know of the technology.« (ebd.: 4) Die AutorInnen schließen: »Even when a user obtains a[n] (…) opt-out cookie, Flash cookies are employed for unique user tracking. These experiences are not consonant with user expectations of private browsing and deleting cookies.« (ebd.)

Insofern der Einsatz von Flash-Cookies eine Reaktion der Anbieter auf die verstärkten Cookie-Löschaktivitäten der NutzerInnen ist, wird das wechselseitige Aufrüsten zum *Wettrüsten* im Kampf um die Privatheit. Während das Skript des Flash-Cookie-Tracking den normativen Privatheitsvorstellungen ganz offensichtlich zuwiderläuft – das Skript ist »not consonant with user expectations« – wurden nach öffentlicher Aufdeckung der Praktiken durch Soltani et al. (2010) im Juli 2010 mehrere große Websites in den USA wegen der Verwendung von Flash-Cookies angeklagt. Diese hätten durch den Einsatz einer von der Firma Quantcast entwickelten Flash-Cookie-Technologie gegen das US-amerikanische »federal computer intrusion law« verstoßen (Singel 2010a). Einige Monate später einigten sich Quantcast und die Kläger auf eine Zahlung von 2,4 Millionen US-Dollar und legten den Streitfall bei (Singel 2010b). In diesem Fall wurde die Verletzung von Privatheitsnormen also öffentlich gemacht und hatte juristische Konsequenzen. Damit nahm nun auch das Skript der formalen Gesetzgebung am Wettrüsten der Skripte teil. Im Juli 2011, d.h. ein gutes halbes Jahr nachdem das Gerichtsverfahren eingestellt worden war, veröffentlichte Soltani dann gemeinsam mit ForscherInnen aus seinem Umfeld eine Folgestudie. Dort heißt es:

> »In this followup study, we reassess the flash cookies landscape and examine a new tracking vector, HTML5 Local Storage and cache-cookies via ETags. We found over 5,600 standard HTTP cookies on popular sites, over 4,900 were from third parties. Google-controlled cookies were present on 97 of the top 100 sites, including popular government websites. Seventeen sites were using HTML5, and seven of those sites had HTML5 Local Storage and HTTP cookies with matching values. Flash cookies were present on 37 of the top 100 sites. We found two sites that were respawning cookies, including one site – hulu.com – where both flash and cache cookies were employed to make identifiers more persistent.« (Ayenson et al. 2011: 1)

Das Wettrüsten geht weiter.

5 Das Wettrüsten der Skripte oder: Epoche permanenter Privatheitstransformation

Beim Surfen im Internet verknüpfen sich unsere Operationsketten mit zahlreichen anderen, wodurch technisch erzeugte Sozialbeziehungen entstehen[10], von denen wir oft nichts wissen. Während Internet-Anbieter ihre Dienste den NutzerInnen zumeist kostenlos offerieren, basiert das Geschäftsmodell solcher »datenzentrischen Dienste« auf der Erstellung und Weiterverarbeitung »persönlicher Datenbestände […] die zunehmend gesammelt werden, ohne die Betroffenen zu informieren« (Müller/Flender/Peters 2012: 146). Die Beobachtbarkeit von persönlichen Merkmalen (Interessen, Vorlieben, Kaufkraft etc.) und von persönlichem Verhalten wird damit zum umkämpften Terrain. Der Einsatz von Cookies zu Beobachtungszwecken lässt sich als Teil dieses Agonismus betrachten, und wie weiter oben zu sehen war, widerspricht

---

10 Dies trifft zumindest dann zu, wenn man akzeptiert, dass Sozialität nicht nur die Interaktion zwischen Menschen, sondern auch mit Objekten betrifft (Knorr-Cetina 1998).

dieser Einsatz in vielfältiger Weise den Erwartung(serwartung)en der NutzerInnen in Bezug auf deren Privatheitsvorstellungen. Wie ich gezeigt habe, reagieren manche NutzerInnen – insbesondere jüngere – darauf teilweise mit einem verstärkten Einsatz von Gegen-Skripten, welche die Beobachtbarkeit unterlaufen: Auf den illegitimen Einsatz von Cookies reagieren NutzerInnen mit praktischen (Handlungsskript: Cookies löschen!) und technischen Gegen-Skripten[11], woraufhin Flash-Cookie-Skripte erfunden werden, die, einmal sichtbar geworden, wiederum die Erfindung neuer Software(-Skripte) zur Löschung von Flash Cookies hervorbringen (z. B. Firefox-Add-on *BetterPrivacy* zum Schutz vor Langzeitcookies[12]).

Allerdings beschränkt sich das Wettrüsten der Skripte nicht auf Kompetenzen und Software. Auch die Einschränkung von Beobachtbarkeit durch rechtliche Regulierung (Verbot des Einsatzes von Flash-Cookies zum NutzerInnen-Tracking) kann insofern als Gegen-Skript betrachtet werden, als es sich hierbei um die abstrakte Formulierung und materielle Einschreibung formaler Verhaltensregeln (in Dokumente) handelt. Wie zu sehen war, konkurrieren alle drei Skript-Typen miteinander (die praktisch-normativen der Nutzer, die technischen der technischen Agenten, die regulatorischen der Rechtsprechung). Der Einsatz, um den es in diesem Wettstreit geht, ist Beobachtbarkeit oder Erfahrbarkeit und ihre Einschränkung – in diesem Sinne also Privatheit. Aufgrund der auf Beobachtbarkeit basierenden ökonomischen Verfasstheit des Internet und der relativen (!) Leichtigkeit, mit der technische Skripte unter den Bedingungen des Programmier-Code entwickelt werden können, wird ständig die Erfindung von neuen technischen, praktischen und formaljuristischen Skripten notwendig, wobei auf die neuen Skripte ständig neu reagiert werden muss und wird. Natürlich beschränkt sich das Wettrüsten der Skripte nicht nur auf den Cookie-Verkehr, also den kleinen Ausschnitt, der hier betrachtet wurde. Ändert zum Beispiel Facebook

---

11 So z. B. die Open Source Skript-Blocker wie *NoScript* und *Ghostery*.
12 Zitat aus Produktbeschreibung: »BetterPrivacy dient vor allem dem Schutz vor unlöschbaren Langzeit-Cookies, einer neuen Generation von Super-Cookies, welche mehr oder weniger heimlich das Internet erobert haben. Diese neue Cookie-Generation bietet der Industrie und der Marktforschung endlich die Möglichkeit, Aktivitäten der Computer Nutzer unbegrenzt erfassen zu können. Bezüglich des Datenschutzes sind derzeit vor allem zwei Klassen von Langzeit-Tracking bedenklich: ›Flash‹ und ›DOM Storage‹-Cookies.« https://addons.mozilla.org/de/firefox/addon/betterprivacy/ (3.8.2012).

die Allgemeinen Geschäftsbedingungen, das Interface oder führt gänzlich neue Skripte ein (wie etwa vor einer Weile den *Like-Button*), so ändert sich damit der empirische Status des Privaten. Gleichzeitig werden auch auf NutzerInnen-Seite neue Verhaltensskripte erfunden, die sich dann rasch verbreiten.[13]

Die digitale Revolution bringt solchermaßen nicht bloß eine Transformation der Unterscheidung privat/öffentlich mit sich; vielmehr wird der empirische Status von Privatheit nun in ungekannter Weise zum Effekt des jeweiligen Standes im Wettrüsten der Skripte: Privatheit verändert sich mit jedem neuen Trackingmechanismus, jeder neuen Anwendung und jeder neuen Nutzungsweise – und somit ständig. Die Transformation von Privatheit wird damit im Wettrüsten der Skripte auf Dauer gestellt. Unter diesen Bedingungen scheint es ratsam, den NutzerInnen so viel Wissen und Kompetenzen – Handlungsskripte also – wie nur irgend möglich an die Hand zu geben, sollen sie nicht im Wettrüsten der Skripte das Nachsehen haben.

---

13 So stellen neuere Forschungen fest, dass immer mehr NutzerInnen ihr Profil nur noch für Facebook-Freunde zugänglich machen (vgl. Stutzman/Kramer-Duffield 2010).

Philipp Aumann
Control – Kommunikationstechniken als Motoren von Entprivatisierung und Fremdsteuerung

Überwachungskameras im öffentlichen Raum, personalisierte Kaufempfehlungen im Internet und Fingerabdrücke im Ausweis geben uns das Gefühl, dass jede unserer Handlungen und jedes unserer Worte irgendwo registriert werden, dass unsere Bewegungen, Interessen und Wünsche nicht mehr unser geistiges Eigentum, sondern öffentliches Gut sind. Fest steht, dass Techniken existieren, die uns gläsern machen können. Wie stark uns Staat, Unternehmen und die öffentliche Meinung aber tatsächlich kontrollieren, wie die Techniken konkret eingesetzt werden, um in unsere Privatsphäre einzugreifen, wissen wir nicht. Trotz unseres Unbehagens nutzen wir all die Techniken, die uns ständig sichtbar machen können. Weil sie unsere Kommunikations- und Handlungsmöglichkeiten enorm erweitern, gestehen wir ihnen zu, unser Reden, Denken und Handeln transparent und damit kontrollierbar zu machen.

Dieser Beitrag will den Diskurs um Privatheit und Öffentlichkeit, um Selbstbestimmung und Fremdkontrolle in der digitalen Welt in einen erweiterten technik- und gesellschaftshistorischen Rahmen einordnen. Die Frage lautet, auf welchen Techniken die gefühlte Veröffentlichung des Selbst und die Steuerung durch externe Mächte beruhen und in welchen staatlichen und sozialen Kontinuitäten diese Phänomene sich bewegen.

Unter »Control« wird im Englischen der nachrichtentechnische Prozess der Regelung und Steuerung eines Systems verstanden, gleich ob es ein technisches, ein organisches oder ein soziales System ist. Kontrolle als zentraler Begriff dieses Beitrags ist demnach Erwerb, Verarbeitung und Nutzung von Informationen über Menschen, also deren Überwachung und Steuerung auf Basis der gewonnenen Informationen. Überwachung ist eine Herrschaftstechnik, die Wissen als strategische Ressource der Macht liefert und Handlungsanleitungen zur Verfügung stellt, um den Überwachten einen Willen aufzuzwingen. Diese Konsequenz des Überwachens sei hier Steuerung genannt. Eine positive Technik ist sie, wenn eine Herrschaft Menschen in die von ihr gewünschte Richtung lenkt, sie auf ein bestimmtes Denken und Handeln hin diszipliniert. Negative Steuerung dagegen liegt vor, wenn Devianzen ausgeklammert werden.

Unter Kontrolltechniken sind nicht nur materielle Instrumente des Überwachens und Steuerns zu verstehen, sondern alle Strategien, Methoden und Institutionen, die Menschen auf moralischer Ebene in eine vorgegebene Norm zwingen und sie auf ökonomischer Ebene zu funktionierenden Teilen eines Sozialsystems machen. Die sichtbaren und unsichtbaren Techniken, die die Menschen disziplinieren, ermöglichen ihnen gleichzeitig ein funktionelles, geordnetes und befriedetes Leben, wodurch Zeit und Energie für andere Aktivitäten freigesetzt werden. Kontrolle ist also auch ein Instrument, um das Leben eines Individuums[1] zu vereinfachen oder zu erweitern und auf kollektiver Ebene ein sicheres und solidarisches Miteinander zu ermöglichen. Sie bietet Schutz vor freien politischen oder wirtschaftlichen Machtmechanismen, in denen sich der Stärkere auf Kosten der Schwächeren bereichert. Kontrolle ist damit eine essentielle Sozialtechnik, die Öffentlichkeit herstellt und Privatheit abbaut.

Exemplarisch dafür steht das Gedankenmodell, mit dem Michel Foucault die Bedeutung der Kontrolle für eine kollektive Disziplinarkultur beschrieb: Im Panoptikum, einem von Jeremy Bentham 1787 präsentierten Gefängnistyp, kann ein Aufseher aufgrund einer spezifischen Architektur alle Gefangenen überwachen, ohne selbst gesehen zu werden. Für die Gefangenen wirkt allein die Möglichkeit ständiger Beobachtung disziplinierend. Foucault entwickelte die bauliche Konstruktion zur Technik des »Panoptismus« (Foucault 1977: 251-292) weiter. Die Träger einer staatlichen oder sonstigen Gewalt setzen demzufolge die bestehenden Normen nicht allein durch den tatsächlichen Komplex von Überwachen und Strafen durch, sondern sie bauen durch die Möglichkeit der Überwachung und die Androhung von Strafe einen informellen Normierungsdruck auf, den jedes Individuum internalisiert und durch den es sich selbst in die bestehenden Normen einpasst, diese zu seinen eigenen macht und schließlich die Machtinstanz geradezu glaubt und aktiv weiterträgt.

Entscheidend ist nicht, ob eine einzelne Kontrollmacht alles Wissen über seine Untertanen an sich reißt und sie damit in die von ihr gewünschte Richtung lenken kann. Eine totale Herrschaft in diesem Sinne wird man niemals finden. Nicht einmal der Nationalsozialismus war in

---

1 Der Begriff ›Individuum‹ bezieht sich in diesem Text nicht auf das Ideal einer autonom handelnden Person, sondern beschreibt im Sinne Michel Foucaults den von einer externen Stelle, etwa einer Behörde oder einem Unternehmen nach festen Kriterien identifizierbaren und dadurch ansprechbaren und kontrollierbaren einzelnen Menschen.

der Durchsetzung seiner Herrschaft unbeeinflusst von den Stimmungen und der Unterstützung der Bevölkerung (Ruckenbiel 2003). Vielmehr beherrschen Einzelne oder Gruppen mehr oder weniger große zeitlich, räumlich und personell begrenzte Einheiten. Oder noch abstrakter: die Normen und Techniken zu ihrer Einhaltung entstehen und entwickeln sich transpersonell, quasi von selbst, die Disziplinierung erfolgt in einer Art Automatismus (Deleuze 1993). Die Disziplinarinstitutionen können also autoritärer, diktatorischer genauso wie liberaler, demokratischer, selbstregulatorischer Gestalt sein, und die Disziplinartechniken können materielle Formen annehmen (z.B. Videokameras oder Gefängnisse), aber auch viel subtiler und gänzlich immateriell daherkommen. Diskurse über die Ausbildung und Einhaltung von Normen können eine stärkere disziplinierende Kraft besitzen als jede staatliche Zwangsmaßnahme. Das Individuum aber wird, auch wenn es selbst die Norm glaubt, hin zu extern bestimmten moralischen oder ökonomischen Vorgaben geformt – oder noch besser: es formt sich selbst in die vorgegebene Norm.

Im Folgenden soll der Entwicklung dieser allgegenwärtigen Fremd- und Selbstkontrolle und davon abgeleitet des Verhältnisses von Privatheit und Öffentlichkeit nachgegangen werden. Zunächst werden einige exemplarische Kontrolltechniken vorgestellt, dann wird die Stellung des Individuums in dieser technisch bedingten Gesellschaft reflektiert. Dass die Ausführungen schlaglichtartig einige zeitlich und räumlich weit voneinander getrennte Kontrollsituationen aufzeigen, liegt am Entstehungszusammenhang dieses Textes. Er bildet die inhaltliche Grundlage eines Ausstellungsprojekts am Museum für Kommunikation Frankfurt in statu nascendi ab. Im Wesen dieses Wissensmediums liegt es, dass nur eine Auswahl konkreter, sichtbarer Objekte den erzählerischen Inhalt ausbildet. Die Beispiele müssen aber so aussagemächtig sein, dass sie ein nachvollziehbares Fazit zulassen. Und das wird im letzten Kapitel anhand der Frage gezogen, ob der Kontrollzugriff auf das Individuum in der digitalen Welt ein grundsätzlich neuer, höherer ist als zuvor oder ob er sich nur gewandelt hat. Letztendlich wird also gefragt, ob die gerne postulierte »digitale Revolution« im Bezug auf das Verhältnis von Privatheit und Öffentlichkeit überhaupt eine solche ist oder ob nur die Kommunikationstechniken fundamental neu sind, die kulturellen Mechanismen, die die Schnittstelle von Privat und Öffentlich verschieben, sich aber in der Tradition des modernen Kontrollbedürfnisses befinden.

1 Entwicklung der Techniken

Der Befund eines Aufstiegs der Kontrolltechniken über die gesamte Moderne hinweg ruft wohl nirgends große Widersprüche hervor. Es wurden Geräte entwickelt, die den Zugriff auf das Individuum kontinuierlich ausgeweitet, verfeinert und intensiviert haben. Die Computertechnik scheint einen Höhepunkt dieser Entwicklung darzustellen. Dennoch stellt sich die Geschichte der Techniken komplex und bei weitem nicht so linear dar, wie auf den ersten Blick zu vermuten ist. Zudem sind auch immaterielle Techniken wie Normdiskurse, Gerüchte und soziale Kontrolle zu berücksichtigen, bei denen ein einfaches Fortschrittsnarrativ zu kurz greift. Der Entwicklung auf diesen beiden Feldern in den letzten grob 250 Jahren soll in diesem Kapitel exemplarisch nachgegangen werden.

Materielle Techniken
Überwachung der Kommunikationsmedien

Schon die Telegrafie wurde als Kontrollinfrastruktur eingeführt und ausgebaut. Sie galt als Medium des staatlichen Wissenserwerbs über die Bewegungen und Handlungen der Bürger. Nicht zufällig fielen die Geburt des modernen Staats in der Französischen Revolution und die erste Leitung 1794 zwischen Paris und Lille zusammen (Wobring 2004: 203). Auch im Deutschen Bund setzte sich die Überzeugung durch, dass Flächenstaaten nur kontrolliert werden könnten, wenn die Nachrichten über ihre Bürger schnell zu allen relevanten Stellen kommen, v. a. zwischen der Polizei vor Ort und den zentralen Verwaltungsstellen. Die erste deutsche Linie wurde 1833 in Betrieb genommen. Entsprechend war das Telekommunikationsmonopol ein zentrales Mittel des Machterhalts, im Vormärz ein eindeutiges »›Instrument der Reaktion, der Abwehr der staatsgefährdenden Bedrohung von außen und innen‹« (Wobring 2004: 210). Allerdings schränkte der Ausbau dieser staatlichen Machtinfrastruktur paradoxerweise die Staatsmacht auch wieder ein. Sobald nämlich andere Personen oder Institutionen damit kommunizieren konnten – Telegrafie spielte für die Abgeordneten der Paulskirche 1848 eine wichtige Rolle als Informations- und dadurch Integrationsmedium für alle Reichsteile –, hatten diese ein Kommunikationsmittel zur Hand, mit dem sie den staatlichen Kontrollzugriff abwehren konnten. Erschwerend kam hinzu, dass die Telegrafie schon früh ein internationales Kommunikationsmittel wurde, sich also über den Bereich staatlicher Kontrolle ausdehnte und zur Infrastruktur für neue, global agierende Mächte wurde (Laborie 2011). Die Telegrafie ermöglichte Wissenserwerb über und dadurch den Zugriff auf das Individuum zwar überhaupt erst, erhöhte aber gleichzeitig die gesellschaftliche Komplexität und die Möglichkeit zur Gegenkontrolle.

Die klassische Form der Kommunikationsüberwachung mit dem Ziel, Informationen über eine (gefühlte) Gefährdung zu erhalten, ist das Öffnen von Postsendungen. Der über die Neuzeit hinweg stetig zunehmende Briefverkehr erhöhte nicht nur die Kommunikation zwischen den Menschen, sondern auch das Bedürfnis der Obrigkeit nach Kenntnis darüber. Der Absolutismus des 18. Jahrhunderts brachte eine nahezu totale Postüberwachung mit sich, die im »System Metternich« kulminierte (Beyrer 2007). In den Schwarzen Kabinetten, den Überwachungsstellen bei der Kaiserlichen Reichspost, öffneten die Mitarbeiter im Auftrag der Staatsgewalt beinahe jedes Schreiben, das dem Unternehmen überantwortet wurde. Dieses Wissensbedürfnis löste sich schnell von seiner Zweckbindung, denn die tatsächlich zu erwartenden staatsgefährdenden Machenschaften standen in keinem Verhältnis zum betriebenen Aufwand. Überwachung war zum Selbstzweck geworden und noch im 19. Jahrhundert, einer Zeit, als die Hysterie vor liberal-bürgerlichen und sozialistischen Umstürzen groß war, selbstverständlich.

Obwohl das Post- und Telekommunikationsgeheimnis in Artikel 10 Grundgesetz geschützt war und ist, wurde auch in der BRD der Postverkehr in der Grauzone des Besatzungsstatuts überwacht – begründet mit einem autoritären Staatsverständnis, nach dem der Schutz des Staates ein »höherwertiges Gut« sei als die Freiheit des Einzelnen. In Gefahr schien die Sicherheit der jungen Bundesrepublik der politischen Spitze um Kanzler Adenauer und den Ämtern der Exekutive primär durch eine abstrakte kommunistische Bedrohung aus dem Osten, aber auch aus den eigenen, ideologisch nicht zuverlässigen Reihen. Post-, Bahn- und Zollbeamte hielten verdächtige Sendungen auf und informierten Polizei, Staatsanwaltschaft oder die Besatzungsbehörden, so dass zwischen 1955 und 1968 weit über hundert Millionen Postsendungen beschlagnahmt wurden (Foschepoth 2009: 414). Im Kampf gegen den Ostblock und dessen Ideologie näherten sich paradoxerweise die Praktiken der scheinbar liberalen Demokratie in der Auslegung von Rechtsstaatlichkeit und bürgerlicher Freiheit, in der Überwachung von Lebensläufen und der Steuerung individueller Kommunikation den Gepflogenheiten des Systemgegners an.

Seit 1968 war diese Praxis legalisiert durch das »Gesetz zur Beschränkung des Brief-, Post- und Fernmeldegeheimnisses«. Verfassungsschutzbehörden dürfen demnach auf Anordnung des Bundes- oder eines Landesinnenministeriums und unter Beaufsichtigung eines parlamentarischen Kontrollgremiums zur Verhinderung bestimmter Straftaten Telefone abhören und Briefe öffnen. Die Postüberwachung und -beschlagnahme ist damit ein Beispiel dafür, wie eine Ausnahmesituation als Begründung für Überwachung verschwindet, die Praxis aber nicht. Das Besatzungsstatut wurde aufgehoben, alliierte Vorbehaltsrechte reduziert, der junge Staat stabilisierte sich ideologisch und strukturell und die hysterische Angst vor kommunistischer Indoktrination der Adenauerzeit überlebte sich, Postsendungen wurden aber weiterhin – wenn auch rechtsstaatlich reglementiert und dadurch seltener – kontrolliert.

Weil über das 20. Jahrhundert das Medium Brief als Kommunikationstechnik zugunsten des Telefons in den Hintergrund gerückt ist, hat sich auch der staatliche Eingriff ins Private verändert. In Deutschland verzehnfachte sich allein zwischen 1995 und 2005 die Zahl der »Anordnungen zur Überwachung der Telekommunikation«. Heute werden pro Jahr etwa – ganz offiziell, d.h. behördlich organisiert, richterlich genehmigt und parlamentarisch überwacht – 45.000 Anschlüsse und eine Million Gespräche abgehört (Kurz/Rieger 2011: 121). Das enorme Wachstum der Praxis liegt sicherlich auch in der Technik selbst begründet. Es werden schlicht mehr Telefone überwacht, weil es durch die Digitalisierung des Telefonnetzes einfacher möglich ist. Nicht mehr jedes Gespräch muss komplett mitgehört werden, sondern es kann automatisiert verfolgt und nur beim Auftauchen vorgegebener Schlüsselwörter einem menschlichen Ermittler zugeführt werden.

Mit der zunehmenden Verlagerung von Kommunikation und Konsum in die digitale Welt wird auch die Überwachung des Online-Verhaltens von Individuen und die wirtschaftliche und sicherheitsstrategische Nutzbarmachung des gewonnen Wissens immer wichtiger. Das Internet profitiert zwar bis heute von seinem Gründungsmythos als Plattform freier und gleicher Kommunikation ohne Machtstrukturen und kommerzielle Interessen. Tatsächlich aber betreiben die Anbieter im Netz keine intentionslosen Kommunikationsinfrastrukturen, sondern sie sind gewinnorientierte Unternehmen (Aspray/Ceruzzi 2008; Friedewald 2000; Kirpal/Vogel 2006). Das Modell der Internetfirmen zur Erzielung von Erlösen ist die Werbung und die Steuerung des Nutzers der Webseiten hin zu von ihnen gewünschten Konsumentscheidungen in der physischen Welt. Die Werbetreibenden, nicht die Nutzer sind also die Kunden der Unternehmen, die Nutzer bzw. das Wissen über deren Verhalten sind ihr Kapital.

Die Botschaften, die Nutzer durchs Netz senden, sei es durch selbst verfasste Beiträge in Sozialen Netzwerken, E-Mails, Webanwendungen wie Online-Einkäufe oder Homebanking, Suchmaschinen-Verwendung, Besuch von Webseiten oder die Nutzung von mobilen Kommunikationsgeräten, werden irgendwo gespeichert. Internetfirmen werten diese persönlichen digitalen Spuren aus. Google und Facebook etwa personalisieren so ihr Angebot für jeden Nutzer, handeln aber auch mit den Daten und stellen sie anderen Unternehmen zur personalisierten Werbung zur Verfügung (Bloching et al. 2012; Grimm 2012). Ihre Automation macht die Auswertung und Nutzung von Daten so unaufwendig, dass sie ökonomisch sinnvoll ist, und dazu so selbstverständlich, eben automatisch, dass moralische Zweifel gar nicht erst aufkommen.

Für den Nutzer bleibt jedoch intransparent, was mit seinen Datenspuren geschieht. Er wird zum gesteuerten Objekt, indem die Anbieter seine Informationsaufnahme kanalisieren. Die Dienste steuern seine Aufmerksamkeit und erleichtern ihm somit die Orientierung im Informationsdschungel. Aufgrund von Wissen über vorhergegangene Entscheidungen und Interessen berechnen Algorithmen die zu jedem Individuum passenden Angebote und schlagen sie ihm vor. Ein nachvollziehbares Beispiel sind Webradios, die nur Musik spielen, die dem Nutzer auch gefällt. Mit dieser Technik wird ihm aber die Möglichkeit genommen, sich selbständig und kreativ weiterzuentwickeln (Spinola 2012). Zudem ist zu befürchten, dass ihn nicht immer die für ihn vorteilhaften Informationen erreichen, sondern die, die für den kommerziellen Dienstanbieter von Vorteil sind (Kotteder 2011: 180). Das Individuum befindet sich in einer ökonomisch motivierten, selbstverschuldeten Unmündigkeit und ist als reiner Kunde verfasst. Es ist Teil einer gesamtgesellschaftlichen Ökonomisierung, eines Prozesses, bei dem die Macht zur Lenkung von Menschen von staatlichen und politischen zu unternehmerischen Instanzen übergeht und bei dem die Strukturen einer Gesellschaft nach dem Ideal der Gewinnmaximierung aufgebaut werden.

Sichtbarkeit des öffentlichen Raums: Videoüberwachung

Die Sichtbarmachung des öffentlichen Raums hat eine Tradition durch die gesamte Moderne hindurch. Die direkte Präsenz der Staatsgewalt in Form von Polizeistreifen in vormals nicht zu durchschauenden Stadtvierteln ist gleichsam ein Grundstein der verwaltungsmäßigen Durchdringung und Ordnung des Gemeinwesens (Raphael 2000: 130-185). Doch auch technisch unterstützt wurden die Räume des Nicht-Einsehbaren bereits im 19. Jahrhundert zunehmend verringert, sei es durch die Polizeiarbeit unterstützende Kommunikationsmittel, sei es durch die Verbesserung der Infrastruktur, etwa die Beleuchtung der Straßen. Paradoxerweise stieg mit diesem Herrschaftsinstrument auch das liberale, auf Autonomie bedachte Bürgertum als führende Gesellschaftsgruppe und Ideal eines individuellen Lebensentwurfs auf (Otter 2008). Das Individuum konnte nicht nur besser gesehen werden, sondern auch selbst mehr sehen. Der Benjaminsche Typus des Flaneurs, der scheinbar ziellos umherstreifende, dabei aber die Phänomene um sich erkennende und analysierende Bürger, ist nur in einer beleuchteten Stadt denkbar. Sichtbarmachen ist nicht nur eine Technik, um Individuen zu identifizieren und in bestehende Normen zu zwängen, sondern auch eine, mittels derer sich das Individuum aktiv präsentiert.

Videoüberwachung gehört in diese Tradition und stellt als aktuelle Form des Sichtbarmachens öffentlicher Räume eine neue Form des Panoptismus dar (Kammerer 2008; Zurawski 2011). Entsprechend hilft diese Form der Überwachung nicht nur unüberschaubare gesellschaftliche Prozesse zu ordnen, sondern sie diszipliniert Menschen, die sich durch die Kameras jederzeit ertappt fühlen, und vertreibt Devianz, etwa Biertrinker oder Skateboarder, von öffentlichen Plätzen und aus Einkaufscentern. Wenn aber die Regulierung der Gesellschaft das Ziel des Kontrollhandelns ist, dann ist dessen Produkt die »Gated Community« (Frehe 2010: 22). Ins Extreme gedacht, bringt die Entprivatisierung des Individuums, seine ständige Sichtbarkeit eine absolute Funktionalisierung des Menschen in einen von außen vorgegebenen Katalog von Verhaltensnormen und damit das Ende der offenen Gesellschaft mit sich.

Gerade im wirtschaftlichen Umfeld ist dieses Phänomen bereits verbreitet. Videoüberwachung durch Unternehmen nach innen und außen zeigt deren Anspruch auf totale Kontrolle der Geschäftssituation. Durch sie fühlen sich die Unternehmen geschützt gegen alles, was ihren Zielen entgegensteht, ob leistungsverweigernde Mitarbeiter, Diebstahl, Überfälle oder Herumlungernde. Und sie können das Kaufverhalten ihrer Kunden analysieren und ihr Angebot optimieren. Somit wird die Videoüberwachung zum Symbol der Objektivierung und Ökonomisierung des Menschen.

Eine neue Qualität erreicht die Sichtbarmachung und Identifikation von Menschen durch die Vereinigung mit Datenbeständen aus der digitalen Welt. Derzeit erforschen Ingenieure diverser europäischer Hochschulen und Unternehmen in dem Projekt »INDECT« (Intelligent information system supporting observation, searching and detection for security of citizens in urban environment), wie stationäre und mobile Kameras automatisch abnormes Verhalten erkennen, dokumentieren und Strafverfolgungsbehörden alarmieren können (Biermann 2009; http://www.indect-project.eu; http://www.stopp-indect.info). Zur Bewertung der Gefahren und Gefährder greifen die Algorithmen auf unterschiedliche Quellen zu, etwa Melderegister oder Internetspuren. Kritik an diesem Konzept ruft insbesondere hervor, dass das Projekt und das Design des zu entwickelnden Systems nicht transparent sind. Ohne zivilgesellschaftliche Gegenkontrolle werde der gläserne Bürger geschaffen, der bei jedem nicht näher definierten devianten Verhalten die Aufmerksamkeit staatlicher Computerermittlung errege.

Wenn jeder erkannt wird und sich niemand mehr anonym in der Öffentlichkeit bewegen kann, spielt es aus Sicht der Überwachten gar keine Rolle, dass durch unterschiedliche Kameras ganz unterschiedliche Überwacher blicken, mal staatliche, mal unternehmerische. Allein die Möglichkeit, dass das Verhalten ständig nach seiner Normhaftigkeit geprüft wird, diszipliniert das Individuum im Foucaultschen Sinne.

Nicht-materielle Techniken

Der Normalitätsdiskurs ist die bedeutendste ideelle Grundlage der Disziplinierung von Menschen und damit der Einpassung von Individuen in kollektive Denk- und Handlungsmuster. Was normal ist und was deviant, lernen bereits kleine Kinder und dies verstärkt, wenn sie in öffentlichen Instituten unterrichtet werden. Kinder und Jugendliche galten durch die gesamte Moderne hindurch als zu ordnende Objekte, die von oben herab moralisch gesellschaftsfähig und fit für den Markt gemacht werden müssen. Als Ausdruck eines dementsprechenden staatlichen Steuerungsanspruchs wurde zwischen dem 16. und dem 19. Jahrhundert in deutschen Staaten die Schulpflicht eingeführt (Reinhard 1999: 405).

Weil Jugendliche gerade in Gruppen immer auch als potentielle Störer der Ordnung gesehen wurden, kodifizierte das deutsche Kaiserreich in den 1890er Jahren einen Jugendschutz und etablierte eine staatliche geförderte Jugendarbeit. Auch danach, ob in der Weimarer Republik, dem NS, der DDR oder der BRD – Verwahrlosung schien stets im familiären Versagen gesellschaftlicher Integration zu liegen, und als Lösung wurde die Herauslösung der Jugendlichen aus ihren Strukturen, die Beaufsichtigung durch staatliche Institutionen und die Disziplinierung der Jugendlichen durch Arbeit gesehen (Kebbedies 2000). Hier zeigte der Sozialstaat seinen Anspruch auf Allzuständigkeit und seine Vision der totalen Kontrollierbarkeit.

Die DDR weitete ihren Erziehungsanspruch auf die gesamte Bevölkerung aus und baute in autoritärer Tradition neben der Schule und der Justiz auf das Militär als disziplinierende Instanz. Der Habitus des Kampfes gegen Systemfeinde im Innern und nach außen zog sich durch alle Teile der Gesellschaft und verfestigte hierarchische Strukturen, fehlende demokratische Partizipation der Bevölkerung und deren Integration im Sinne der SED-Ideologie (Giesecke 2003: 1013; Sélitrenny 2003). Auch die faktische Arbeitspflicht in der DDR war ein Mittel, um Angehörige delinquenter Milieus, »Arbeitsscheue« und »Asoziale«, aus ihrem Umfeld zu lösen und zu funktionierenden Gliedern der Gesellschaft zu machen.

Egal ob autoritär oder demokratisch verfasst, Versuche, das Denken und Reden der Menschen im Sinne einer bestehenden Herrschaft zu beeinflussen, sind in jeder Gesellschaft der Moderne zu finden. Wer die Macht hat, die öffentliche Meinung und damit das Denken der Individuen zu steuern, lenkt die Gesellschaft. Aus Sicht der Gesteuerten trägt diese eher informelle Art der Herrschaft zur Konsensstiftung bei und vermittelt nur bei denen ein Gefühl der Unterdrückung, die zwangsweise in die Norm eingepasst werden.

Verbreitete Praktiken der Meinungssteuerung sind die Zensur von und die Propaganda durch Massenmedien, die die gesamte Neuzeit hindurch Herrschaftsprogramm waren. Zeitungen drucken durfte nur, wer dafür ein herrschaftliches Privileg besaß, und das erhielten nur loyale Untertanen. Schon Kardinal Richelieu veranlasste 1631 selbst die Gründung der »Gazette«, einer der ersten Zeitungen im modernen Sinn, die wöchentlich erschien und in Frankreich das Monopol auf politische Information besaß (Reinhard 1999: 396). Andererseits waren Zeitungen von Anfang an im Besitz privater Unternehmer, und sie adressierten ein breites Publikum, diversifizierten und demokratisierten dadurch das Wissen über die Politik (Weber 1994: 21), waren also ebenso ein Medium des staatlichen Kontrollverlusts. Analog dazu war Zensur nicht nur ein staatliches Herrschaftsinstrument, sondern auch ein Mittel des Bürgertums gegen »Unmoral, Hetze und Klassenkampf« (zit. n. Raphael 2000: 107), d.h. um herrschende moralische und politische Normen durchzusetzen. Allerdings konnten diese Steuerungsversuche die politisch-ideologischen Veränderungen des 19. Jahrhunderts, etwa den Aufstieg des Sozialismus, nicht aufhalten.

Eine neue Qualität der Meinungssteuerung brachte der NS mit sich, sowohl in seinem Anspruch auf ideologische Gleichschaltung als auch in der Durchsetzung mittels eines Terrors gegen die eigene Bevölkerung durch die Gestapo. Doch er setzte seine Herrschaft nicht nur mittels Zwang durch, sondern baute auch auf ideologischen Konsens. »Gehorsam aus Überzeugung« (Ruckenbiel 2003: 194) sollte erzielt werden, indem der Propagandaapparat politische Erfolge ausschlachtete, etwa die Verringerung von Arbeitslosigkeit und den Aufstieg Deutschlands in der internationalen Politik, aber auch indem das System an bestehende kleinbürgerliche Werte anknüpfte. Einseitige massenmediale Berichterstattung war dafür genauso wichtig wie das Erteilen und Durchsetzen von Sprechverboten.

Die traditionelle Vorstellung, die Massenmedien und durch sie die kollektive Meinung umfassend kontrollieren zu können, lebte auch in der BRD fort. Die Regierung Adenauer setzte in ihrem Kurs der Westanbindung paradoxerweise stark auf das überkommene Mittel der kollektiven Meinungssteuerung, und sie wurde durch die Hoffnung der Besatzungsmächte auf »Reeducation« darin sogar noch bestärkt. Doch konkrete Vorhaben wie eine Rundfunkzentralisierung oder die Errichtung eines Informationsministeriums scheiterten an der Emanzipation der Medien als eigenständige Macht und dem Entstehen einer kritischen Öffentlichkeit (Hodenberg 2006). In den 1950ern und 1960ern bildete sich eine Pluralität der Meinungen und Meinungsführerschaften. Genannt seien hier nur die *BILD*-Zeitung, der *Spiegel*, die Studentenbewegung, aber auch die Medienkonsumenten selbst, die ihre Macht im Quotendruck auf die Produzenten ausübten. Trotz rigiderer Meinungspolitik ist auch für die DDR ein ähnlicher Prozess des Kontrollverlusts über den öffentlichen Diskurs zu konstatieren (Bösch 2004: 203). Die zunehmende Verbreitung des Fernsehens und die Diversifizierung des medialen Angebots machten eine zentrale Steuerung unmöglich.

Der Wunsch, Meinungen über Medien einseitig zu steuern, ist bis heute verbreitet, ob unter Politikern oder sonstigen Eliten, die im Zentrum der öffentlichen Aufmerksamkeit stehen. Dabei sind Versuche der Zensur in der Regel geradezu kontraproduktiv. Wenn sich ein traditioneller Meinungsführer gegen missliebige Berichterstattung wehrt, indem er deren Verbreitung unterbinden will, liefert er dem Angreifenden ein zusätzliches Argument gegen ihn. Gerade durch die offenen Kanäle des Internets wird der Angreifer immer einen Weg finden, sein Argument auch öffentlich zu machen und durch die Empörung der Massen die Machtverhältnisse der Meinungssteuerung umzukehren (Pörksen/Detel 2012: 205). Andererseits gelingt es zentralen Meinungsführern immer wieder, zumindest zeitweise kollektive Meinungen, oft Hysterien, zu erzeugen, die einem staatlichen oder wirtschaftlichen Zweck dienen, etwa den »War on Terror« (Chomsky 2010). Die Methode dieser positiven Meinungssteuerung in einer pluralen Öffentlichkeit ist die schiere Menge des Gesendeten. Durch dauerhafte Indoktrination mit einem bestimmten Thema und einer bestimmten Meinung erreicht diese eine kritische Masse der Aufmerksamkeit, die sie Mainstream werden lassen. So gelingt es auch, einen Kanon moralischer Werte durch massenmediale Berichterstattung über Fehlverhalten, meist von Prominenten, als Abschreckung aufzubauen (Martenstein 2012).

Auch nichtmedial ist die gegenseitige Überwachung und Bewertung des Verhaltens der Menschen von gleich zu gleich ein wichtiges Mittel zur sozialen Integration, zur Herstellung eines Konsenses und damit auch ein Weg zur Homogenisierung des Verhaltens. Eine positive Steuerung liegt vor, wenn ein Konsensdruck aufgebaut wird, wenn also jeder, der zu einer Gesellschaft gehören will, sich dem Konsens entsprechend verhalten muss. Negative soziale Steuerung ist die Denunziation, d.h. die freiwillige Anzeige devianten Verhaltens durch Privatpersonen bei staatlichen Stellen, in der Regel der Polizei, die dann Korrekturmaßnahmen zur Eingliederung des Delinquenten in die Norm ergreift.

Das Motiv für diese soziale Kontrolle ist meist ein ideologisches, deviante Personen sollen in eine von der Mehrheit geglaubte Norm gezwängt werden. Doch die technischen Möglichkeiten, Wissen über Fremde zu erlangen, erzeugen auch von sich aus Bedürfnisse und damit neue kulturelle Praktiken: Je mehr ein Mensch über andere wissen kann, desto näher kommen sie ihm und desto mehr interessiert er sich für sie. Zudem befördert die Möglichkeit billigen Erwerbs von Überwachungstechniken und ihre einfache Nutzung ihre Verbreitung und senkt gleichzeitig die moralischen Hemmschwellen, sie einzusetzen. Mädchen werden in Umkleidekabinen gefilmt (Gnegel 2011), Mitarbeiter und Kunden von Supermärkten werden überwacht (Amann/Tietz 2012), schlicht weil es möglich ist.

2 Das Individuum im System der Kontrolle

Kontrolle ist ein gesellschaftsbildendes, aber stets asymmetrisches Wissenssystem. Wer etwas über jemanden weiß, hat Macht über diesen und desto mehr Macht, je weniger der andere über ihn weiß. Alle gesellschaftlichen Kräfte und insbesondere Staat und Unternehmen versuchen, diese Macht an sich zu reißen, und verringern dadurch den Raum des Uneinsehbaren jedes Einzelnen. Doch jedes Individuum ist auch selbst Kontrollakteur. Es übt als Teil eines Kollektivs soziale

Kontrolle aus, versucht aber in einer gegenläufigen Tendenz, sich seine Selbständigkeit gegen den Druck von außen zu bewahren. Und nicht zuletzt nutzt es die durch die Kontrolltechniken entstandene Sichtbarkeit bewusst, um sich der Öffentlichkeit zu präsentieren. Diesen ganz unterschiedlichen Stoßrichtungen im Feld von Privatheit und Öffentlichkeit soll im Folgenden nachgegangen werden.

Abwehr des Kontrollzugriffs

Ein wesentliches Merkmal von Rechtsstaatlichkeit ist es, dass der Zugriff der Exekutive auf den Bürger beschränkt wird und ihm juristisch ein gewisser Grad an Freiheit garantiert ist. Das Recht auf Privatsphäre wurde diskutiert, seit die moderne Staatsgewalt und das moderne Individuum gleichzeitig aufstiegen und kulturprägend wurden. Die Ebene der informationellen Privatheit fand aber erst in der zweiten Hälfte des 20. Jahrhunderts Eingang ins geschriebene Recht, erstmals 1970 im Hessischen Datenschutzgesetz (vgl. Frohman in diesem Band). Auf Bundesebene ist der Umgang mit Informationen über eine Person durch das Bundesdatenschutzgesetz von 1978 geregelt. Seit 1983 gilt der Datenschutz qua Spruch des Bundesverfassungsgerichts als Grundrecht. Die Richter begrenzten den behördlichen Wissensdurst im Rahmen der geplanten Volkszählung, denn wer sich ständig überwacht fühle, verhalte sich massenkonform. Dies widerspreche dem Grundrecht auf freie Entfaltung der Persönlichkeit und informationelle Selbstbestimmung.[2] In einer Reform des BDSG von 2001 wurde das Prinzip »Datenvermeidung und Datensparsamkeit« eingeführt, d. h. jedes datenverarbeitende System soll daraufhin konzipiert werden, nicht mehr Daten zu erheben und zu speichern als für seinen Einsatzzweck nötig. Nicht nur die Kontrolltechniken werden also ausgeweitet, sondern auch die Techniken zu deren Eindämmung.

Genauso wichtig wie diese formal-juristische Ebene ist eine öffentliche inhaltliche Auseinandersetzung mit dem Zugriff auf das Individuum und die Sensibilisierung für den Wert freier, nicht fremdgesteu-

---

2 Siehe den Gesetzestext bei http://www.bfdi.bund.de/DE/GesetzeUnd Rechtsprechung/Rechtsprechung/BDSGDatenschutzAllgemein/Artikel/ 151283_VolkszaehlungsUrteil.html;jsessionid=28FC7B50A880972DC CFD1EA0CD0D04A0.1_cid136?nn=1236576. Das zugrundeliegende Grundrecht ist Art. 2, Abs. 1 GG: »Jeder hat das Recht auf die freie Entfaltung seiner Persönlichkeit [...]«.

erter Entfaltung der Persönlichkeit. Damit sich eine offene Gesellschaft entwickeln kann, müssen sich zivilgesellschaftliche Organisationen etablieren, die staatliche und unternehmerische Kontrolle einhegen.

Ein Beispiel ist FoeBuD, der Verein zur Förderung des öffentlichen bewegten und unbewegten Datenverkehrs, der jedes Jahr den Big Brother Award für Verstöße gegen »die Privatsphäre von Menschen« verleiht. Die Macht solcher Organisationen ist nicht offiziell und physisch wie die der Staatsgewalt und nicht finanziell wie die der Unternehmen, sondern informell. Sie verleihen dem Thema Aufmerksamkeit und regen »die öffentliche Diskussion um Privatsphäre und Datenschutz« (http://www.bigbrotherawards.de) an. Die Kontrolle der Kontrolleure kann auch spontan erfolgen, wenn Bürger gegen konkrete staatliche Eingriffe protestieren. Die Reaktionen lassen in ihrer Ausprägung und ihrem Inhalt den Grad der Diszipliniertheit und Sozialisierung bzw. den Drang zur individuellen Freiheit erkennen.

Kontrolle ist nicht nur eine Praktik von oben nach unten, die das Individuum akzeptiert oder gegen die es sich wehrt. Sie kann auch Element einer liberal-demokratischen Verfasstheit der Gesellschaft sein, wenn sie bottom up eingesetzt wird. Einzelpersonen können die Überwacher selbst überwachen – und tun dies aufgrund der technischen Möglichkeit einfacher Produktion und Veröffentlichung, etwa mit Handyfilmen und YouTube, immer mehr. Sie demaskieren dadurch einen Kontrollwahn der Staatsgewalt, liefern juristisch verwertbares Material im Fall von Gesetzesübertretungen und tragen zur Sensibilisierung der Bevölkerung bei (Rudlstorfer 2011: 170). An dieser Macht von unten kommen in einer Demokratie staatliche Kontrollansprüche nicht ohne weiteres vorbei. Der offene, nicht herrschaftlich gelenkte Diskurs und die Gegenüberwachung sind die Techniken, durch die sich eine liberale von einer autoritären Gesellschaft unterscheidet, und sie prägen die Möglichkeit zur freien, selbstbestimmten Gestaltung der Persönlichkeit im Lichte der Öffentlichkeit stärker als der staatliche Zugriff auf den Menschen (Wiedemann 2011: 123). Denn dieser ist, wie oben gesehen, prinzipiell ein illiberaler und unterscheidet sich nur graduell je nach Staatsform und Machtbefugnissen der Exekutive.

Neue Verhaltensformen in einer panoptischen Welt

Neben einer dezidierten Reaktion auf den staatlichen oder unternehmerischen Kontrollzugriff bilden sich parallel zu diesen neue Kommunikationssysteme heraus, die relativ unabhängig von staatlichem Einfluss funktionieren. Wilde Kommunikation, die nicht von einer zentralen Meinungsführerschaft, sondern bottom up von allen Teilnehmern und Teil-Wissenden gesteuert wird, bietet die Möglichkeit zur Meinungsbildung im »herrschaftsfreien Diskurs«, ist also eine positive Form der Abwehr staatlicher oder unternehmerischer Kontrolle und erfolgt meist eher subtil, wenig spektakulär, unreflektiert und dadurch auch ohne sichtbare Spuren. Foren können Vereine oder gänzlich informelle Strukturen sein, z. B. in der Bevölkerung kursierende Gerüchte (Altenhöner 2008).

Gerade das Internet scheint der Raum schlechthin für eine solche nicht kontrollierte Kommunikation, ist doch die Netzöffentlichkeit ein neues nichtstaatlich geprägtes Sozialsystem, das in sich (noch) wenige Kontrolltechniken besitzt, und gehören spezifische »Formen der dezentralen Selbstregulierung« (Friedewald 2000: 336) doch zum Gründungsmythos des Internets. Nicht von einer Zentralmacht gesteuerte informationelle Prozesse, etwa Debatten in Online-Foren, können einen neuen Weg der Meinungsbildung von unten, unabhängig von professionellen Meinungsführern schaffen und gerade in autoritär regierten Staaten ein Medium der Demokratisierung darstellen. Andererseits sollte man die Freiheit und Selbstregulierung des Diskurses im Netz nicht überbewerten oder verklären. Denn Debatten ufern oft aus, werden beleidigend und sind nicht zielführend, weil der fehlende direkte zwischenmenschliche Kontakt Hemmschwellen sinken lässt und der Diskurs kaum von einer Autorität gelenkt ist. In jedem Fall aber bilden sich neue Meinungsführer heraus, die mit den Techniken des Netzdiskurses umgehen und diesen lenken können.

Ein Extrem dieser Netzöffentlichkeit bildet die Post Privacy Bewegung. Ihre Grundidee lässt sich so zusammenfassen: Wenn technisch die totale Überwachung möglich ist, aber jede Einschränkung des Datenverkehrs Zensur wäre, dann bleibt als Alternative nur noch die totale Transparenz. Die aktive Veröffentlichung der gesamten Persönlichkeit wird demnach als Antwort auf staatlichen und unternehmerischen Zugriff verstanden. Nur dieses Verhalten ermögliche eine tolerante und interaktive Gesellschaft, in der sich die Individuen füreinander interessieren und sich um ihre Mitmenschen kümmern. Ein Beispiel ist Christian Heller, der sein Leben in einem Blog veröffentlicht, bis hinein in detaillierte Aufstellungen seines Tagesablaufs und seiner finanziellen Ausgaben (http://www.plomlompom.de). Dies hätte ihm bisher keine Nachteile eingebracht: »Ich lebe nicht im Iran oder in China, bin kein Revolutionär und kein Dissident. Ich bin ein privilegiert lebender weißer Mann in Berlin, ich habe nichts zu fürchten« (zit. n. Pham/Rosenfeld 2012). Wenn aber im Umkehrschluss nur die Personen unbehelligt in die Öffentlichkeit gehen können, die einer kulturellen, weltanschaulichen und biologischen Mehrheit angehören und die von dieser gesetzte Normen befolgen, dann befördert diese Transparenz nichts anderes als Konformismus und unterdrückt sämtliche Minderheiten.

Neben der Möglichkeit, Wissen über Mitmenschen zu erwerben, also selbst ein Kontrollakteur zu werden, zeichnet den modernen Mensch noch eine weitere spezifisch moderne Kontrolltechnik aus: Er will ein Bild von der eigenen Persönlichkeit in der Öffentlichkeit aufbauen und so die Wahrnehmung anderer über sich kontrollieren. Er will und muss wahrgenommen werden, um sich von anderen zu unterscheiden und dadurch erst zum Individuum zu werden. Er benötigt Foren und Plattformen, um sich zu präsentieren, sich gleichermaßen seiner Einmaligkeit wie Zugehörigkeit zu einer Gemeinschaft zu vergewissern und sein Selbstverständnis und seine vorab gewonnenen Überzeugungen öffentlich zu machen, um andere von sich und seinen Ansichten zu überzeugen. Entsprechende Vertreter aus der vor-digitalen Welt sind Wanderprediger, Stammtischredner oder Leserbriefschreiber. Das Internet ist nun ein bedeutender Katalysator dieser gewollten Sozialkontrolle, weil es Plattformen der Aufmerksamkeit liefert. Nicht zufällig lautet der programmatische Anspruch von YouTube »Broadcast Yourself«. Das Denkmodell des Panoptikums wird dadurch fundamental verändert. Überwacher und Überwachte verschmelzen, Menschen präsentieren Bilder von sich selbst und liefern sich damit der Sichtbarkeit durch andere aus.

Das Bild von der eigenen Persönlichkeit in der Öffentlichkeit tatsächlich zu kontrollieren, ist jedoch schwer. Denn der Akt, Informationen über sich ins Netz zu stellen, hat für den Sender den ephemeren und ungezwungenen Charakter mündlicher Kommunikation, was veröffentlicht wird, wird meist in seinen Konsequenzen nicht vollständig durchdacht. Im Gegensatz zu dieser Flüchtigkeit werden die dabei entstehenden digitalen Daten dauerhaft fixiert (Pörksen/Detel 2012: 236). Das Material ist unabhängig von seinem physischen Träger, leicht zu bewegen, zu vervielfältigen und unbegrenzt zu speichern, bei jeder Gelegenheit wieder hervorzuholen und nicht zuletzt beliebig zu verändern. Das Netz besitzt also nicht nur ein »Elefantengedächtnis« (u. a. Kurz/Rieger 2011: 253), einmal getätigte Aussagen und Handlungen können in der digitalen Welt auch räumlich, zeitlich und sozial dekontextualisiert werden. Alles, was getan oder gesagt wurde, kann in einem völlig anderen kulturellen Kontext neu interpretiert und gegen den ursprünglichen Sender verwendet werden.

Aus der Präsentation der Persönlichkeit im Internet entsteht eine neue Form der Öffentlichkeit, eine ständige soziale Kontrolle. Je weniger Rückzug ins Private, je seltener ein Mensch sich nicht einsehbar fühlt und je mehr Möglichkeiten der Selbstdarstellung er hat, desto stärker ist sein Zwang zur Inszenierung des Selbst, ja zur Erfindung eines öffentlichen Selbst (Bidlo 2011: 39). Im Extremfall steht er ständig, auch in seinem Privatbereich unter dem Druck, ein öffentlichkeitswirksames Bild von sich aufzubauen bzw. zu wahren. Er spielt ständig eine Rolle, ohne genau zu wissen, wer sein Publikum ist und wie es seine Inszenierung bewerten wird. Ein Medium für diese Präsentation des Privaten ist Facebook, und eine signifikante Technik die Bildtelefonie, heute verbreitet durch das Programm »Skype«.[3] Sie repräsentiert den selbst gewählten Eingriff von Kommunikationstechniken in den privaten Haushalt: Dass Außenstehende nicht mehr nur auditive, sondern auch visuelle Signale erhalten, verändert die Privatsphäre massiv, erhöht den Druck, auch in den eigenen vier Wänden das Bild eines leistungsstarken Bürgers aufrecht zu erhalten.

Die Selbstkontrolle ist demnach auch eine entscheidende gesellschaftsbildende Technik unserer Zeit. Jedes Individuum achtet selbst darauf, in den gegebenen Normenkatalog zu passen und die extern erwartete Leistung zu erbringen. Ob bewusst oder unbewusst, das Individuum diszipliniert sich heute, da Staat und Religion als Autoritäten schwinden, stärker denn je selbst. An die Stelle von Glaube und Gehorsam gegenüber einer höheren Instanz ist ein Ethos des Leistens und Schaffens getreten, das auf dem Ideologem des selbständigen und selbstverantwortlichen modernen Individuums basiert. Dies scheint in eine neoliberale Ideologie zu passen. Allerdings formuliert in der Regel nicht das Individuum die Ziele und Ideale seines Handelns, sondern äußere Mächte, etwa wenn ihm andauernde Werbung einen Konsumzwang indoktriniert, oder wenn es an ein tradiertes protestantisches Leistungsethos glaubt. Die Selbstkontrolle entpuppt sich dann als Fremdsteuerung und als soziale Kontrolle lediglich unter Internalisierung eines Sklaventreibers.

---

[3] Literarisch reflektiert dieses Phänomen David Foster Wallace (2009: 207-216). Die Theatermetaphorik ist in der Soziologie ein Klassiker (vgl. Erving Goffman 2003 [1959]). Als Krankheit des Scheiterns an diesem ständigen Präsentationszwang wird die Depression beschrieben bei Alain Ehrenberg (2004).

3 Fazit

Unbestritten ist eine fortschreitende Möglichkeit der Kontrolle durch immer funktionellere, leichter zu erwerbende und handzuhabende Techniken des Überwachens. Eine stetig sich verbessernde Erfassung, Verarbeitung, Speicherung und Wiederfindbarkeit von Daten über ein Individuum vereinfacht die Abläufe der Kontrolle. Zudem können die Daten einzelner Systeme immer stärker vernetzt werden, wodurch das Wissen über einen Menschen immer umfassender wird. In einer zweiten technikhistorischen Tendenz wird der Mensch immer stärker technisch substituiert, er lebt mit Maschinen, die ihn in seinen geistigen und kommunikativen Handlungen unterstützen, und wird so zu einem soziotechnischen Wesen. Die ihn umgebenden Techniken zeichnen seine Handlungen auf und können somit nicht nur unterstützend, sondern auch überwachend wirken. Bedroht ist dadurch der Raum des Privaten, Uneinsehbaren, wo das Individuum sich unabhängig vom Normierungs- und Ökonomisierungsdruck staatlicher, unternehmerischer und sozialer Kontrolle entfalten und entwickeln, Ideen, Pläne und Ziele entwerfen, sich ohne Inszenierungsdruck gehen lassen und Energie für neue Präsentationssituationen sammeln kann.

Die Ausweitung der Technik ist aber noch keine zwingende Notwendigkeit für eine Vergrößerung der Kontrollsituation. Sicherlich ist den technischen Möglichkeiten immer auch eine Eigendynamik immanent, d.h. Technik schafft von sich aus neue Bedürfnisse und begründet damit einen kulturellen Wandel im Umgang mit Privatsphäre. Nicht fest steht allerdings, ob es auch einen linearen ideologischen Wandel in Bezug auf die Notwendigkeit der Überwachung und Steuerung von Menschen auf der Akteurs- und Objektseite gab. Leben wir in einer Gesellschaft, die immer mehr Bedarf nach ökonomischer und moralischer Zurichtung ihrer Mitglieder sieht? Wird die Dringlichkeit der Überwachung immer höher eingestuft und dadurch die Freiheit des Individuums immer stärker beschnitten? Oder haben sich die sicherheitstechnischen, moralischen und ökonomischen Normen nur verändert, sind aber in ihrer Zugriffsintensität auf das Individuum gleich geblieben? Unter Vergleich aktueller und historischer Debatten spricht einiges dafür. Die ideologisch-moralischen Normengrenzen sind in freiheitlich-demokratischen Gesellschaften wohl weiter geworden, auch weil keine hegemonialen Leitbilder und Welterklärungsmodelle mehr bestehen. Homosexuelle Partnerschaften sind z.B. öffentlich weitgehend akzeptiert. Auch die Debatten um die Kontrolliertheit des Individuums und die einflussreichen zivilgesellschaftlichen Organisationen können als Zeichen der Eindämmung des staatlichen und öffentlichen Zugriffs und der gesteigerten Sensibilität für das Recht auf Privatsphäre und individuelle Freiheit gedeutet werden. Umgekehrt hat sich der ökonomisch motivierte Zugriff auf das Individuum verstärkt – z. B. wird Rauchen weithin geächtet, weil es die körperliche Leistungsfähigkeit einschränkt und Raucher als potenzielle Krankheitsfälle der Allgemeinheit auf der Tasche liegen könnten.

Diese ökonomistische Fremdsteuerung richtet sich gegen den aufgeklärten, selbstverantwortlich handelnden modernen Bürger. An seine Stelle sind die Typen eines nach externen Bedürfnissen verfassten Konsumenten und eines an vorgegebenen Idealen orientierten Leistungserbringers getreten. Dabei spielt es keine Rolle, ob das Individuum von einer zentralen Instanz, einem »Big Brother«, oder vielen unterschiedlichen »Little Sisters« beobachtet wird. Entscheidend ist allein, dass es ständig von irgendwem bewertet wird. Diese dauerhafte Situation verändert das Reden und Handeln sogar ohne direkte Androhung einer Strafmaßnahme beim Übertreten einer Norm, macht die strafende Instanz überflüssig und schafft das sich selbst an externen Vorgaben regulierende Individuum. Denn wer immer in einer Position des sich Präsentierens ist, der wird sein Verhalten darauf abstimmen, was sein »Publikum«, Staat, Unternehmen oder Mitmenschen, von ihm erwartet.

Wenn das Individuum diese ökonomistische Leistungs- und Präsentationsideologie glaubt, dann wird es diese Situation nicht als unbotmäßigen Zugriff auf seine Persönlichkeit und Privatheit wahrnehmen. Spürbar wird die Kontrolliertheit erst, wenn man an die Grenzen der Normen gerät und die externen Erwartungen nicht erfüllen kann oder will. Um mit dieser Situation des ständigen Sichtbarseins umzugehen, muss der Einsatz der Kontrolltechniken weiterhin und vielleicht immer mehr diskursiv und rechtlich reflektiert und beschränkt werden, damit die Kontrollsituation nicht ins Totale ausgeweitet wird. Eine zentrale Datenspeicherung und -abrufbarkeit muss ausgeschlossen werden. Das Datenschutzgesetz muss eingehalten und die Durchschaubarkeit der angefallenen Daten für den Überwachten garantiert werden. Entscheidend aber ist, dass jedes Individuum neue Umgangsformen, neue Verhaltensregeln in der informationellen Öffentlichkeit lernen muss. Wenn z. B. kommerzielle Unternehmen Dienstleistungen für die Orientierung im Alltag übernehmen, muss jeder die Intentionen hinter den eingehenden Informationen bewerten können und freie Konsumentscheidungen treffen lernen. Jeder aufgeklärte Mensch muss sich als selbstverantwortlicher Akteur in einer Informationsgesellschaft verstehen und seine persönlichen Daten als wertvolles Gut betrachten, um die Kontrolle über sein Leben, ob in der digitalen oder der physischen Welt, zu behalten.

Hans Jörg Schmidt
Mark Zuckerberg und die alten Römer
Oder: Utopie der Offenheit und Historisierung des Privaten im ›digitalen Zeitalter‹

In einem Interview mit *Vanity Fair* daraufhin befragt, ob man von den Römern etwas für das Internetzeitalter lernen könne, antwortete der bestens in Latein und Altgriechisch geschulte Mark Elliot Zuckerberg, Innovator des Sozialen Netzwerkes Facebook:

> »Durchaus. Im alten Rom hatte der Begriff des Privaten eine negative Note: Man ging davon aus, dass Dinge, die man nicht öffentlich macht, Dinge sind, die man verbergen will. Vielleicht ist Privatheit in der Moderne leicht überbewertet« (Zuckerberg 2008).

In verschiedentlichen Äußerungen zum Umgang seines Unternehmens mit der Privatheit seiner Nutzer hat der CEO der Web 2.0-Vernetzungsplattform davon gesprochen, Facebook reagiere mit seinem Angebot auf sich ändernde soziale Normen (Kirkpatrick 2011). Argumentative Unterstützung hierbei erhält Zuckerberg beispielsweise vom ehemaligen Google-Chef Eric Schmidt. Auch er vertritt angesichts der permanenten Möglichkeit der Öffentlichkeit im ›digitalen Zeitalter‹ die Haltung, wenn jemand etwas habe, von dem er nicht wolle, dass es ein anderer in Erfahrung bringe, er es besser gleich bleiben lassen solle (Tate 2009). In der *Frankfurter Allgemeinen Zeitung* gab Schmidt im September 2010 auf die Frage, ob er Bilder von sich im Internet veröffentlicht habe, an, dass er nicht jeden privaten Gedanken, der ihm durch den Kopf gehe, aufschreibe (Schmidt 2010). Ohnehin sei die Sorge um die Privatsphäre nichts, worüber man bei Google in besonderem Maße nachdenke. Dem von ihm konstatierten »Systemwettbewerb« zwischen seinem Unternehmen Google und dem direkten Konkurrenten Apple, den er mit den Schlagworten »Offenheit« und »Geschlossenheit« versah, räumte er im Gespräch mit der überregionalen Tageszeitung nahezu metaphysischen Bekenntnischarakter ein:

> »Unser Modell ist offen. Wir haben eine große Wette auf die Offenheit der Systeme laufen. Offenheit ist meine Religion. Die Apple-Religion ist das genaue Gegenteil« (ebd.).

Demnach hat nicht nur im alten Rom schon die Tarierung des Verhältnisses von Öffentlichem und Privatem, von Offenheit und Geschlossenheit, die Menschen beschäftigt, vielmehr ist sie eine ständig wiederkehrende, gegenwartsaktuelle Problemstellung, die im Rahmen kultureller Praxis stets nach neuen, kontextabhängigen Lösungsmustern verlangt (Seubert 2010). Ist die soziale Norm der Privatheit in der Moderne also unter- oder, wie Zuckerberg behauptet, überbewertet? Oder als neutrale Ausgangsfrage wissenschaftlichen Erkenntnisinteresses formuliert: Wie wird in der Moderne über das Verhältnis von Öffentlichkeit und Privatheit diskutiert? Im Folgenden soll anhand der Äußerungen des Facebook-Gründers Zuckerberg zu gesellschaftlichen und technologischen Innovationsprozessen (Schmidt 2009) das Verhältnis von Öffentlichkeit und Privatheit im ›digitalen Zeitalter‹ reflektiert werden.

1 Öffentlichkeit und Privatheit im ›digitalen Zeitalter‹

In diesem Zusammenhang werden Öffentlichkeit und Privatheit als historisch gewachsene, veränderungsoffene institutionell-symbolische Formen verstanden, die in ihrer geschichtlichen Kontextbezogenheit zentrale Deutungsmuster von individueller und kollektiver Reichweite sind (Herrmann 2002; Moos 2004). Ihren Ausgang nahmen sie in den Ideen der Aufklärung (Hölscher 1978) und erwiesen sich in ihrer Diskursgeschichte als konstitutiv für die Entwicklung der Moderne und für die Sozio- und Psychogenese des Prozesses der Zivilisation (Elias 1998). Durch die verdichteten Dynamiken der ›digitalen Revolution‹ (Ritter 2008; Zysman/Newman 2006) wird der Stellenwert von Öffentlichkeit und Privatheit an sich, wie auch ihre Funktion als explanatorische Strukturierungsmuster gegenwärtiger, aber auch historischer und zukünftiger Gesellschaftsformationen, auf den Prüfstand gestellt (Jurczyk/Oechsle 2008).

Waren bislang schon zahlreiche Ambiguitäten im Sinne spezifischer Formen der Vergesellschaftung mit dem relationalen Begriffspaar impliziert (Weiß 2008), so verweisen neuere Ansätze explizit auf sich beschleunigende Segmentations-, Integrations- und Entgrenzungsprozesse (Hoff 2008). Nicht nur die Öffentlichkeit, auch die zumeist komplementär gedachte Privatheit ist am Übergang zu einer zweiten (Giddens 1996), reflexiven (Beck/Bonß 2001) respektive radikalisierten (Beck/Lau 2004) Moderne – oder, anders formuliert: auf dem Weg zur fluiden Gesellschaft der Netzwerke (Baumann 2002) – einem signifikanten Strukturwandel (Habermas 1990) unterworfen. In Anlehnung an den Globalisierungsdiskurs werden diese Wandlungsprozesse gerne mit der Metapher der ›Entgrenzung‹ umschrieben (Gotschall/Voß 2003).

Auch richtet die überwiegende Zahl wissenschaftlicher Forschungen zum Themenzusammenhang ihr Augenmerk lediglich auf einen Aspekt der Begriffsdualität. Nur selten werden Gemeinsamkeiten und Interferenzen untersucht. Stattdessen liegt der Fokus auf der Benennung von Differenzen, Abgrenzungen und Devianzen (Seubert/Niesen 2010). Insbesondere die Applikation neuer Informations- und Kommunikationstechnologien bedingt jedoch sowohl auf das Individuum bezogen eine Strukturveränderung der Lebensführung und Erwerbsarbeit als sie auch auf die Gesellschaft bezogen neue politische und rechtliche Verfasstheiten des Wechselverhältnisses von Öffentlichkeit und Privatheit herausfordert. Höchst ambivalent stellt sich deshalb auch die Bewertung der gesellschaftlichen Innovationsprozessen inhärenten Dynamiken dar: Einerseits wird, um stellvertretend einen Aspekt der Doppelbegrifflichkeit zu beleuchten, vom ›Verlust der Privatheit‹ gesprochen (Whitaker 1999), andererseits auf die Hypertrophie der Privatheit, gar auf die ›Tyrannei der Intimität‹ (Sennet 1983) verwiesen. Für die Akzeptanz und Funktionsfähigkeit einer liberalen Demokratie unausweichliche normative Begründungen (Seubert 2010) werden durch diese beschleunigten gesellschaftlichen Prozesse (Virilio 1989) erschwert. Insgesamt stellen jene Dynamiken sowohl die Autonomiefunktion von Privatheit als auch die Kohäsionsstiftungsfunktion von Öffentlichkeit in liberalen demokratischen Gesellschaften in Frage (Kamber/Ettinger 2008; Rössler 2001).

2 Mark Zuckerbergs Utopie, Facebook und der Wandel sozialer Normen

Doch nach diesen allgemeineren Bemerkungen zur wechselseitigen Genealogie der Begrifflichkeiten »Öffentlichkeit« und »Privatheit« zurück zum einstmaligen Psychologiestudenten Mark Zuckerberg und zu dessen softwaretechnischer Innovation: Anfang April 2010 schrieb die Bundesministerin für Ernährung, Landwirtschaft und Verbraucherschutz in einem offenen Brief an den Facebook-CEO:

> »Sehr geehrter Herr Zuckerberg, mit großer Verwunderung habe ich gesehen, dass ›Facebook‹ ungeachtet der Bedenken von Nutzern und massiver Kritik von Verbraucherschützern den Datenschutz im Netzwerk weiter lockern möchte. […] Sollte Facebook nicht bereit sein, seine Firmenpolitik zu ändern und die eklatanten Missstände zu beheben, sehe ich mich gezwungen, meine Mitgliedschaft zu beenden. Mit freundlichen Grüßen Ilse Aigner« (Aigner 2010).

Als prominente Vertreterin der mittlerweile etwa eine Milliarde Facebook-Nutzer weltweit reagierte Aigner mit ihrem Brief auf die von Zuckerbergs Unternehmen vorgenommenen Änderungen der Datenschutzeinstellungen, die auch die Millionen Facebookanwender in ihrem Zuständigkeitsbereich zum Teil kritisch beäugten.

In einem Interview, das Mark Zuckerberg zu Jahresbeginn 2010 mit Mike Arrington von *TechCrunch* geführt hatte, gab er unter anderem zu Protokoll, dass er bei einer Neugründung der Plattform die Voreinstellung der persönlichen Daten auf öffentlich stellen würde und verstärkte damit die ohnehin heftigen Reaktionen auf eine im Dezember 2009 vollzogene Änderung der automatischen Nutzungsvoreinstellungen. Nicht ohne Stolz verlautete Zuckerberg: »Die Privatsphäreneinstellung von 350 Millionen Nutzern zu ändern, hätte sich nicht jedes Unternehmen getraut« (Johnson 2010). Eine Aussage, die in der Linie des von Zuckerberg gern zitierten unternehmerischen Leitspruchs liegt: »the biggest risk you can take is to take no risk«(zit. n. Kincaid 2009).

Trotz des hohen Risikos, das Facebook mit der Änderung der Voreinstellungen einging, war Mark Zuckerberg von der nicht nur auf die Bundesrepublik beschränkten Welle der Kritik und Empörung der Facebook-Community überrascht und sah sich zu einer schriftlichen Erklärung der Firmenpolitik in der *Washington Post* veranlasst. Am 24. Mai 2010 bat er in einem Zeitungsbeitrag um Verständnis für Facebooks Handeln und setzte sich mit der Kritik an der Datenschutzpolitik auseinander, indem er zugleich den besonderen Geist der Facebook-Gemeinschaft beschwörte. In diesem Zusammenhang erläuterte er Elemente klassischer Rhetorik verwendend die auf ›sozialer Mit-Teilung‹ basierende Idee, von der Facebook ihm zufolge getragen wird und mit der er zur Utopie einer guten Welt beitragen möchte:

> »Six years ago we built Facebook around a few simple ideas. People want to share and stay connected with their friends and the people around them. If we give people control over what they share, they will want to share more. If people share more, the world will become more open and connected. And a world that's more open and connected is a better world. These are still our core principles today. […] And we will keep focussed on achieving our mission of giving people the power to share and making the world more open and connected« (Zuckerberg 2010).

Die durch ›Mit-Teilung‹ erlangte Offenheit und Konnektivität stehen Zuckerberg zufolge also im Zentrum der Facebook-Gemeinschaft. Diese Überzeugung trägt Züge einer sozialen Utopie. In seinen Aussagen betont er immer wieder, Inhalt seines Unternehmens sei es, etwas im klassischen Sinne wertvolles, wertbasiertes zu tun. Das Konzept der Offenheit nimmt dabei die entscheidende Stelle ein. So sagte er über Facebook als Teil einer größeren Bewegung: »We feel we're part of this movement to become more open« (zit. n. Kincaid 2009). Mitarbeitern, die bei der Einstellung fragen, warum sie sich bei Facebook engieren sollten, gibt er mit auf den Weg: »because people will remember your name« (zit. n. Vascallero 2010). In einem anderen, nicht gesellschaftstheoretisch, sondern archetypisch-mythologisch orientierten Erklärungsansatz umschreibt Zuckerberg den sozialutopischen Impetus von Facebook folgendermaßen:

> »There is an old saying that when you go to heaven, all your friends are there and everything is just the way you want it to be. So, together, let's make a world that's good« (zit. n. Richter 2010).

Zuckerbergs persönliches Auftreten gibt, das sei am Rande bemerkt, zahlreichen Kommentatoren Anlass dazu, seine dem ›american dream‹ entsprechende Vita zu stilisieren und die von ihm selbst kultivierte Innovationsgeschichte Facebooks ausgehend vom ›dorm room‹ des Studienabbrechers auf dem Harvard Campus zum Status einer der jüngsten Milliardäre und CEOs als die Geschichte eines ›Wunderkindes‹ zu erzählen. David Finchers Film *The Social Network* (Fincher 2010), der auf Ben Mezrichs Biographie *The Accidental Billionaires* basiert (Mezrich 2009), tat sein Übriges dazu. Da es sich um eine nicht von Zuckerberg autorisierte Biographie und Verfilmung mit eher parafaktischem Charakter handelt, soll an dieser Stelle auf die seitens der Kritik positiv aufgenommenen Werke nicht weiter eingegangen werden. Dass Zuckerberg ab und an aus Wolfgang Petersens Film *Troja* (Petersen 2004) zitiert, in Interviews gerne die klassische Mythologie bemüht, gelegentlich mit Flip-Flops bzw. Sandalen auftritt oder zur Feier des einhundertmillionsten Facebook-Nutzers eine Togaparty veranstaltete, prägt jedoch das mediale Selbst- und Fremdbild des Antike-Fans und Facebook-Gründers und wirkt sich auch auf dessen Vorstellungen von Privatheit aus.

Die Kultivierung eines antikisierenden unternehmerischen Ursprungsmythos genügt mittlerweile aber nur noch teilweise, um die Privacy-Probleme der sozialen Plattform, die zwischen den Polen Kontrolle und Komplexität angesiedelt sind, zu lösen. Um die Ambiguitäten sachlogisch zu entschärfen, wird deshalb immer wieder der evolutorisch-iterative Charakter des Projekts betont (Kincaid 2010). Innovationen der in den Aussagen Zuckerbergs lediglich mit der Zeit gehenden Software erscheinen und verschwinden dem Geist der Zeit entsprechend, was die Anfälligkeit für Kritik, im Vergleich zu einem jahrelang bis zur Marktreife entwickelten Produkt, erhöhe. Die Flexibilität und Nähe zu den Nutzern, so das Argument weiter, gehe zu Lasten der Kongruenz und Verlässlichkeit, werde aber durch eine hohe Lernfähigkeit ausgeglichen. Die Jahre hindurch seit der Erfindung der sozialen Plattform 2003 bzw. 2004 hätten sich etliche Wandlungen ergeben, die ausnahmslos von den Nutzern nachgefragt worden seien. Die Frage, die sich in diesem Zusammenhang stellt, ist allerdings, ob es Facebook oder die Nutzer waren, die die Impulse gegeben haben. Das Geschehen um *Facemash*, die Urfassung und Vorläuferplattform von *TheFacebook*, legt nahe, dass ohne bewusstes Eingreifen von Zuckerberg der Stein in dieser Form nicht ins Rollen gekommen wäre (Kirkpatrick 2011: 19-44). War das Programm, das im Oktober 2003 laut Berichten in einer ingeniösen Nachtprogrammieraktion entstand, nicht ohne Turbulenzen gestartet, so wurde es nach Protesten von Studierendengruppen seitens der Verwaltung der Harvard University abgestellt, mit der Begründung, Zuckerberg verletze Urheberrechte und die Privatsphäre seiner Kommilitonen. Die sensationellen Zugriffszahlen innerhalb der ersten Stunden gaben ihm hingegen ausreichend Motivation für die Weiterentwicklung. Zuckerberg hatte alle im Universitätsnetz zur Verfügung stehenden Fotos seiner Mitstudenten zusammengetragen, allerdings ohne vorab deren Einwilligung einzuholen; ein Vorgehen also, das, gleichsam eines Generalvorbehalts, bis heute eines der Hauptkritikpunkte an Facebook geblieben ist. War es bei *Facemash* noch die Universitätsverwaltung, die sich dieses Problems regulierend annahm, fehlt Jahre später, da Facebook inzwischen ungefähr eine Milliarde aktive Nutzer hat und eine der meistbesuchten Internetseiten ist, ein adäquates Regulativ.

Eine wesentliche Überzeugung, die Zuckerberg mit Blick auf das Verhältnis von Öffentlichkeit und Privatheit hat, ist diejenige der Gradualität anstatt der Binarität: Die Menschen seien darauf trainiert, zu glauben, dass es eine Binarität in Bezug auf Öffentlichkeit und Privatheit von Daten gäbe, was aber mitnichten so sei. Mit einem häufig von ihm verwendeten Fotoalbum-Beispiel sucht er diese Vorstellung zu widerlegen und für eine vom Nutzer vorzunehmende, inhaltsbezogene Staffelung des Informationszugangs zu werben: »Take a photo album from a party. [...] Unless you have specific tools to limit who can see it, then you won't share it with anyone« (zit. n. Kirkpatrick 2010). Aus der Lösung des Fotoalbum-Problems durch selektive Zugangsrechte leitet er ab, dass wenn jemand differenziertere Kontrollmöglichkeiten habe und dadurch die Datenreichweite anpassen könne, ganze Kategorien momentan als unteilbar betrachteter Informationen definierten Freundesgruppen zugänglich gemacht werden könnten:

> »Was die Menschen wirklich wollen, ist Kontrolle über ihre Daten. Und unsere Aufgabe ist es, Werkzeuge zu entwickeln, damit sie die Kontrolle haben, die sie wollen. Wir arbeiten hart daran, ihnen das so einfach wie möglich zu machen« (zit. n. Baer 2010).

Angesichts der Datenfreizügigkeit der Nutzer und der für das Jahr 2010 ermittelten 5,5 Stunden durchschnittlicher Verweildauer in Sozialen Netzwerken pro Monat (Lohmüller 2010) gibt sich Zuckerberg im für seine Argumentation typischen, zeitraffenden Rekurs überzeugt von der rasant ansteigenden persönlichen Mitteilungsfreude der Facebooknutzer:

> »Vor viereinhalb Jahren war es noch üblich, online Fantasienamen zu verwenden. Doch die Leute wollten sich offenbaren, und mehr als ein Viertel von ihnen hinterlegt sogar ungefragt die Handynummer. Also entwickelten wir Sicherheitsmaßnahmen. Man kann sein Profil beispielsweise so einrichten, dass sämtliche Freunde auf die letzten Partyfotos Zugriff haben, die Eltern aber nicht« (zit. n. Baer 2010).

Aus der Möglichkeit der graduellen Offenheit hätten sich wiederum neue soziale Normen abgeleitet:

> »People have really gotten comfortable not only sharing more information and different kinds, but more openly and with more people. [...] When I got started in my dorm room at Harvard, the question a lot of people asked, was ›why would I want to put any information on the internet at all? Why would I want to have a website?‹ [...] Then in the last 5 or 6 years, blogging has taken off in a huge way, and just all these different services that have people sharing all this information« (zit. n. Johnson 2010).

Zuckerberg denkt, wie diese Aussagen belegen, also intensiv über den Wandel sozialer Normen nach, um mit seiner Firma wettbewerbsfähig zu bleiben und die ökonomische Grundlage seines Unternehmens mittels neuer Geschäftsmodelle im Umfeld von Facebook zu sichern. Seine Vorstellung ist jedoch die, dass Facebook mit seiner Technologie die Entwicklung lediglich begleitet. Das kommt auch in der von ihm getroffenen Benennung von Facebook als ›social utility‹ zum Tragen (Locke 2007). Explizit nimmt Zuckerberg Abstand von der Deklarierung als ›social network‹. Auch in dieser Hinsicht wird Facebook der Status des

Re-Agens gewandelter Normen eingeräumt. Facebook bilde die soziale Realität lediglich ab:

> »Our whole theory is that people have real connections in the world. People communicate most naturally and effectively with their friends and the people around them. What we figured out is that if we could model what those connections were, [we could] provide that information to a set of applications through which people want to share information, photos or videos or events. But that only works if those relations are real« (ebd.).

Ein Begriff, der in der Argumentation, Facebook beruhe auf Realitätsnachbildung, häufig verwendet wird, ist der des Vertrauens, das über die Anknüpfung an persönliche Beziehungen hergestellt wird:

> »In den letzten 100 Jahren haben Magazine und Zeitungen aus der Informationsflut das ausgewählt, wovon Journalisten dachten, es sei für den Leser von Interesse. Dank Plattformen wie Facebook kann jeder selbst diese Filterfunktion übernehmen. Und ich vertraue einem Freund, der mich auf einen Film hinweist, mehr als einem Schreiber, dessen Namen ich nicht einmal kenne« (Zuckerberg 2008).

3 Schluss

Insofern kann Facebook, auch angesichts der im Jahr 2012 verpflichtend eingeführten Time-Line, die einen wichtigen Schritt zur Historisierung des Privaten via sozialer Netzwerke darstellt, als vertrauensbasierte Plattform digitalen Change-Managements in einem Zeitalter unbegrenzter Kommunikation gesehen werden. In den Worten Mark Zuckerbergs handelt es sich hierbei um den bislang weltweit mächtigsten und transformativsten sozialen Wandel, welcher von Facebook mit seiner Utopie technisch begleitet – nicht jedoch mitgestaltet – werde. Aber angesichts von nahezu einer Milliarde Nutzer, die mit Hilfe von Facebook ihren Freunden und damit auch Zuckerbergs Geschäftsmodell vertrauen, kann er sich sicher sein: »We may be the company that really leads this movement. [...] It's not clear that anyone else is going to manage it correctly« (zit. n. Vascallero 2010).

David Gelernter
The Danger to Privacy Posed by Technology and Culture Working Together

Privacy is in danger. Technology might destroy privacy by plowing into it, running it over; but technology is merely the car, not the driver. The driver who could use and might use technology as a battering ram to destroy privacy is you, and me; mankind in general. We value our own privacy a great deal, but other people's less – that's only human; we value our privacy but many of us are attracted and excited by the opportunity to speak or perform somehow before an audience, even if we sacrifice our privacy in the process – *that's* only human. The collective resisting power of human privacy and dignity is almost certainly less than the enormous attracting power of a massive audience. And of course the internet offers the most massive audience in history.

I myself strongly value and believe in privacy; but my own personal – though not unusual – behavior on a series of occasions over several decades convinces me that privacy is probably doomed. Though I believe deeply in privacy, I have been willing to ignore it in pursuit of other less abstract goals. Privacy *can* be saved. But if it is to be saved, the salvation will have little to do with technology and almost everything to do with new cultural attitudes.

I'd like to discuss three related points.

First, privacy is not, of course, an issue to be settled by technologists, it's a question for society at large. Technology rarely changes the course of society in any basic way; technologists work in the same culture as everyone else, even if the sub-culture of technology does tend to insulate the technology world from the real one. And in the real world, Western society is ambivalent about privacy. Sometimes we talk and act as if privacy were important; many other times we ignore it or even despise it.

This ambivalence is merely human nature. We *say* we value privacy just as we say we are in favor of human dignity; we say we are against boasting, bragging, immodesty, showing off; we say we don't want to hear gossip or to spread false tales. But recall that spreading gossip was a serious cultural problem 2.500 years ago – a famous passage in the Hebrew Bible condemns it:

> »Thou shalt not defraud thy neighbour, neither rob him: the wages of him that is hired shall not abide with thee all night until the morning. Thou shalt not curse the deaf, nor put a stumblingblock before

the blind. [...] Ye shall do no unrighteousness in judgment [...] in righteousness shalt thou judge thy neighbour. Thou shalt not go up and down as a gossip among thy people« (Lev 19:13-16)

And in modern times newspapers, television shows and web sites that report gossip do very well. We know that the huge audience represented by the internet is so enticing, many young people would rather tell the world all about their private lives than maintain any trace of personal privacy or dignity. In the world of cultural physics, audience is something like mass – mass creates gravity in the physical world, audiences do something similar in cultural terms; massive audiences exert powerful attraction that pulls society in certain directions.

In any case, in this age of new technological threats to privacy, it's up to western society to construct a definition of the privacy we want. – Not to leave it to lawyers, bureaucrats, judges and politicians to define, because we mere *citizens* are too lazy. The time for deconstruction is over; there are too many ideas waiting to be constructed or renewed or reconstructed as technology grows more pervasive and powerful.

Second, related: we need to understand what the internet and the Cybersphere are doing to society. We need to understand the direction in which they push us. The cultural environment encouraged by the internet – in which a flood of information about this moment tends to overwhelm our knowledge of the past – is an environment I have called »the culture of nowness« – for lack of a better word. There is no word »nowness« in English any more than in German; a mass of knowledge like a massive audience creates a powerful force in the world of cultural physics. We need to consider the implications of our culture of nowness.

Finally, it seems to me that we ought to face the fact that we are a radically innocent, uncritical, unskeptical, irony-free society – where science and technology are concerned. We like to think of ourselves as skeptical and sophisticated. And sometimes we are. But we have tended – increasingly, in recent decades – to become completely unskeptical about these technical fields. Our attitudes toward science and technology recall, in some ways, the attitudes of educated society towards religion in the 13th and 14th centuries. In a way, those long-ago times in western and central Europe – roughly between 1150 and 1400, the high middle ages – were good times for orthodox religion; in a way our times are good for orthodox science. But the high middle ages were *not* good if you disagreed with the dominant religious theories; and we tend to be uninterested in or hostile to dissenting views on science and technology. The high middle ages were *sometimes* sophisticated in their approach to religious questions, and often completely unsophisticated in their approach to everything else; we are sometimes sophisticated in our approach to science, and increasingly unsophisticated and uncritical regarding other issues.

***

We think of privacy as good; of boasting, bragging and gossip as bad. But after all, it's only natural for human beings to be more interested in other human beings than in anything else.

> Know then thyself, presume not God to scan;
> The proper study of Mankind is Man. (Pope, 1734)

Our desire to know all about each other causes privacy to be violated but also causes great novels to be written. And of course, nothing we ever do to protect privacy will change our overwhelming curiosity about each other.

We might imagine a social spectrum in which »solitude,« at one end, is associated with absolute insistence on a person's right to privacy; »public confession« is the other end – a willingness or eagerness to tell the public every detail about your life – which is associated with complete disregard for your own privacy. Solitude and public confession are ideas that have both been prominent at least since the start of the 19th century.

Public confession is a genre introduced by Rousseau in his enormously influential *Confessions* (1782 and 1789), which, says the author, will serve as the very first piece for attention in »the study of man« which will certainly – he says – be underway soon. Rousseau's was not the first confession or autobiography, but it *was* the first to ignore all standards of privacy and taste in order to tell the reader absolutely everything about the hero. And Rousseau was only the very start of a great roar of self-revelation and confession that gathered force through the 19th and 20th centuries to the present day.

In the United States (as in many parts of Europe), the years between the two world wars did much to create the modern idea of celebrity, which belongs together with the idea of public confession. Technology (but not internet technology) was important in helping the cult of celebrity grow: films, especially Hollywood films, the rise of mass-produced photo magazines, commercial radio and newsreels all helped – though of course the idea of celebrity also had older roots, not so much in the ancient and respectable idea of fame as in the culture of the 19th century French diva, the great lady of the theater or the opera. People have always been hungry for gossip and news about prominent people, and technology has merely helped feed that hunger, as it helps feed hunger of so many other kinds.

In the United States, Charles Lindbergh was probably the first modern celebrity, starting (of course) with his solo flight from near New York City to Paris in 1927. Life magazine, a large-format weekly devoted mostly to news photos, published its first issue in 1936, became enormously popular and helped feed the cult of celebrity and the Hollywood movie. Professional gossip-collectors, writing in widely-seen newspapers or broadcasting on the new radio networks, sometimes became celebrities in their own rights.

In the 1950s, the idea of celebrity, a selective attack on privacy which the public general approved, continued to grow. Marilyn Monroe became the biggest celebrity figure in American history; in the early 1960s, John Kennedy became the first celebrity politician. Confessional literature of course remained hugely popular, as it had always been. In the English-speaking world, it probably reached a peak with Morton's book about Princess Diana, published in 1992. In the 1990s, cable television became widespread in the United States and brought about a huge expansion in the number of separate television stations – which in turn helped to create so-called »reality TV« starting around the turn of the 21st century (based partly on bizarre Japanese game shows of the 1980s and 1990s). The premise of reality television is that anyone can become interesting enough to gossip about if you put him in a sufficiently embarrassing position, or at least an unusual position. Thus, an expansion or democratization of celebrity, making it seem as if anyone could become a celebrity, and shrug off his own privacy, if he chose to.

Among all these milestones in the history of public confession – in the attack on privacy, dignity and good taste either by the subjects themselves, in the tradition of Rousseau, or by the reporters who follow them, in the tradition of the 20th-century celebrity cult – a young American girl named Jennifer Ringley set up a Web-camera in her bedroom in 1996, and began to broadcast her entire unedited life to the Web; she is a direct spiritual descendent of Rousseau, and the Web is merely the latest in a long series of technologies that have helped to damage or discard the idea of privacy.

Miss Ringley's site is long gone, and not many internet users go quite to her lengths in casting away their privacy. But Ringley's exhibitionistic use of the internet has been a good predictor of the lengths to which

THE DANGER TO PRIVACY

bloggers and social-net users will go in their eagerness to perform before an audience.

Today social-net users, especially (but not only!) teenagers, post intimate messages to large groups; and some group-members are bound to pass them on into new groups.»What used to be relegated to the classroom in folded-up notes,« said the head of a US school district recently, »privy only to your closest friends, now finds its way across the World Wide Web on Facebook, Twitter and text messaging almost instantly.« There are countless seductive photos on the Web – many posted by the seductive lady herself, or by her boyfriend.»Posting or sending photos of oneself or friends in scanty clothing or sexually suggestive poses may be a popular pastime among the younger set,« a helpful Web sites warns – but beware of child pornography laws if the subject is under 18. Another way in which citizens of the developed world seem eager to violate their own privacy.

Users violate their own privacy in many ways;»I want to thank HelloBeautiful.com,« wrote one user,»for sharing this picture of a group of teen moms proudly sporting their baby bumps on Facebook.«

Through the 1950s, good taste in the United States and Britain would tend to avoid even the word pregnant – much less allow the public posting of photos showing evidently unmarried, pregnant teen-aged girls. Some people were and are pleased by the disappearance of these tabus. But the point is that standards accepted for centuries can disappear overnight: the same thing can happen to privacy standards we still believe in today.

The internet is merely one technology in a long list that has been used to satisfy some people's need for public confession and many others who are merely voyeurs, or connoisseurs of gossip – as we all are – or nearly all – at some time or other. Each new technology has posed the question of gossip versus privacy more acutely – as television posed the question more acutely than radio and news photos, which posed the question more acutely than mass-circulation newspapers, which posed it more acutely than did the press of Rousseau's day. But we see *social trends* making use of *technology*; we rarely see *technology* creating *social trends*.

Solitude, on the other hand, has also been an influential idea. The transcendent value of solitude, which implies privacy, is a theme one associates with the Romantic poets, Englishmen and Germans especially – although they are of course associated also with French proto-Romantics such as Rousseau.

Among champions of solitude, one thinks of Wordsworth, who »wandered lonely as a cloud« in the famous short poem by that name;

> I wandered lonely as a cloud
> That floats on high o'er vales and hills,
> When all at once I saw a crowd,
> A host, of golden daffodils;
> Beside the lake, beneath the trees,
> Fluttering and dancing in the breeze.
> [...]

He was lonely in his wanderings – these were *private* adventures; and the lasting value of these wanderings also has to do with solitude:

> For oft, when on my couch I lie
> In vacant or in pensive mood,
> They flash upon that inward eye
> Which is the bliss of solitude
> [...]

The »bliss of solitude« is very different from the bliss of public confession. The same mood occurs in one of the most famous of all lyric poems –

> Die Vögelein schweigen im Walde.
> Warte nur, balde
> Ruhest du auch.

And in many other Romantic compositions. We think of John Millais' painting of Ruskin alone besides a wild mountain stream.

And then there are two other very different champions of solitude and privacy in modern times: Glenn Gould, the great Canadian pianist, was obsessed with what he called – in a documentary program he made for radio – »the idea of North.« He always hoped – at least, said he did – to spend one winter of his life above the Arctic Circle, not just alone but in darkness. There is no such thing, I think, as an artist who *doesn't* need solitude desperately – not *only* solitude; but one thinks of Wordsworth's famous definition of poetry as »emotion recollected in tranquility.« Wherever the emotion first occurs, it requires tranquility – quiet and peace – to figure out where the artistic value lies. Among pianists and musicians, Gould was of course an artist of the highest brilliance. He died tragically young in 1982. He celebrated solitude and he also, unlike many musicians, had no use for audiences; although he was a highly successful concert musician, he renounced the stage in 1964, at age 31, in order to devote himself to making recordings in the privacy of the sound studio.

Another hero of modern art who associated himself with a similar cluster of ideas – solitude, indifference to the audience, and striking personal modesty – was Alberto Giacometti, the painter, sculptor and writer who stands with Matisse, de Kooning and Picasso in the forefront of the visual arts of the last 100 years. Giacometti was friendly and convivial, and a widely-admired figure in Paris during the final generation of great art originating in France.

But one of the best and most influential books of many about Giacometti is Jean Genet's; and Genet's central theme is the solitude at the heart of Giacometti's work: the idea that a human being's deepest secrets never will nor *can* be revealed; we get this sense of secret unknown, unknowable depths when we look into the faces Giacometti modeled and painted. These faces radiate inner knowledge, yet reveal only the *existence*, nothing of the *nature* of their inner mental worlds. They reveal nothing about their secret knowledge except that it *is* secret and always will be. »L'œuvre de Giacometti,« Genet writes, »communique la connaissance de la solitude de chaque etre et de chaque chose – et que cette solitude est notre gloire la plus sure.«

Of course solitude is associated with modesty – just as gossip and public confession are associated with immodesty. Memoirs and biographies of Giacometti have insisted repeatedly on his striking modesty. The critic David Sylvester quotes him saying, characteristically, that »my success will always be less than or perhaps equal to my failure.« We use this same word »modest« to describe austere, un-ostentatious living quarters. Giacometti lived with his wife, for most of his professional life, in two rooms, a studio and a bedroom; the floor of the bedroom was originally packed earth, and he only agreed to have inexpensive tiles laid on the floor because rain would leak through and turn the earth to mud. Genet claims that he would have preferred an even more modest room if he could have got one. (Of course, he always thought of his mother's home in Southern Switzerland as his *real* home; if Freud had never existed, Giacometti's biographers would have had to invent him.)

But generally speaking, the bliss of solitude seems to be less attractive and entrancing than the bliss of public confession – which after all involves not only the exhibitionistic pleasure of the confessor but the voyeurist pleasure of the many readers or lookers. As a social phenomenon, Princess Diana's true story is vastly more powerful then Glen Gould or Giacometti. And of course this enormous pressure against the idea of privacy has nothing to do with technology. We simply don't enjoy or value solitude and privacy as much as we enjoy gossip.

Of course the great majority of us are not celebrities and never will be. But the cult of celebrity is widespread and growing broader-based all the time; and modern culture is often indifferent, sometimes actually hostile to, the idea of privacy.

***

I am a strong believer in privacy; like so many minds, my own needs solitude now and then or it stops working. But my own behavior in joining, over the years, a series of conspiracies *against* privacy, *and* solitude, convince me that it will be hard to keep these two ideas intact in the face of the powerful social pressures that tend to destroy them –

Three »privacy anecdotes« in chronological order.

Long ago in the middle 1970s – I think it was – I remember being struck by a line in a Truffaut film, one of the series that tell Truffaut's own story in the character he calls Antoine Doinel. I should mention, by the way, how fascinated American college and even high school students used to be with European films – in French, Italian, Swedish, occasionally German. That *sort* of film has disappeared, the post-war art-film, and American student interest in films from abroad has also disappeared, by and large. Some of today's young people believe that the Web makes them sophisticated and cosmopolitan automatically. But American students, at any rate, seem far less cosmopolitan today than they used to be. About European students, I can't say.

In this Truffaut film, at any rate, called »Bed and Board« in English, the heroine, played in the series by the lovely Claude Jade – we all miss her – says to a friend that, although she is embarrassed to admit it, she was a virgin until the advanced age of 20.

I remember thinking at the time that this was a sort of cultural milestone. French thinking is always more advanced than American thinking – in this one particular area – but in this case, at this time, French and American sexual mores for young people were very similar. A moral and behavioral standard that used to be regarded – officially, at any rate – as not merely important but of the *highest* importance had disappeared in the space of one generation. Astonishing! In America and Britain, that standard was still of the highest importance in the years following the Second World War, and remained in effect, more or less, into the 1960s. It was one of many standards abolished by the cultural revolution in the West.

At the time, as a young man, I strongly approved of its abolition. I thought its abolition was a wonderful idea. Today I have second thoughts. But it's too late; I was one of many millions who enjoyed taking a personal part in abolishing those ancient standards, and so I have no moral standing for second thoughts or disapproval.

Naturally, virginity and standards of sexual behavior are related to the idea of privacy. And it's remarkable how fast social standards, honored for many generations – in some cases many centuries, even millennia – can be abolished when society decides that they are more trouble than they are worth. I don't think that the interests and desires of young women changed dramatically between 1955, say and 1975; I think that society's expectations changed, and young women fell into line and behaved as they were expected to behave.

The next example begins, for me, about five years ago, when my boys and I first started to watch the BBC television series *Top Gear*. We loved the show then and we still do; it was about fast cars, and it was funny. Perfect.

Today, I have the impression that it's the most popular television series in the world, with world-wide audiences in the hundreds of millions. The BBC shows are seen in many countries, and some countries even have their own local versions of *Top Gear*.

One interesting thing about *Top Gear* is that it is deliberately in bad taste. The three »presenters« of the show, Clarkson, May and Hammond, enjoy launching into discussions of topics that most young boys give up discussing by the time they're six years old. We don't enjoy these little episodes and we skip them; I could be wrong, but my guess is that most people dislike them. But we still watch the show. My wife and I would never have allowed our boys to use the sort of language the *Top Gear* presenters use regularly, in addressing many tens of millions of people; but social standards of proper behavior and decent taste grow harder to uphold as public life grows coarser.

Of course the idea of *good taste* is related to the idea of privacy. In the United States, *etiquette*, proper behavior in society – being polite – showing good manners and good taste – was once an important topic. People of all sorts needed instruction in how to behave; their parents might have been laborers or in poverty, but the children could be successful members of the middle or educated or professional classes. The most widely-read guide to good and proper and tasteful behavior during much of the 20th century – behavior that made for comfortable and easy social relations – was the widely-admired Emily Post; her book *Etiquette* was first published in 1922, and appeared in a series of constantly updated editions until her death in 1960. She wrote – I quote from the 1940 edition:

> »Do not expose your private affairs, feelings or innermost thoughts in public. You are knocking down the walls of your house when you do.« (Emily Post, *Etiquette*, 1940 edition)

In other words, privacy might *not* come naturally or automatically to a person who is new to »society life,« broadly speaking; but keeping ones' private life to oneself is a matter of proper behavior. Respect for privacy, starting with your own, is *good taste*. Etiquette, good taste, privacy are all related – just as modesty and privacy are related. As we come to care less and less about good taste – as we become, in some ways, actively hostile to good taste – it's hard to believe that our standards of privacy can possibly survive. Respect for privacy being, after all, merely one example – an important example – of good taste.

The last of these personal incidents is, in some ways, the most surprising. As I wrote the words I'm speaking now, I sat at my desk at home with a video camera pointed directly at my face. The lens was small but it was right in front of me. Nearly all modern computers have, as we know, these built-in video cameras. They warn us when they are on with a red light near the lens; but of course the warning light and the camera are both operated by software; there's no technical reason why software couldn't turn on the camera *without* turning on the light; there's no reason why software couldn't send video of me sitting in my home anywhere in the world over the internet. And naturally, the computers have microphones also.

These cameras could easily have been equipped with lens covers – small plastic shutters, hinged so that you could move them into position blocking the lens – but no one has ever seemed to want them. No one seems to care.

My guess is that, If our parents' or grandparents' generation had been told that office workers, teachers, researchers, writers and so forth would spend almost their entire working lives with cameras pointed directly at them, they would have been horrified. After all, our modern computers have all the capabilities of the »telescreens« George Orwell described in his novel *1984*, used for controlling the public by means of outgoing propaganda and incoming spy images.

But the cameras don't bother us. They make all sorts of video communications possible. And we have confidence in the software. Who would want to spy on us, anyway? It's not that we don't care about privacy; it's just that we see no threat to privacy in these cameras that are always pointed at us. We are, as I say, radically unskeptical, unquestioning, even shild-like, where technology is concerned.

***

What is privacy? There are many definitions of privacy; my own idea of privacy is that no one should enter our homes unless we invite him, or make us pay attention to him unless we choose to.

The idea of a home where we live, space that belongs to us, is easily generalized to include offices or places where we work or study, where we stay when we are travelling and not at home, and so forth. Presumably it's almost as easy to generalize the idea of »my home,« where no one is allowed unless I invite him, to include my computers and other virtual places I inhabit in the Cybersphere – just as part of an office building might be my work space where I am entitled to privacy, part of the Cloud might be my information-space where I am also entitled to privacy.

Of course this suggests a different view of computers: not machines we use for computing – very few computers do any non-trivial computing nowadays – but *places* where we live: places that belong to us, where we live and work within the Cybersphere.

We do *inhabit* our computers – and laptops, pads, mobile phones – not only our homes. Long ago I published a book called *Mirror Worlds* in which I suggested that the Cybersphere would show us, one day, a mirror image of the actual world. Of course, one part of the world is you: and if there is a virtual world or mirror world in the Cybersphere, there's also a virtual you. This virtual you is entitled to privacy in the virtual world.

There's nothing new or interesting in the idea that no one should be allowed to enter your computer without your permission. But the idea that your computer is a sort of home – a virtual home – is useful in thinking about the future of software design.

The fact that we *inhabit* our computers – live in them, virtually – suggests that well-designed, »livable,« beautiful software is just as important as well-designed, livable, beautiful homes, offices and other real places. Before too long we will see the coming-together of architecture and building design with software design. These topics, architecture in the real world and software design in the virtual world – should be taught in the same schools – the same Bauhaus-style schools – according to the same basic principles of beauty and usefulness. The software applications or systems we use and inhabit are virtual or »soft« homes.

And why is privacy so fragile? As I've suggested, privacy is a fairly abstract idea that is easily disregarded as we search for some tangible advantage. When we go shopping for personal gain, like a child in a toy shop, we usually choose some showier piece of merchandise, something more colorful and more fun and more exciting than privacy. People get excited sometimes by a good audience or impressive video-conference software, and many other things; but however much they might value privacy, they are rarely excited about privacy.

Just as privacy is often over-shadowed by more attractive, attention-getting factors, a violation of privacy is often masked by the large number of other violations we are accustomed to. In a room full of noise, one new source of noise is hard to notice, hard to identify; hard to worry about. Perhaps Google is reading its users email. I don't know whether this is true; it might well be false – I could easily believe that only Google's software, not its human employees, reads my email. But the accusation has been made – meaning nothing in itself, were it not that many people are convinced that Google cares very little about privacy. In any case, not much interest or uproar ensued. Again, the reason might be that Google is innocent, and people dismiss the accusation. But I think we'd see relatively little reaction even if the accusation were known to be true – or if a similar accusation proved true of some other large email provider.

After all, any violation of the privacy of email would be one more loud noise in a roomful of auto alarms blaring at once. People are used to the fact that spy satellites with high-resolution cameras photograph them from space and can pick out small details on the ground. They are used to cameras pointed at them in all sorts of public places, indoors and out. In some areas, the nefarious speed camera photographs their cars.

But the deeper, more serious violations – the loudest car alarms – have nothing to do with technology. The tax codes in many countries are exceptionally intrusive. In the US, tax returns go into minute detail of every aspect of a citizen's interaction with his fellow citizens. And digitized medical records, school and college records and sometimes lawyer's or court records remain extant and accessible for years after they are no longer active. In a room full of so much anti-privacy noise, how can the average citizen be expected to notice or care very much about one more violation of privacy? One more car alarm screeching?

We have already accepted such high levels of privacy-violation in western societies that it will be hard to get many people even to notice anything new.

THE DANGER TO PRIVACY

***

In attempting to save privacy from the social forces combined with technology that threaten to destroy it, it seems to me that we need to develop some ordinary skepticism with respect to technology, and to look at this cultural moment from a wider perspective or – perhaps – from farther away.

For example: one of the many things people say about today's technology is that blogs, video-upload sites and social network software will change the world by – among other things – making popular uprisings against a tyrant more likely to succeed. Let's use this as a test case: is this true? Taken just as an example of our belief in technology, our *confidence* in its power and significance.

In summer 2009, Iranian »green revolutionaries« equipped with cellphones, computers, much courage and not much else, took to the streets to protest the ruling terrorist theocracy. Many revolutionaries were killed, many were hurt, many were arrested and carted off to the dungeons where many more died; the revolutionaries kept up as long as they could sending messages and videos and updating web sites. The West knew a great deal about what was happening, and Western news outlets followed the developments day by day—and the West did nothing whatsoever to help; President Obama, to whom the revolutionaries specifically appealed, did nothing whatsoever to help; and the revolution failed.

Ayatollah Khomeini led a far more successful revolution in early 1979; on his triumphant return to Teheran he claimed that he had no interest in government power, but the Islamic Revolution was complete by 1982. Khomeini had no You Tube or Facebook; he had recorded speeches and battle-cries on audio cassettes, and large numbers of these cassettes circulated in Iran and the Iranian diaspora. Should we say that the audio cassette is a better revolutionary tool than Twitter or You-Tube?

Of course the French revolutionaries of the late 18th century, Cromwell and his Puritan revolutionaries in the 17th century, Martin Luther and his allies in Saxony and the Empire in the 16th century all turned their societies upside down without using any of these digital or pre-digital technology tools. Of course they had the printing press and the woodcut, the most important of all technologies in the cause of populist revolutions. On the other hand, the papacy and other leading elements of medieval society launched a series of crusades from the 11th through the 13th centuries – in some cases these amounted to mass movements; and those calling for crusades didn't even have printing presses.

I certainly don't want to deny that the modern internet is a powerful tool in the service of populist revolutionaries. It's powerful; but on the other hand, history makes clear that if you want to make a revolution, the internet is neither necessary nor sufficient. My own belief is that we should be more skeptical in evaluating the world-changing potential of these new technologies. But where technology and science go, we live in a radically un-skeptical age.

Let me explain, briefly, why the intellectual environment of the 21st century in the West reminds me of the environment of the high middle ages.

Intellectual life takes place today as it did then, mainly within a determining ideological framework – with an ideological wind-storm blowing hard in one direction, making certain types of work easier and other types harder than they would be ordinarily. In the high middle ages, the ideology was an off-shoot of orthodox western Christianity; today, the ideology is a faith not just in the work of scientists but in the scientific Weltanschauung, sometimes called scientism or the religion of science (as opposed to the mere practice of science).

Today's dominant ruling ideology has been associated with remarkable and spectacular advances in science, technology and medicine; ours is a formidable age, intellectually. But the high middle ages were equally formidable in another way. I don't mean in the production of theological or philosophical theories, although the work of great medieval theologian-philosophers such as Aquinas and Maimonides is still studied carefully and with profit today. But I believe the medieval achievement that corresponds best to the great structure of modern science and technology is art – especially the *Gesamtkunstwerke* represented by the greatest of medieval chapels and churches. Buildings such as Saint Denis or Chartres or Reims or the cathedrals of Wells or Exeter or Gloucester or Ely, and such lovely and majestic smaller churches as the Heiliggeistkirche here in Heidelberg, – these buildings at their best almost certainly represent the greatest things we have ever achieved in the visual art of the west; in any case, no *greater* artworks of any kind, in any medium, exist in our civilization.

And these buildings were direct products of the Judeo-Christian worldview just as today's science and technology directly reflects the scientific worldview. The Hebrew and Greek Bibles provided the vivid imagery that fills the buildings, the proportions – based on Solomon's Temple in Jerusalem – of many of the great western cathedrals, the idea of a sacrificial altar as a centerpiece, the idea of communal worship itself, and of a choir chanting psalms and other liturgical texts antiphonally as in the Temple; the idea of a celestial Jerusalem and the visions of Ezekiel and St John, the idea of a sacred pilgrimage to Jerusalem that informs the procession from baptistery to nave to choir to altar, the idea of a God who revels in beauty and above all the idea of a transcendent God who would always be out of reach but would always inspire you to go farther. We know how directly the Abbot Suger, who inspired and might have taken a part in the invention of the gothic style in the chevet of St Denis in the 1140s, was acting on an impulse of translating theology directly into visible form – into color, line, space.

So of course there were large advantages to the agreement on an intellectual and spiritual orthodoxy in the middles ages just as there are today. Although an iPhone instead of the Sainte Chapelle doesn't seem like a very good rate of exchange, achievements such as the great structure of modern physics, the manned exploration of the moon and the ongoing exploration of Mars and perhaps the internet and the cybersphere themselves are huge accomplishments of deep spiritual significance.

But of course a prestigious and productive orthodoxy of the sort represented by Christianity in the 13th century and science today leads to intolerance of unorthodox views, and too much tolerance – too little skepticism – of orthodox ones. It's hard to believe, and yet it's true, that there are major western universities today where it would be hard to stand up and give a lecture questioning the reality of, say, man-made global warming – despite the highly speculative nature of this theory, which ought to encourage skeptical debate.

Our unskepticism extends to technology, as I've argued; including the technology that threatens privacy. Do we really need cameras pointing at us from every computer? Do we actually gain from a constant flow of digital messages back and forth? Who ever had the idea that giving children and teenagers nearly unlimited time to play on the internet was a *good* thing – as opposed to being merely the cheapest, laziest way to keep children entertained and out of trouble? Perhaps our view of culture needs to be less machine-centered and rehumanized – in the spirit of John Stuart Mill's own famous rehumanizing self-reform.

The sooner we regain our sense of skepticism, our tradition of the challenging question versus the uncritical celebration, the greater our chance to preserve our privacy – at least the privacy we do still enjoy.

Forschungsbibliographie

Absatzwirtschaft.de (2011): Vertrauen in Facebook-Commerce ist noch ausbaufähig (21.6.2011), http://www.absatzwirtschaft.de/content/crm-vertrieb/News/_b=74270,_p=1002910,_t=fthighlight,highlightkey=zepp elin-universit%e4t (17.9.2012).

Adorno, Theodor W. (1993 [1953]): Über Technik und Humanismus, in: Lenk, Hans/Ropohl, Günter (Hrsg.): Technik und Ethik, Reclam: Stuttgart, S. 22-30.

Aigner, Ilse (2010): Offener Brief an Zuckerberg, in: Spiegel Online, 5.4.2010, http://www.spiegel.de/politik/deutschland/0,1518,druck-687280,00.html (10.8.2012).

Akrich, Madeleine (1992): The De-Scription of Technological Objects, in Bijker, Wiebe E./Law, John (Hrsg.): Shaping Technology/Building Society. Studies in Sociotechnical Change, MIT Press: Cambridge.

Albes, Wilhelm (1969): Computer dämonisiert. Leserbrief, in: Frankfurter Allgemeine Zeitung, 19.6.1969, S. 12.

Altenhöner, Florian (2008): Gerüchte und städtische Öffentlichkeiten in Berlin und London 1914/1918, München: Oldenbourg Wissenschaftsverlag.

Aly, Götz/Roth, Karl Heinz (1984): Die restlose Erfassung. Volkszählen, Identifizieren, Aussondern im Nationalsozialismus, Rotbuch: Berlin.

Amann, Susanne/Tietz, Janko (2012): Konzern im Kontrollrausch, in: Der Spiegel, 30.4.2012, S. 62-71.

Amelung, Ulrich (2002): Der Schutz der Privatheit im Zivilrecht, Mohr Siebeck: Tübingen.

Aneesh, A. (2009): Global Labor: Algocratic Modes of Organization, in: Sociological Theory 27/4, S. 347-370.

Appel, Roland/Hummel, Dieter (Hrsg.) (1987): Vorsicht Volkszählung! Erfaßt, vernetzt & ausgezählt, Kölner Volksblattverlag: Köln.

Aspray, William/Ceruzzi, Paul E. (Hrsg.) (2008): The Internet and American Business, MIT-Press: Cambridge.

Ayenson, Mika D./Wambach, Dietrich J./Soltani, Ashkan/Good, Nathaniel/Hoofnagle, Chris Jay (2011): Flash Cookies and Privacy II: Now with HTML5 and ETag Respawning, http://papers.ssrn.com/sol3/papers.cfm?abstract_id=1898390 (13.8.2012).

Baer, Nils (2010): Halbe Milliarde User: Zuckerberg feiert mit Fernsehinterview und ›Facebook Stories‹, in: basicthinkingblog.de, 22.7.2010, http://www.basicthinking.de/blog/2010/07/22/halbe-milliarde-user-zuckerberg-feiert-mit-fernsehinterview-und-facebook-stories/ (10.8.2012).

Baudrillard, Jean (1981): Simulacres et simulation, Galilée: Paris.

Baum, Gerhart (2009): Rettet die Grundrechte! Bürgerfreiheit contra Sicherheitswahn. Eine Streitschrift, Kiepenheur & Witsch: Köln.

Baumann, Imanuel/Reinke, Herbert/Stephan, Andrej/Wagner, Patrick (2011): Schatten der Vergangenheit. Das BKA und seine Gründungsgeneration in der frühen Bundesrepublik, Luchterhand: Köln.

Baumann, Zygmunt (1992): Modernity and Ambivalence, Polity Press: Cambridge.

Beck, Ulrich/Lau, Christoph (Hrsg.) (2004): Entgrenzung und Entscheidung. Was ist neu an der Theorie reflexiver Modernisierung?, Suhrkamp: Frankfurt am Main.

Beck, Ulrich/Bonß, Wolfgang (Hrsg.) (2001): Die Modernisierung der Moderne, Suhrkamp: Frankfurt am Main.

Beckedahl, Markus/Lüke, Falk (2012): Die digitale Gesellschaft. Netzpolitik, Bürgerrechte und die Machtfrage, dtv: München.

Behr, Alfred (1974): Privatsphäre häufig nur ungenügend geschützt. Sammelauskünfte aus gespeicherten Daten/Auch Weitergabe, in: Frankfurter Allgemeine Zeitung, 4.4.1974, S. 7.

Benn, Stanley/Gaus, Gerald (1983): The Liberal Conception of the Public and the Private, in: Dies. (Hrsg.): Public and Private in Social Life, Croom Helm: London, S. 31-66.

Bennet, Colin J./Raab, Charles D. (2006): The Governance of Privacy. Policy Instruments in Global Perspective, MIT Press: Cambridge.

Beyrer, Klaus (2007): Die Schwarzen Kabinette der Post. Zu einigen Beispielen der organisierten Briefüberwachung, in: Haefs, Wilhelm/Mix, York-Gothart (Hrsg.): Zensur im Jahrhundert der Aufklärung. Geschichte – Theorie – Praxis, Wallstein: Göttingen, S. 45-60.

Bidlo, Oliver (2011): 1414 – Ins elektronische Panoptikum der sozialen Kontrolle oder: Das Bild hat immer recht, in: Zurawski, Nils (Hrsg.): Überwachungspraxen – Praktiken der Überwachung. Analysen zum Verhältnis von Alltag, Technik und Kontrolle, Budrich UniPress: Opladen, S. 35-46.

Bieber, Christoph (2012): Digitale Demokratie. Netzfreiheiten, plebiszitäre Kampagnen: Auswirkungen auf Politik und Gesellschaft, GDA: Berlin.

Bieber, Horst (1978): Die Diktatur der Daten. Sanft, aber wirkungsvoll verengt der Computer die Freiheit des Menschen, in: Die Zeit, 5.5.1978.

Bieber, Horst (1979): Wo Daten zur Drohung werden. Die Karteien des Bundeskriminalamtes offenbaren gefährlichen Übereifer, in: Die Zeit, 27.4.1979.

Biermann, Kai (2009): Indect – der Traum der EU vom Polizeistaat, in: Zeit Online, 24.9.2009, http://www.zeit.de/digital/datenschutz/2009-09/indect-ueberwachung.

Bijker, Wiebe E./Law, John (Hrsg.) (1992): Shaping Technology/Building Society. Studies in Sociotechnical Change, MIT-Press: Cambridge.

Bloching, Björn et al. (2012): Data Unser. Wie Kundendaten die Wirtschaft revolutionieren, Redline Verlag: München.

Bogard, William (1996): The Simulation of Surveillance: Hypercontrol in Telematic Societies, Cambridge University Press: Cambridge.

Bolz, Norbert (2012): Das Internet als Katalysator für den Wandel von Sprache und Kultur, in: Bieber, Christoph (Hrsg.): Digitale Demokratie, GDA: Berlin, S. 29-37.

Bösch, Frank (2004): Am Ende einer Illusion. Mediale Kontrollverluste in der frühen Bundesrepublik und der DDR, in: Engell, Lorenz et al. (Hrsg.): Archiv für Mediengeschichte 4: 1950 – Wendemarke der Mediengeschichte, Universitätsverlag: Weimar, S. 195-205.

Boyd, Danah (2007): Why Youth (Heart) Social Network Sites. The Role of Networked Publics in Teenage Social Life, http://www.danah.org/papers/WhyYouthHeart.pdf (29.6.2012).

Brain, Marshall (2012): How Internet Cookies Work, http://computer.howstuffworks.com/cookie.htm (3.8.2012).

Brin, David (1999): The Transparent Society: Will Technology Force Us to Choose Between Privacy and Freedom? Basic Books: Reading.

Brühl, Jannis (2012): Alles auf blau, in: Süddeutsche, 18.5.2012.

Budde, Gunilla/Conze, Eckart/Rauh, Cornelia (2010) (Hrsg.): Bürgertum nach dem bürgerlichen Zeitalter. Leitbilder und Praxis seit 1945, Vandenhoeck & Ruprecht: Göttingen.

Bull, Hans Peter (1984): Datenschutz oder Die Angst vor dem Computer, Piper: München.

Bundeszentrale für politische Bildung (Hrsg.) (1999): Menschenrechte. Dokumente und Deklarationen, bpb: Bonn.

Calhoun, Craig (1992) (Hrsg.): Habermas and the Public Sphere, MIT Press: Cambridge.

Castells, Manuel (1996): The Rise of the Network Society, Blackwell Publishers Ltd: Oxford.

Castells, Manuel (2002): Das Informationszeitalter I. Der Aufstieg der Netzwerkgesellschaft, Leske + Budrich: Opladen.

Chomsky, Noam (2010): Media Control. Wie die Medien uns manipulieren, Piper: München.

comScore (2011): The Impact of Cookie Deletion on Site-Server and Ad-Server Metrics in Australia. An empirical comScore Study. http://www.stir.nl/upload/documenten/impact-of-cookie-deletion-australiajanuary-20111.pdf (15.11.2012).

Dammann, Ulrich (1974): Strukturwandel der Information und Datenschutz, in: Datenverarbeitung im Recht 3, S. 267-301.

Dammann, Ulrich/Karhausen, Mark/Müller, Paul/Steinmüller, Wilhelm

(1974): Datenbanken und Datenschutz, Herder und Herder: Frankfurt am Main.

Danyel, Jürgen (2012): Zeitgeschichte der Informationsgesellschaft, in: Zeithistorische Forschungen 2, S. 186-211.

David Whalen (2012): Cookie Central – The Unofficial Cookie FAQ, http://www.cookiecentral.com/faq/ (3.8.2012).

Deleuze, Gilles (1993): Postskriptum über die Kontrollgesellschaften, in: Unterhandlungen 1972–1990, Suhrkamp: Frankfurt am Main, S. 254-262.

Der Spiegel (1970): Ritt auf dem Tiger, 1/1970, S. 34-47.

Der Spiegel (1971): EDV im Odenwald, 20/1971, S. 88.

Der Spiegel (1973): 10044 5301111 – das Schlimmste von King Kong?, 48/1973, S. 66-87.

Der Spiegel (1977): Freier Markt, 53/1977, S. 56-57.

Der Spiegel (1977): Gutes Recht, 36/1977, S. 28.

Der Spiegel (1979): Das Stahlnetz stülpt sich über uns. Die westdeutschen Polizei- und Geheimdienstcomputer (I), 18/1979, S. 24-29.

Der Spiegel (1979): Das Stahlnetz stülpt sich über uns. Die westdeutschen Polizei- und Geheimdienstcomputer (II): Wie Inpol arbeitet, 19/1979, S. 36-56.

Der Spiegel (1979): Das Stahlnetz stülpt sich über uns. Die westdeutschen Polizei- und Geheimdienstcomputer (VI): Pannen und Missbrauch, 21/1979, S. 67-87.

Der Spiegel (1979): Der Sonnenstaat des Dr. Herold. Hans Magnus Enzensberger über Privatsphäre, Demokratie und Polizeicomputer, 25/1979, S. 68-78.

Der Spiegel (1979): Bissiger Hund, 8/1979, S. 102 f.

Der Spiegel (1980): Ihr West' is rein? Da is nix schmutzig? Hunderttausend Westdeutsche im Computer-Raster der Terroristenfahndung, 6/1980, S. 36-43.

Der Spiegel (1980): Bange Fragen, 7/1980, S. 28-32.

Der Spiegel (1982): Kalte Wut, 4/1982, S. 28-32.

Der Spiegel (1983): Die neue Welt von 1984, 1/1983, S. 19-30.

Der Spiegel (1983): Schwere Schlappe, 51/1983, S. 19-21.

Der Spiegel (1983): Volkszählung: Lasst 1000 Fragebogen glühen, 13/1983, S. 28-32.

Dettmer, Markus/Dohmen, Frank (2012): Frei schwebend in der Wolke, in: Der Spiegel, 6.2.2012, S. 62-64.

Deutscher Bundestag (Hrsg.) (1983): Zwischenbericht der Enquete-Kommission ›Neue Informations- und Kommunikationstechnologien‹. Gemäß Beschluss des Deutschen Bundestages vom 9. April 1981, Drucksache, 9/2442, 28.3.1983.

Deutscher Juristentag (2012): Thesen der Gutachter und Referenten, http://

www.djt.de/fileadmin/downloads/69/120809_djt_69_thesen_web.pdf (19.9.2012).

Deutsches Institut für Vertrauen und Sicherheit im Internet/DIVSI (2012): DIVSI Milieu-Studie zu Vertrauen und Sicherheit im Internet, https://www.divsi.de/sites/default/files/presse/docs/DIVSI-Milieu-Studie_Gesamtfassung.pdf (01.03.2012).

Diggelmann, Oliver (2011): Grundrechtsschutz der Privatheit, in: Der Schutzauftrag des Rechts, Veröffentlichungen der Vereinigung der Deutschen Staatsrechtslehrer, Band 70, De Gruyter: Berlin, S. 44-81.

Domscheit-Berg, Daniel (2011): Geheimnisse und die Gesellschaft, in: Kretschmer, Birthe/Werner, Frederic (Hrsg.): Die digitale Öffentlichkeit. Wie das Internet unsere Demokratie verändert, S. 99-105.

Dourish, Paul/Anderson, Ken (2006): Collective Information Practice: Exploring Privacy and Security as Social and Cultural Phenomena, in: Human-Computer Interaction 21, S. 319-342.

Duve, Freimut (1983): Katalysator gegen den Orwell-Staat, in: Taeger, Jürgen (Hrsg.): Die Volkszählung, Rowohlt: Reinbeck, S. 25-29.

Elias, Norbert (1998 [1939]): Über den Prozess der Zivilisation. Soziogenetische und psychogenetische Untersuchungen, Bd. 1: Wandlungen des Verhaltens in den westlichen Oberschichten des Abendlandes; Bd. 2: Wandlungen der Gesellschaft: Entwurf zu einer Theorie der Zivilisation, Suhrkamp: Frankfurt am Main.

Ellerbrock, Bernd (1983): Ausgeforscht und abgespeichert?, in: Taeger, Jürgen (Hrsg.): Die Volkszählung, Rowohlt: Reinbeck, S. 10-14.

Etzioni, Amitai (1999): The Limits of Privacy, Basic Books: New York.

Fincher, David (2011): the social network, Film: Columbia Pictures 2010/Sony Pictures Home Entertainment: München.

Forsthoff, Ernst (1938): Die Verwaltung als Leistungsträger, Kohlhammer: Stuttgart/Berlin.

Forsthoff, Ernst (1964): Der Persönlichkeitsschutz im Verwaltungsrecht, Festschrift für den 45. Deutschen Juristentag, Müller: Karlsruhe.

Foschepoth, Josef (2009): Postzensur und Telefonüberwachung in der Bundesrepublik Deutschland (1949-1968), in: Zeitschrift für Geschichtswissenschaft 57, S. 413-426.

Foschepoth, Josef (2012): Überwachtes Deutschland. Post- und Telefonüberwachung in der alten Bundesrepublik, Vandenhoeck & Ruprecht: Göttingen.

Foucault, Michel (1977): Überwachen und Strafen. Die Geburt des Gefängnisses, Suhrkamp: Frankfurt am Main

Franke, Siegfried F. (2010): Vertrauen – unverzichtbar in Demokratie, Marktwirtschaft und Finanzwelt, Berlin: GDA.

Frankfurter Allgemeine Zeitung (1970): Für ›Hessen 80‹ mehr Computer. Gesetz soll Bürger vor dem Mißbrauch der persönlichen Daten schützen, 14.8.1970, S. 33.

Frankfurter Allgemeine Zeitung (1983): Viele Initiativen gegen die Volkszählung. Auch Strauß skeptisch/Schnoor hält die Erhebung für notwendig, 3.3.1983, S. 4.

Frehe, Hardy (2010): Der glückliche Konsument in überwachten Räumen. Videoüberwachung öffentlich zugänglicher Räume, Tectum Verlag: Marburg.

Friebe, Holm/Lobo, Sascha (2006): Wir nennen es Arbeit. Die digitale Bohéme oder: Intelligentes Leben neben der Festanstellung, Heyne: München.

Friedewald, Michael (2000): Vom Experimentierfeld zum Massenmedium. Gestaltende Kräfte in der Entwicklung des Internet, in: Technikgeschichte 67, S. 331-361.

Friedman, Lawrence (2007): Guarding Life's Dark Secrets. Legal and Social Controls over Reputation, Propriety, and Privacy, Stanford University Press: Stanford.

Frohman, Larry (2012a): ‹Only Sheep Let Themselves Be Counted›: Privacy, Political Culture, and the 1983/87 West German Census Boycotts, in: Archiv für Sozialgeschichte 52, S. 333-376.

Frohman, Larry (2012b): Virtually Creditworthy: Privacy, the Right to Information, and Consumer Credit in West Germany, 1950-1985, in: Logemann, Jan (Hrsg.): The Development of Consumer Credit in Global Perspective: Business, Regulation, and Culture, Palgrave: Basingstoke, S. 129-154.

Frohman, Larry: Seeing Like a State: Population Registration, Social Planning, and the Discourse on Privacy Protection in Germany, 1930-1985, nicht publiziertes Manuskript.

Früh, Werner (2001): Inhaltsanalyse. Theorie und Praxis, UVK Verlagsgesellschaft: Konstanz.

Garfinkel, Simson (2000): Database Nation. The Death of Privacy in the 21st Century, O'Reilly: Sebastopol.

Geiselberger, Heinrich (Redaktion) (2011): WikiLeaks und die Folgen. Netz – Medien – Politik, Berlin: Suhrkamp.

Gergely, Stefan M. (1985): Mikroelektronik. Computer, Roboter und neue Medien erobern die Welt, Piper: München.

Geuss, Raymond (2002): Privatheit. Eine Genealogie, Suhrkamp: Frankfurt am Main.

Giddens, Anthony (1996): Konsequenzen der Moderne, Suhrkamp: Frankfurt am Main.

Gieseke, Jens (2003): Die Einheit von Wirtschafts-, Sozial- und Sicherheitspolitik. Militarisierung und Überwachung als Probleme einer DDR-Sozialgeschichte der Ära Honecker. Christoph Kleßmann zum 65. Geburtstag, in: Zeitschrift für Geschichtswissenschaft 51, S. 996-1021.

Gnegel, Frank (2011): Der kleine Lauschangriff. Überwachungstechniken im privaten Bereich, in: Das Archiv. Magazin für Kommunikationsgeschichte 1, S. 82-89.

Goffman, Erving (1969): Wir alle spielen Theater. Die Selbstdarstellung im Alltag, Piper: München.

Goffman, Erving (1973 [1959]): The Presentation of Self in Everyday Life, Overlook Press: Woodstock.

Goldsmith, Jack/Wu, Tim (2008): Who Controls the Internet? Illusions of a Borderless World. With a new preface, Oxford University Press: New York.

Görig, Carsten (2011): Gemeinsam einsam. Wie Facebook, Google & Co. unser Leben verändern, Orell Fuessli Verlag: Zürich.

Götting, Horst-Peter et al. (Hrsg.) (2008): Handbuch des Persönlichkeitsrechts, Beck: München.

Gottschall, Karin /Voß, Günter G. (Hrsg.) (2003): Entgrenzung von Arbeit und Leben. Zum Wandel der Beziehung von Erwerbstätigkeit und Privatsphäre im Alltag, Hampp: München.

Gräf, Dennis/Halft, Stefan/Schmöller, Verena (Hrsg.) (2011a): Privatheit. Formen und Funktionen, Stutz: Passau.

Gräf, Dennis/Halft, Stefan/Schmöller, Verena (2011b): Privatheit. Zur Einführung, in: Dies. (Hrsg.): Privatheit, S. 9-28.

Grimm, Rüdiger (2012): Spuren im Netz, in: DuD – Datenschutz und Datensicherheit 2, S. 88-91.

Grunenberg, Nina (1983): »Probieren, ob's legal geht«. Gisela Wild und Maja Stadler-Euler. Zwei Anwältinnen blockierten in Karlsruhe die Volkszählung, in: Die Zeit, 22.4.1983.

Haas, Stefanie/Hilmer, Richard (2012): Digitale Wutbürger oder Grüne 2.0? Zur Wählerstruktur der Piratenpartei, in: Schröder, Michael (Hrsg.): Die Web-Revolution. Das Internet verändert Politik und Medien, Olzog: München.

Habermas, Jürgen (1962): Strukturwandel der Öffentlichkeit. Untersuchungen zu einer Kategorie der bürgerlichen Gesellschaft, Luchterhand: Neuwied.

Habermas, Jürgen (1989 [1962]): The Structural Transformation of the Public Sphere. An Inquiry into a Category of Bourgeois Society, MIT Press: Cambridge.

Habermas, Jürgen (1990 [1962]): Strukturwandel der Öffentlichkeit. Untersuchungen zu einer Kategorie der bürgerlichen Gesellschaft. Suhrkamp: Frankfurt am Main.

Haller, Michael (Hrsg.) (1990): Weizenbaum contra Haefner: Sind Computer die besseren Menschen?, Pendo: Zürich.

Han, Byung-Chul (2012a): Transparent ist nur das Tote, in: Die Zeit, 12.1.2012, S. 41.

Han, Byung-Chul (2012b): Transparenzgesellschaft, Matthes & Seitz: Berlin.

Hannah, Matthew G. (2010): Dark Territory in the Information Age. Learning from the West German Census Controversies of the 1980s, Ashgate: Farnham/Burlington.

Häusler, Martin (2011): Die Piratenpartei. Freiheit, die wir meinen. Neue Gesichter für die Politik, Scorpio: Berlin/München.

Heesen, Jessica (2008): Medienethik und Netzkommunikation. Öffentlichkeit in der individualisierten Mediengesellschaft, Humanities Online: Frankfurt am Main.

Heller, Christian (2011): Post-Privacy. Prima leben ohne Privatsphäre, Beck: München.

Hempel, Leon/Krasmann, Susanne/Bröckling, Ulrich (Hrsg.) (2011): Sichtbarkeitsregime. Überwachung, Sicherheit und Privatheit im 21. Jahrhundert, VS Verlag: Wiesbaden.

Herrmann, Friederike (2002): Privatheit, Medien und Geschlecht, Leske + Budrich: Opladen.

Hodenberg, Christina von (2006): Konsens und Krise. Eine Geschichte der westdeutschen Medienöffentlichkeit 1945-1973, Wallstein: Göttingen.

Hoff, Ernst-H. (2008): Alte und neue Formen der Lebensgestaltung. Segmentation, Integration und Entgrenzung von Berufs- und Privatleben, in: Karin Jurczyk, Karin/Oechsle, Mechtild (Hrsg.): Das Private neu denken. Erosionen, Ambivalenzen, Leistungen, Westfälisches Dampfboot: Münster, S. 133-153.

Hoffmann, Gerd (1978): Nun doch Bürgers Daten beim Staat?, in: Die Zeit, 3.2.1978.

Hofmann, Jörg (1986): Die Modernisierung des Staatsapparates durch EDV-Einsatz und die »Sicherheitsgesetze«, in: Kutscha, Martin/Paech, Norman (Hrsg.): Totalerfassung, Pahl-Rugenstein: Köln, S. 142-162.

Hölscher, Lucian (1978): Öffentlichkeit, in: Otto Brunner/Werner Conze/Reinhart Koselleck (Hrsg.): Geschichtliche Grundbegriffe, Klett: Stuttgart, S. 431-467.

Hörisch, Jochen (2004): Eine Geschichte der Medien. Von der Oblate zum Internet, Suhrkamp: Frankfurt am Main.

Hotter, Maximilian (2011): Privatsphäre. Der Wandel eines liberalen Rechts im Zeitalter des Internets, Campus: Frankfurt am Main.

Hubert, Eva (1983): Politiker fragen – Bürger antworten nicht. Die Boykottbewegung gegen die Volkszählung, in: Taeger, Jürgen (Hrsg.): Die Volkszählung, Rowohlt: Reinbeck, S. 254-265.

Hubmann, Heinrich (1967 [1953]): Das Persönlichkeitsrecht, Böhlau: Köln/Graz.

Imhof, Kurt (1998): Die Verankerung der Utopie herrschaftsemanzipierten Raisonnements im Dualismus Öffentlichkeit und Privatheit, in: Imhof, Kurt/Schulz, Peter (Hrsg.): Die Veröffentlichung des Privaten – die Privatisierung des Öffentlichen, Westdeutscher Verlag: Wiesbaden.

Imhof, Kurt/Schulz, Peter (Hrsg.) (1998): Die Veröffentlichung des Privaten – die Privatisierung des Öffentlichen, Westdeutscher Verlag: Wiesbaden.

Initiative D 21/ipima (Hrsg.) (2012): E-Government-Monitor 2012. Nutzung und Akzeptanz von elektronischen Bürgerdiensten im internationalen Vergleich, Berlin (www.egovernment-monitor.de).

Internet & Gesellschaft Co:llaboratory (Hrsg.) (2010): Offene Staatskunst. Bessere Politik durch »Open Government«? Abschlussbericht, Berlin.

Internet & Gesellschaft Co:llaboratory (Hrsg.) (2011): Gleichgewicht und Spannung zwischen digitaler Privatheit und Öffentlichkeit. Phänomene, Szenarien und Denkanstöße. Abschlussbericht, Berlin.

Internet & Gesellschaft Co:llaboratory (Hrsg.) (2012): Menschenrechte und Internet: Zugang, Freiheit & Kontrolle. Abschlussbericht, Berlin.

JIM-Studie (2011): Jugend, Information, (Multi-) Media, Medienpädagogischer Forschungsverband Südwest: Stuttgart.

Johnson, Bobbie (2010): Privacy no longer a social norm, says Facebook founder, in: Guardian.co.uk, 11.1.2010, http://www.guardian.co.uk/technology/2010/jan/11/facebook-privacy/print (24.8.2010).

Jurczyk, Karin/Oechsle, Mechtild (2008): Privatheit: Interdisziplinarität und Grenzverschiebungen. Eine Einführung, in: Dies. (Hrsg.): Das Private neu denken. Erosionen, Ambivalenzen, Leistungen, Westfälisches Dampfboot, Münster 2008, S. 133-153.

Jurczyk, Karin/Oechsle, Mechtild (Hrsg.) (2008a): Das Private neu denken, Westfälisches Dampfboot, Münster.

Kainz, Peter (2011): Ideologie der Privatheit – Notwendigkeit des Exhibitionismus? Zum Dilemma des neuzeitlichen Individualismus, in: Gräf, Dennis/Halft, Stefan/Schmöller, Verena (Hrsg.): Privatheit. Formen und Funktionen, Stutz: Passau, S. 135-154.

Kamber, Esther/Ettinger, Patrik (2008): Strukturen und Wandel von Öffentlichkeit und ihre seismographische Funktion, in: Heinz Bonfadelli/Kurt Imhof/Roger Blum/Otfried Jarren (Hrsg.): Seismographische Funktion von Öffentlichkeit im Wandel, VS Verlag für Sozialwissenschaften: Wiesbaden, S. 170-188.

Kamlah, Ruprecht (1969): Elektronische Datenüberwachung durch den

Staat möglich. Leserbrief, in: Frankfurter Allgemeine Zeitung, 27.6.1969, S. 11.

Kamlah, Ruprecht (1970): Datenüberwachung und Bundesverfassungsgericht, Die öffentliche Verwaltung 23/11, S. 361-364.

Kammer, Manfred (2001): Geschichte der Digitalmedien, in: Schanze, Helmut (Hrsg.): Handbuch der Mediengeschichte, Kröner: Stuttgart, S. 519-554.

Kammerer, Dietmar (2008): Bilder der Überwachung, Suhrkamp: Frankfurt am Main.

Kammerer, Dietmar (2011): Das Werden der »Kontrolle«. Herkunft und Umfang eines Deleuzeschen Begriffs, in: Zurawski, Nils (Hrsg.): Überwachungspraxen – Praktiken der Überwachung. Analysen zum Verhältnis von Alltag, Technik und Kontrolle, Budrich UniPress: Opladen, S. 19-34.

Kebbedies, Frank (2000): Außer Kontrolle. Jugendkriminalität in der NS-Zeit und der frühen Nachkriegszeit, Klartext: Essen.

Kelbert, Florian/Shirazi, Fatemeh/Simo, Hervais (2012): State of Online Privacy – A Technical Perspective, in: Buchmann, Johannes (Hrsg.): Internet Privacy – Eine multidisziplinäre Bestandsaufnahme/A Multidisciplinary Analysis, Springer: Berlin.

Kelly, Kevin (2011): My Optimism is Off the Chart, in: The European Magazine, 20.9.2011, http://theeuropean-magazine.com/350-kelly-kevin/351-what-technology-wants (1.3.2013).

Keppler, Angela (1998): Das Private ist politisch. Die Veröffentlichung des Privaten – eine ambivalente Medienstrategie, in: Imhof, Kurt/Schulz, Peter (Hrsg.): Die Veröffentlichung des Privaten – die Privatisierung des Öffentlichen, Westdeutscher Verlag: Wiesbaden, S. 157-164.

Kerchner, Brigitte/Wilde, Gabriele (Hrsg.) (1997): Staat und Privatheit. Aktuelle Studien zu einem schwierigen Verhältnis, Leske + Budrich, Opladen.

Kersting, Wolfgang (2009): Verteidigung des Liberalismus, Murmann: Hamburg.

Kersting, Wolfgang (2012): Wie gerecht ist der Markt? Ethische Perspektiven der sozialen Marktwirtschaft, Murmann: Hamburg.

Khatchadourian, Raffi (2011): Keine Geheimnisse – Julian Assanges Mission der totalen Transparenz. Porträt eines getriebenen, in: Geiselberger, Heinrich (Redaktion) (2011): WikiLeaks und die Folgen. Netz – Medien – Politik, Berlin: Suhrkamp, S. 11-46.

Kincaid, Jason (2009): Startup School: An Interview with Mark Zuckerberg, in: TechChrunch, 24.10.2009, http://techcrunch.com/2009/10/24/startup-school-an-interview-with-mark-zuckerberg (10.8.2012).

Király, Andrei (2010): Whistleblower in der öffentlichen Verwaltung. Ihre

Rechtsstellung bei der Korruptionsbekämpfung, FÖV Discussion Paper, 57: Speyer.

Kirkpatrick, David (2011): Der facebook-effekt. Hinter den Kulissen des Internet-Giganten, Hanser: München.

Kirkpatrick, Marshall (2008): Mark Zuckerberg on Data Portability: An Interview, in: ReadWriteWeb, 10.3.2008, http://readwriteweb.com/archives/mark_zucker berg_on_data_portap.php (10.6.2010).

Kirpal, Alfred/Vogel, Andreas (2006): Neue Medien in einer vernetzten Gesellschaft: Zur Geschichte des Internets und des World Wide Web, in: N.T.M. 14, S. 137-147.

Kleindiek, Ralf (2012): Das Hamburgische Transparenzgesetz, Hamburg (Manuskript; erscheint in der Festschrift für Gunnar Folke Schuppert).

Knorr-Cetina, Karin (1998): Sozialität mit Objekten: Soziale Beziehungen in post-traditionalen Wissensgesellschaften, in: Rammert, Werner (Hrsg.): Technik und Sozialtheorie, Campus: Frankfurt am Main/New York.

Koch, Gertrud (2004): A Private Point-of-View: Privacy in and via the Media, in: Rössler, Beate (Hrsg.): Privacies. Philosophical Evaluations, Stanford University Press: Stanford, S. 215-226.

Kocka, Jürgen (Hrsg.) (1987): Bürger und Bürgerlichkeit im 19. Jahrhundert, Vandenhoeck & Ruprecht: Göttingen.

Köhler, Thomas R. (2012): Die Internetfalle. Was wir online unbewusst über uns preisgeben und wie wir das World Wide Web sicher für uns nutzen können, Frankfurter Allgemeine Buch (www.wiso-nct.de).

Kotteder, Franz (2011): Die wissen alles über sie. Wie Staat und Wirtschaft ihre Daten ausspionieren – und wie sie sich davor schützen, Redline: München.

Krebsbach-Gnath, Camilla/van Buiren, Shirley (Hrsg.) (1986): Die gesellschaftliche Herausforderung der Informationstechnik, Oldenbourg: München.

Kreissl, Reinhard/Ostermeier, Lars (2010): Wer hat Angst vorm großen Bruder? Datenschutz und Identität im elektronischen Zeitalter, in: Hempel, Leon/Krasmann, Susanne/Bröckling, Ulrich (Hrsg.): Sichtbarkeitsregime. Überwachung, Sicherheit und Privatheit im 21. Jahrhundert, VS Verlag: Wiesbaden, S. 281-298.

Kretschmer, Birte/Werner, Frederic (Hrsg.) (2001): Die digitale Öffentlichkeit. Wie das Internet unsere Demokratie verändert, Friedrich Ebert Stiftung: Hamburg.

Krueger, Richard A./Casey, Mary A. (2009): Focus Groups. A Practical Guide for Applied Research, Book News, Inc: Los Angeles.

Kühnert, Hanno (1969): Tücken der Computer, in: Frankfurter Allgemeine Zeitung, 10.6.1969, S. 1.

Kühnert, Hanno (1983): Fast hätte es eine Schlägerei gegeben. Volkszäh-

lungsgesetz. Die mündliche Verhandlung vor dem Bundesverfassungsgericht, in: Die Zeit, 21.10.1983.
Kurz, Constanze/Rieger, Frank (2011): Die Datenfresser. Wie Internetfirmen und Staat sich unsere Daten einverleiben und wir die Kontrolle darüber zurückerlangen, Fischer: Bonn.
Kutscha, Martin/Paech, Norman (Hrsg.) (1987): Totalerfassung.»Sicherheitsgesetze«, Volkszählung, neuer Personalausweis, Möglichkeiten der Gegenwehr, Pahl-Rugenstein: Köln.

Laborie, Léonard (2011): Fragile Links, Frozen Identities: the Governance of Telecommunication Networks and Europe (1944-53), in: History and Technology 27, S. 311-330.
Latour, Bruno (1992): Where Are the Missing Masses? The Sociology of a Few Mundane Artifacts, in: Bijker, Wiebe E./Law, John (Hrsg.): Shaping Technology/Building Society. Studies in Sociotechnical Change, MIT-Press: Cambridge.
Latour, Bruno (2005): Reassembling the Social. An Introduction to Actor-Network-Theory, Oxford University Press: Oxford.
Leinemann, Jürgen (1979): Was für ein trostloses Leben, in: Der Spiegel, 48/1979, S. 68-84.
Leiste, Oliver/Röhle, Theo (Hrsg.) (2011): Generation Facebook. Über das Leben im Social Net, transcript Verlag: Bielefeld.
Lenk, Klaus (1973): Datenschutz in der öffentlichen Verwaltung, in: Kilian, Wolfgang/Lenk, Klaus/Steinmüller, Wilhelm (Hrsg.): Datenschutz. Juristische Grundsatzfragen beim Einsatz elektronischer Datenverarbeitungsanlagen in Wirtschaft und Verwaltung, Athenäum-Verlag: Frankfurt am Main, S. 15-50.
Leroi-Gourhan, André (1987): Hand und Wort. Die Evolution von Technik, Sprache und Kunst, Suhrkamp: Frankfurt am Main.
Locke, Laura (2007): The Future of Facebook. Interview with Marc Zuckerberg. In: Time, 17.7.2007, http://www.time.com/time/business/article/0,8599,1644 040,00.html (10.8.2012).
Lohmüller, Christian (2010): Immer mehr und immer länger: Verweildauer in sozialen Netzwerken steigt weltweit, in: Kress, Mediendienst, 23.3.2010, http://kress.de/tagesdienst/detail/beitrag/103145-immer-mehr-und-immer-laenger-verweildauer-in-sozialen-netzwerken-steigt-weltweit.html (23.3.2010).
Loosen, Wiebke (2012): (Massen-)Medien und Privatheit, in: Schmidt, Jan-Hinrik/Weichert, Thilo (Hrsg.): Datenschutz. Grundlagen, Entwicklungen und Kontroversen, Bundeszentrale für politische Bildung: Bonn, S. 52-58.
Luhmann, Niklas (1965): Grundrechte als Institution. Ein Beitrag zur politischen Soziologie, Duncker & Humblot: Berlin.

Luhmann, Niklas (1987): Soziologische Aufklärung 4. Beiträge zur funktionalen Differenzierung der Gesellschaft, Westdeutscher Verlag: Opladen.
Luhmann, Niklas (1991): Soziologie des Risikos, De Gruyter: Berlin.
Lünenburger-Reidenbach, Wolfgang (2012): Graswurzelbewegungen – mehr Macht für die Basis?, in: Bieber, Christoph (Hrsg.): Digitale Demokratie, GDA: Berlin, S. 47-55.
Lyon, David (2001): Surveillance Society. Monitoring Everyday Life, Open University Press: Buckingham.

Maass, Hans-Heinrich (1970): Information und Geheimnis im Zivilrecht. Eine rechtshistorische und rechtsvergleichende Kritik der privaten und der gewerblichen Geheimsphäre, Ferdinand Enke Verlag: Stuttgart.
Mallmann, Christoph (1976): Datenschutz in Verwaltungs- und Informationssystemen: zur Verhältnismäßigkeit des Austausches von Individualinformationen in der normvollziehenden Verwaltung, Oldenbourg: München/Wien.
Mallmann, Otto (1977): Zielfunktionen des Datenschutzes. Schutz der Privatsphäre – Korrekte Information, Metzner: Frankfurt am Main
Martenstein, Harald (2012): Der Terror der Tugend, in: Die Zeit, 6.6.2012, S. 13-15.
März, Michael (2012): Linker Protest nach dem Deutschen Herbst. Eine Geschichte des linken Spektrums im Schatten des ›starken Staates‹, 1977-1979, transcript: Bielefeld.
McCarthy, Caroline (2010): Facebook's follies: A brief history, in: The Social, 13.5.2010, http://news.cnet.com/8301-13577_3-20004853-36.html (25.6.2012).
Medick, Veit/Wittrock, Philipp (2009): Adresshandel-Lobby bremst Datenschutz aus, in: Spiegel-Online, 21.4.2009, http://www.spiegel.de/politik/deutschland/torpediertes-gesetz-adresshandel-lobby-bremst-datenschutz-aus-a-620332.html (17.9.2012).
Meyer, Rainer (2012): Diese verflixten tausend Euro, in: Frankfurter Allgemeine Zeitung, 18.7.2012, S. 25.
Mezrich, Ben (2009): The Accidental Billionaires. The Founding of Facebook. A Tale of Sex, Money, Genius and Betrayal, Anchor Books: New York.
Moos, Peter von (2004): »Öffentlich« und »Privat« im Mittelalter. Zu einem Problem historischer Begriffsbildung, Winter: Heidelberg.
Müller, Günter/Flender, Christian/Peters, Martin (2012): Vertrauensinfrastruktur und Privatheit als ökonomische Fragestellung, in: Buchmann, Johannes (Hrsg.): Internet Privacy – Eine multidisziplinäre Bestandsaufnahme, Springer: Berlin.
Müller, Paul J. (1974): Die Gefährdung der Privatsphäre durch Datenban-

ken, in: Dammann, Ulrich et al. (Hrsg.): Datenbanken und Datenschutz, Herder & Herder: Frankfurt am Main, S. 63-90.

Neptop Research (2011): Trust is Social Currency 2011, http://www.net popresearch.com/node/26713 (17.9.2012).

Nerz, Sebastian (2012): Zum Selbstverständnis der Netzbürger – Transparenz und Netzfreiheiten, in: Bieber, Christoph (Hrsg.): Digitale Demokratie, GDA: Berlin, S. 7-16.

Nettesheim, Martin (2011): Grundrechtsschutz der Privatheit, in: Der Schutzauftrag des Rechts, Veröffentlichungen der Vereinigung der Deutschen Staatsrechtslehrer, Band 70, De Gruyter: Berlin, S. 7-43.

Neumaier, Eduard (1975): Von der Dampfkripo zur Computerpolizei. BKA-Chef Horst Herold im Kampf gegen politische Verbrechen: Lieber vorbeugen, in: Die Zeit, 21.3.1975.

Niedieck, Gerda (1973): Vom Verlag zur Datenbank. Neue Wege der Kulturindustrie: Elsevier in Amsterdam, in: Frankfurter Allgemeine Zeitung, 28.5.1973, S. 22.

Nissenbaum, Helen (1998): Protecting Privacy in an Information Age: The Problem of Privacy in Public, in: Law and Philosophy 17, S. 559-596.

Nissenbaum, Helen (2010): Privacy in Context. Technology, Policy, and the Integrity of Social Life, Stanford University Press: Stanford.

Noelle-Neumann, Elisabeth (1983): Allensbacher Jahrbuch der Demoskopie. 1978-1983, Saur: München.

Noelle-Neumann, Elisabeth (1992): Allensbacher Jahrbuch der Demoskopie. 1984-1992, Saur: München.

Orwell, George (2008): Nineteen eighty-four, Penguin: London.

Otter, Chris (2008): The Victorian Eye. A Political History of Light and Vision in Britain, 1800-1910, University of Chicago Press: Chicago.

Petersen, Wolfgang (2004): Troy/Troja, Film: Warner Brothers Pictures.

Pethes, Nicolas (2004): EDV im Orwellstaat. Der Diskurs über Lauschangriff, Datenschutz und Rasterfahndung um 1984, in: Schneider, Irmela/Bartz, Christina/Otto, Isabell (Hrsg.): Medienkultur der 70er Jahre, VS Verlag: Wiesbaden, S. 57-75.

Pham, Khue/Rosenfeld, Dagmar (2012): Club der Visionäre, in: Die Zeit, 12.7.2012, S. 3.

Pokatzky, Klaus (1983): Zähler wollen nicht Zähler sein. Volkszählung. Innenbehörde droht allen, die sich verweigern mit Zwangsverpflichtung und Bußgeld, in: Die Zeit, 11.3.1983.

Poovey, Mary (1988): Uneven Developments. The Ideological Work of Gender in Mid-Victorian England, University of Chicago Press: Chicago.

Pörksen, Bernhard/Detel, Hanne (2012): Der entfesselte Skandal. Das Ende der Kontrolle im digitalen Zeitalter, Herbert von Halem Verlag: Köln.

Poster, Mark (1990): The Mode of Information. Poststructuralism and Social Context, University of Chicago Press: Chicago.

Raithel, Thomas (2009): Neue Technologien. Produktionsprozesse und Diskurse, in: Raithel, Thomas/Rödder, Andreas/Wirsching, Andreas (Hrsg.): Auf dem Weg in eine neue Moderne? Die Bundesrepublik Deutschland in den siebziger und achtziger Jahren, Oldenbourg: München, S. 31-44.

Raphael, Lutz (1996): Die Verwissenschaftlichung des Sozialen als methodische und konzeptionelle Herausforderung für eine Sozialgeschichte des 20. Jahrhunderts, in: Geschichte und Gesellschaft 22, S. 165-193.

Raphael, Lutz (2000): Recht und Ordnung. Herrschaft durch Verwaltung im 19. Jahrhundert (= Europäische Geschichte), Suhrkamp: Frankfurt am Main

Rapp, Friedrich (1993): Die normativen Determinanten des technischen Wandels, in: Lenk, Hans/Ropohl, Günter (Hrsg.): Technik und Ethik, Reclam: Stuttgart, S. 31-48.

Raz, Joseph (1986): The Morality of Freedom, Clarendon Press: Oxford.

Regan, Priscilla (1995): Legislating Privacy. Technology, Social Values, and Public Policy, University of North Carolina Press: Chapel Hill/London.

Reinhard, Wolfgang (1999): Geschichte der Staatsgewalt. Eine vergleichende Verfassungsgeschichte Europas von den Anfängen bis zur Gegenwart, C.H. Beck: München.

Reissmann, Ole/Stöcker, Christian/Lischka, Konrad (2012): We are Anonymous. Die Maske des Protests: wer sie sind, was sie antreibt, was sie wollen, Goldmann: München.

Reppesgaard, Lars (2012): Global Players: Die großen Internetunternehmen betrachten den Datenschutz eher als Geschäftshindernis, in: Schmidt, Jan-Hinrik/Weichert, Thilo (Hrsg.): Datenschutz. Grundlagen, Entwicklungen und Kontroversen, Bundeszentrale für politische Bildung: Bonn, S. 412-418.

Richter, Thomas (2010): Facebook liebt die Öffentlichkeit: Die User auch?, in: Telepolis, 7.6.2010, http://www.heise.de/tp/r4/artikel/32/32735/1.html (10.8.2012).

Richter, Thomas (2010): Facebook Web 2.0, in: Telepolis, 8.6.2010, http://www.heise.de/tp/r4/artikel/32/32735/1.html (10.8.2012).

Richter, Thomas (2010): Gegenreaktionen, in: Telepolis, 10.6.2010, http://www.heise.de/tp/r4/artikel/32/32735/1.html (10.8.2012).

Richter, Thomas (2010): Was will Facebook?, in: Telepolis, 9.6.2010, http://www.heise.de/tp/r4/artikel/32/32735/1.html (10.8.2012).

Ritter, Martina (2008): Die Dynamik von Privatheit und Öffentlichkeit in modernen Gesellschaften, VS Verlag: Wiesbaden.

Robins, Kevin/Webster, Frank (1988): Cybernetic Capitalism: Information, Technology, Everyday Life, in: Mosco, Vincent/Wasko, Janet (Hrsg.): The Political Economy of Information, University of Wisconsin Press: Madison, S. 44-75.

Ronge, Volker (1981): Datendurst und Datenschutz, in: Kursbuch 66, S. 108-129.

Rosen, Jeffrey (2000): The Unwanted Gaze. The Destruction of Privacy in America, Random House: New York.

Rosenbach, Marcel/Starck, Holger (2011): Staatsfeind WikiLeaks. Wie eine Gruppe von Netzaktivisten die mächtigsten Nationen der Welt herausfordert, Deutsche Verlags-Anstalt: Stuttgart.

Rössler, Beate (2001): Der Wert des Privaten, Suhrkamp: Frankfurt am Main.

Rössler, Beate (2008): Der Wert des Privaten: Liberale Theorie und Gesellschaftskritik, in: Jurczyk, Karin/Oechsle, Mechtild (Hrsg.): Das Private neu denken. Erosionen, Ambivalenzen, Leistungen, Westfälisches Dampfboot: Münster, S. 282-300.

Rössler, Beate (Hrsg.) (2004): Privacies. Philosophical Evaluations, Stanford University Press: Stanford.

Rössler, Patrick (2005): Inhaltsanalyse, UVK Verlagsgesellschaft: Konstanz.

Ruckenbiel, Jan (2003): Soziale Kontrolle im NS-Regime. Protest, Denunziation und Verfolgung. Zur Praxis alltäglicher Unterdrückung im Wechselspiel von Bevölkerung und Gestapo, Köln, http://dokumentix.ub.uni-siegen.de/opus/volltexte/2005/51/ (1.3.2013).

Rudlstorfer, Daniel (2011): Daten-Striptease ohne Reue? Wie das Internet die Privatsphäre aushöhlt, Tectum Verlag: Marburg.

Saupe, Achim (2010): Von »Ruhe und Ordnung« zur »inneren Sicherheit«. Eine Historisierung gesellschaftlicher Dispositive, in: Zeithistorische Forschungen 7/2, S. 170-187.

Schaar, Peter (2009): Das Ende der Privatsphäre. Der Weg in die Überwachungsgesellschaft, München: Goldmann.

Scheiper, Stephan (2010): Innere Sicherheit. Politische Anti-Terror-Konzepte in der Bundesrepublik Deutschland während der 1970er Jahre, Schöningh: Paderborn.

Schertz, Christian/Höch, Dominik (2011): Privat war gestern. Wie Medien und Internet unsere Werte zerstören, Ullstein: Berlin.

Schmidt, Eric (2010): Offenheit ist meine Religion. Interview von Joachim Müller-Jung und Holger Schmidt mit Google-Chef Eric Schmidt, in: Frankfurter Allgemeine Zeitung, 10.9.2010.

Schmidt, Hans Jörg (2009): Privatheit und individuelle Freiheit im digitalen Zeitalter, in: Ackermann, Ulrike (Hrsg.): Freiheit in der Krise? Der Wert der wirtschaftlichen, politischen und individuellen Freiheit, Humanities Online: Frankfurt am Main, S. 127-136.

Schmidt, Jan-Hinrik (2009): Das neue Netz: Merkmale, Praktiken und Folgen des Web 2.0, UVK: Konstanz.

Schmidt, Jan-Hinrik (2012): Persönliche Öffentlichkeiten und informationelle Selbstbestimmung im Social Web, in: Schmidt, Jan-Hinrik/Weichert (Hrsg.): Datenschutz. Grundlagen, Entwicklungen und Kontroversen, Bundeszentrale für politische Bildung: Bonn, S. 215-225.

Schmidt, Jan-Hinrik/Weichert, Thilo (Hrsg.) (2012): Datenschutz. Grundlagen, Entwicklungen und Kontroversen, Bundeszentrale für politische Bildung: Bonn.

Schmolz, Helene (2011): Privatheit im Internet: Von Möglichkeiten und Gefahren digitaler Informations- und Kommunikationstechnologien, in: Gräf, Dennis/Halft, Stefan/Schmöller, Verena (Hrsg.) (2011a): Privatheit. Formen und Funktionen, Stutz: Passau, S. 155-182.

Schneider, Ulrich (2004): Der Januskopf der Prominenz. Zum ambivalenten Verhältnis von Privatheit und Öffentlichkeit, Wiesbaden: VS Verlag für Sozialwissenschaften.

Schnepel, Johannes (1983): Volkszählung und Computertechnologie, in: Taeger, Jürgen (Hrsg.): Die Volkszählung, Rowohlt: Reinbeck, S. 244-249.

Schnepel, Johannes (1984): Gesellschaftliche Ordnung durch Computerisierung, Lang: Frankfurt am Main.

Schönherr, Maximilian (2012): Cookies erlauben, ja oder nein?, Deutschlandfunk, Computer und Kommunikation, 14.4.12, http://www.dradio.de/dlf/sendungen/computer/1730246/ (2.8.2012).

Schuhmann, Annette (2012): Der Traum vom perfekten Unternehmen. Die Computerisierung der Arbeitswelt in der Bundesrepublik Deutschland (1950er- bis 1980er-Jahre), in: Zeithistorische Forschungen 9/2, S. 231-256.

Seeliger, Julia (2010): Der Innenminister als Troll, in: Die Tageszeitung, 29.12.2010.

Seibring, Anne (2011): Die Humanisierung des Arbeitslebens in den 1970er-Jahren: Forschungsstand und Forschungsperspektiven. in: Andresen, Knud/Bitzegeio, Ursula/Mittag, Jürgen (Hrsg.): Nach dem Strukturbruch? Kontinuität und Wandel von Arbeitsbeziehungen und Arbeitswelt(en) seit den 1970er-Jahren, Dietz: Bonn, S. 107-126.

Seidel, Ulrich (1972): Datenbanken und Persönlichkeitsrecht: unter besonderer Berücksichtigung der amerikanischen Computer Privacy, Schmidt: Köln.

Sélitrenny, Rita (2003): Doppelte Überwachung. Geheimdienstliche Ermittlungsmethoden in den DDR-Untersuchungshaftanstalten, Christoph Links Verlag: Berlin.

Sennet, Richard (1983): Verfall und Ende des öffentlichen Lebens. Die Tyrannei der Intimität, Fischer: Frankfurt am Main.
Seubert, Sandra (2010): Privatheit und Öffentlichkeit heute: Ein Problemaufriss, in: Seubert, Sandra/Niesen, Peter (Hrsg.): Die Grenzen des Privaten, Nomos: Baden-Baden 2010, S. 9-22.
Seubert, Sandra/Niesen, Peter (Hrsg.) (2009): Die Grenzen des Privaten, Nomos: Baden-Baden.
Simitis, Spiros (1971): Chancen und Gefahren der elektronischen Datenverarbeitung, in: Neue juristische Wochenschrift, 24/16, S. 673-682.
Simitis, Spiros (1972/73): Datenschutz – Notwendigkeit und Voraussetzungen einer gesetzlichen Regelung, in: Datenverarbeitung im Recht 1, S. 138-189.
Simitis, Spiros (1982): Datenschutz: Voraussetzung oder Ende der Kommunikation?, in: Horn, Norbert (Hrsg.): Europäisches Rechtsdenken in Geschichte und Gegenwart, Beck: München, S. 495-520.
Simitis, Spiros (1987): Reviewing Privacy in an Information Society, in: University of Pennsylvania Law Review 135, S. 707-746.
Simmel, Georg (1906): Psychologie der Diskretion, http://socio.ch/sim/verschiedenes/1906/diskretion.htm (14.9.2012).
Simmel, Georg (1992): Das Geheimnis und die geheime Gesellschaft, in: Ders.: Untersuchungen über die Formen der Vergesellschaftung, Gesamtausgabe Band 11, Suhrkamp: Frankfurt am Main.
Simon, Anne-Catherine/Simon, Thomas (2008): Ausgespäht und abgespeichert. Warum uns die totale Kontrolle droht und was wir dagegen tun können, Herbig: München.
Singel, Ryan (2010a): Privacy Lawsuit Targets Net Giants Over ‹Zombie› Cookies, http://www.wired.com/threatlevel/2010/07/zombie-cookies-lawsuit/ (3.8.2012).
Singel, Ryan (2010b): Online Tracking Firm Settles Suit Over Undeletable Cookies, http://www.wired.com/business/2010/12/zombie-cookie-settlement/ (3.8.2012).
Sofsky, Wolfgang (2007): Verteidigung des Privaten. Eine Streitschrift, Bundeszentrale für politische Bildung: Bonn.
Soltani, Ashkan/Canty, Shannon/Mayo, Quentin/Thomas, Lauren/Hoofnagle, Chris Jay (2010): Flash Cookies and Privacy, http://papers.ssrn.com/sol3/papers.cfm?abstract_id=1446862 (13.8.2012).
Spinola, Julia (2012): Unsere Musik-DNA von morgen, in: Frankfurter Allgemeine Zeitung, 9.3.2012, S. 31.
Steindel, Tracy A. (2010): A Path Toward User Control of Online Profiling, in: Michigan Telecommunications and Technology Law Review 459, S. 459-490.
Steinmüller, Wilhelm et al. (1971): Grundfragen des Datenschutzes, BT Drs. VI/3826.

Stöcker, Christian (2011): Nerd Attack! Eine Geschichte der digitalen Welt vom C64 bis zu Twitter und Facebook, DVA: München/Hamburg.

Ströbele, Hans-Christian (1987): Nur ein leerer Volkszählungsfragebogen ist ein harmloser Fragebogen. Vorwort, in: Appel, Roland/Hummel, Dieter (Hrsg.): Vorsicht Volkszählung!, Kölner Volksblatt-Verlag: Köln, S. 8-10.

Stutzman, Fred/Kramer-Duffield, Jacob (2010): Friends Only: Examining Privacy-Enhancing Behavior in Facebook, http://fredstutzman.com/papers/CHI2010_Stutzman.pdf (13.6.2012).

Taeger, Jürgen (Hrsg.) (1983): Die Volkszählung, Rowohlt: Reinbek.

Tate, Ryan (2009): Google CEO: Secrets Are for Filthy People, in: Gawker, 4.12.2009, http://gawker.com/5419271/google-ceo-secretsa-are-for-filthy-people (8.3.2010).

Teipel, Jürgen (2001): Verschwende Deine Jugend. Ein Doku-Roman über den deutschen Punk und New Wave, Suhrkamp: Frankfurt am Main.

Thomas, Uwe (1971): Computerised Data Banks in Public Administration, OECD: Paris.

Thomsen, Claas (1990): Die Computerisierung der Lebenswelt: Entwicklung, Erfolge, Probleme, in: Haller, Michael (Hrsg.): Weizenbaum contra Haefner: Sind Computer die besseren Menschen?, Pendo: Zürich, S. 9-58.

Tiedemann, Klaus/Sasse, Christoph (1973): Delinquenzprophylaxe, Kreditsicherung und Datenschutz in der Wirtschaft, Heymann: Köln.

Trepte, Sabine (2012): Privatsphäre aus psychologischer Sicht, in: Schmidt, Jan-Hinrik/Weichert, Thilo (Hrsg.): Datenschutz. Grundlagen, Entwicklungen und Kontroversen, Bundeszentrale für politische Bildung: Bonn, S. 59-66.

Vascellaro, Jessica (2010): Facebook CEO in No Rush To ›Friend‹ Wall Street, in: The Wall Street Journal, 3.3.2010, http://online.wsj.com/article/SB10001424052748703787304575075942803630712.html (10.8.2012).

Virilio, Paul (1989): Der negative Horizont: Bewegung, Geschwindigkeit, Beschleunigung, Hanser: München.

Wagner, Ulrike/Gebel, Christa/Brüggen, Niels (2012): Privatsphäre als Verhandlungssache: Jugendliche in sozialen Netzwerkdiensten, in: Schmidt, Jan-Hinrik/Weichert, Thilo (Hrsg.): Datenschutz. Grundlagen, Entwicklungen und Kontroversen, Bundeszentrale für politische Bildung: Bonn, S. 226-236.

Warren, Samuel D./Brandeis, Louis D. (1890): The Right to Privacy, in: Harvard Law Review 4/5, S. 193-222.

Weber, Johannes (1994): Die Novellen sind eine Eröffnung des Buchs der ganzen Welt. Entstehung und Entwicklung der Zeitung im 17. Jahrhundert, in: Beyrer, Klaus/Dallmeier, Martin (Hrsg.): Als die Post noch Zeitung machte. Eine Pressegeschichte, Anabas: Gießen, S. 15-25.

Weber, Max (1919): Wissenschaft als Beruf, Duncker & Humblot: München.

Weigl, Michaela (2011): Der Schutz der Privatsphäre vor den Medien, in: Gräf, Dennis/Halft, Stefan/Schmöller, Verena (Hrsg.) (2011): Privatheit. Formen und Funktionen, Stutz: Passau, S. 109-134.

Weiß, Ralph (2008): Das medial entblößte Ich – verlorene Privatheit?, in: Jurczyk, Karin/Oechsle, Mechtild (Hrsg.): Das Private neu denken. Erosionen, Ambivalenzen, Leistungen, Westfälisches Dampfboot: Münster, S. 174-191.

Weizenbaum, Joseph (1976): Computer Power and Human Reason. From Judgment to Calculation, Freeman: San Francisco.

Westin, Alan F. (1967/1970): Privacy and Freedom, Atheneum: New York.

Wewer, Göttrik (2012a): Sicherheit durch Software? Was wirklich getan werden muss, um das Vertrauen ins Netz nachhaltig und dauerhaft zu steigern, in: DIVSI-Magazin 1/1, S. 20-21.

Wewer, Göttrik (2012b): Sicherheit in Zeiten der Unsicherheit, oder: Internet und E-Government, in: Verwaltung & Management 18/2, S. 88-101.

Wewer, Göttrik (2012c): Vertrauen fördert die Akzeptanz von E-Government-Angeboten, in: Innovative Verwaltung 34/4, S. 26-28.

Wewer, Göttrik (2012d): Wider den Fetisch der Transparenz!, in: Behördenspiegel, Dezember.

Whitaker, Reg (1999): Das Ende der Privatheit. Überwachung, Macht und Soziale Kontrolle im Informationszeitalter, Kunstmann: München.

Whitman, James Q. (2004): Two Western Cultures of Privacy: Dignity versus Liberty, in: Yale Law Journal 113/6, S. 1151-1221.

Wiedemann, Gregor (2011): Regieren mit Datenschutz und Überwachung. Informationelle Selbstbestimmung zwischen Sicherheit und Freiheit, Tectum-Verlag: Marburg.

Wintrich, Joseph M. (1957): Zur Problematik der Grundrechte, Westdt. Verlag: Köln.

Wirsching, Andreas (2006): Abschied vom Provisorium. 1982-1990, DVA: München.

Wirsching, Andreas (2009): Durchbruch des Fortschritts? Die Diskussion über die Computerisierung in der Bundesrepublik, in: ZeitRäume. Potsdamer Almanach des Zentrums für Zeithistorische Forschung 4, S. 207-218.

Wobring, Michael (2004): Telekommunikation und Nationsbildung. Die politischen Konzepte früher deutscher Telegrafenplanung vom ausgehenden 18. Jahrhundert bis zur Paulskirche, in: Technikgeschichte 71, S. 201-221.

Wurster, Christian (2002): Der Computer. Eine illustrierte Geschichte, Taschen: Köln.

Zeh, Julia/Trojanow, Ilja (2009): Angriff auf die Freiheit. Sicherheitswahn, Überwachungsstaat und der Abbau bürgerlicher Rechte, Hanser: München.

Zhan, Justin/Rajamani Vaidyanathan (2008): The Economics of Privacy, International Journal of Security and its Applications 2, S. 101-108.

Zöller, Michael (2009): Markt, Moral und Liberalismus, in: Ackermann, Ulrike (Hrsg.): Freiheit in der Krise? Der Wert der wirtschaftlichen und politischen Freiheit, Humanities Online, Frankfurt am Main.

Zolotas, Triantafyllos (2010): Privatleben und Öffentlichkeit. Eine vergleichende Untersuchung zur Rechtslage in der Bundesrepublik Deutschland, in den Vereinigten Staaten von Amerika sowie nach der Europäischen Menschenrechtskonvention, Heymanns: Köln.

Zuckerberg, Mark (2008): »Das Private ist überbewertet«. Interview mit Jörg Rohleder und Andreas Rohfelder, in: Vanity Fair, 29.10.2008, http://www.gq-magazin.de/articleprint/technik/internet/facebook/2008/10/29/16789 (10.3.2010).

Zuckerberg, Mark (2010): From Facebook, Answering Privacy Concerns with New Settings, in: The Washington Post, 24.5.2010, http://www.washingtonpost.com/wp-dyn/conntent/article/21010/05/23/AR2010052303828.html (24.8.2010).

Zurawski, Nils (Hrsg.) (2011): Überwachungspraxen – Praktiken der Überwachung. Analysen zum Verhältnis von Alltag, Technik und Kontrolle, Budrich UniPress: Opladen.

Zysman, John/Newman, Abraham (Hrsg.) (2006): How Revolutionary was the Digital Revolution? National Responses, Market Transitions, and Global Technology, Book News: Stanford.

Die Autoren

Prof. Dr. Ulrike Ackermann ist promovierte Sozialwissenschaftlerin und Publizistin. Sie studierte Soziologie, Politik, Neuere Deutsche Philologie und Psychologie in Frankfurt am Main. Von 1995 bis 1998 war sie wissenschaftliche Mitarbeiterin am Hamburger Institut für Sozialforschung. 2002 gründete und leitete sie das Europäische Forum an der Berlin Brandenburgischen Akademie der Wissenschaften. Seit 2008 ist sie Professorin für Politische Wissenschaften mit dem Schwerpunkt »Freiheitslehre und -forschung« an der SRH Hochschule in Heidelberg und Direktorin des von ihr gegründeten John Stuart Mill Instituts. Wichtigste Publikationen: *Sündenfall der Intellektuellen* (Klett-Cotta, Stuttgart 2000), *Versuchung Europa* (Humanities Online, Frankfurt 2003); *Welche Freiheit – Plädoyer für eine offene Gesellschaft* (Hrsg., Matthes & Seitz, Berlin 2007); *Eros der Freiheit. Plädoyer für eine radikale Aufklärung* (Klett-Cotta, Stuttgart 2008); *Freiheit in der Krise* (Hg., Humanities Online, Frankfurt am Main 2009) und *Freiheitsindex Deutschland 2011* (Hrsg., Humanities Online, Frankfurt am Main 2012). Sie ist zusammen mit Jörg Schmidt Herausgeberin der *Ausgewählten Werke John Stuart Mills*, Band 1: *John Stuart Mill und Harriet Taylor, Freiheit und Gleichberechtigung* (Murmann Verlag, Hamburg 2012).

Dr. Philipp Aumann ist Wissenschaftlicher Mitarbeiter am Museum für Kommunikation Frankfurt am Main und Kurator der Ausstellung »Control«. Studium der Geschichte und Geographie in München und Wien, Promotion an der LMU München mit einer Arbeit über die Geschichte der Kybernetik in der Bundesrepublik Deutschland. Mitarbeiter am Forschungsinstitut des Deutschen Museums (2004-2008) und des Museums der Universität Tübingen (2009-2011). Arbeitsschwerpunkte: Wechselwirkungen von Wissenschaft und Gesellschaft, Wissenschaft und Technik als Motoren von Modernisierung; Ausstellungen als Präsentationsplattformen von Forschung. Veröffentlichungen u. a.: *Ausstellungen machen* (mit Frank Dürr, Fink, München 2013); »The distinctiveness of a unifying science. Cybernetics' way to West Germany«, in: *IEEE Annals of the History of Computing* (33/2011), S. 17-27; *Mode und Methode. Die Kybernetik in der Bundesrepublik Deutschland* (Wallstein, Göttingen 2009).

DIE AUTOREN

Dr. des. Max-Otto Baumann studierte Politikwissenschaft, Philosophie und Physik an der Universität Heidelberg und promovierte dort im Fach Internationale Beziehungen. Publikationen in diesem Zusammenhang u. a.: »Die ›Responsibility to Protect‹ und die wichtige Rolle der Entwicklungsländer«, in: *Frankfurter UNO-Papier* (1/2012), S. 3-7; »Die Arabische Liga lernt eine neue Rolle«, in: Öztürk, Asiye/Kartal, Zerrin (Redaktion): *Arabische Zeitenwende* (Bundeszentrale für politische Bildung, Bonn 2012), S. 101-108. Seit 2012 Mitarbeiter im Projekt »Öffentlichkeit und Privatheit in gesellschaftlichen Transformationsprozessen« am John Stuart Mill Institut für Freiheitsforschung an der SRH Hochschule Heidelberg.

Dr. Marcel Berlinghoff studierte Mittlere und Neuere Geschichte sowie Politikwissenschaften in Heidelberg und Barcelona. 2011 promovierte er an der Universität Heidelberg zur Europäisierung der Migrationspolitik in den 1970er Jahren. Dort war er 2011-2012 für den Arbeitsbereich Public History Wissenschaftlicher Mitarbeiter im Projekt »Öffentlichkeit und Privatheit in gesellschaftlichen Innovationsprozessen«. Arbeitsschwerpunkte: Europäische Migrationsgeschichte, kollektive Identitäten und sozialer Wandel. Veröffentlichungen u. a.: *Das Ende der ›Gastarbeit‹. Die Anwerbestopps in Westeuropa 1970-1974* (Ferdinand Schöningh, Paderborn 2013); »Computerisierung und Privatheit – Historische Perspektiven«, in: *Aus Politik und Zeitgeschichte* (15-16/2013).

Dr. Larry Frohman ist Associate Professor of History an der State University of New York at Stony Brook. Arbeitsschwerpunkte: Wohlfahrts- und Sozialgeschichte im neuzeitlichen Europa; Privatheit, Überwachung und Datenschutz in Westdeutschland. Veröffentlichungen u. a.: »Only Sheep Let Themselves Be Counted: Privacy, Political Culture, and the 1983/87 West German Census Boycotts«, in: *Archiv für Sozialgeschichte* (52/2012), S. 335-378; *Poor Relief and Welfare in Germany from the Reformation to World War I* (Cambridge University Press, Cambridge 2008); »The Break-Up of the Poor Laws – German Style: Progressivism and the Origins of the Welfare State, 1900-1918«, in: *Comparative Studies in Society and History* (50, 4/2008), S. 981-1009.

Prof. David Gelernter ist Professor für Informatik an der Yale University und Publizist. Er studierte Judaistik an der Yale University und Informatik an der State University of New York und gilt als Pionier in der Entwicklung des Internets. Mit zahlreichen Essays und Zeitungsartikeln, unter anderem in der Frankfurter Allgemeinen Zeitung, nimmt Gelernter regelmäßig zu einem breiten Spektrum kultureller Themen Stellung. Monographien u.a.: *Mirror Worlds: Or the Day Software Puts the Universe in a Shoebox – How It Will Happen and What It Will Mean* (Oxford University Press, Oxford 1993); *The Muse in the Machine: Computerizing the Poetry of Human Thought* (The Free Press, New York 1994); *Judaism: A way of being* (Yale University Press, New Haven 2009); *America-Lite: How Imperial Academia Dismantled Our Culture (and Ushered in the Obamacrats)* (Encounter Books, Jackson 2012).

Dr. Carsten Ochs studierte Kulturanthropologie, Soziologie und Philosophie in Frankfurt am Main und Interactive Media am Centre for Cultural Studies, Goldsmiths College London. Nach seiner Promotion in Gießen arbeitete er zunächst im Forschungsprojekt »Internet Privacy: Eine Kultur der Privatsphäre und des Vertrauens im Internet«. Seit Januar 2013 ist er wissenschaftlicher Mitarbeiter am European Center for Security and Privacy by Design der TU Darmstadt. Veröffentlichungen u.a.: »Un/faire Informationspraktiken: Internet Privacy aus sozialwissenschaftlicher Perspektive« (mit Martina Löw), in: Buchmann, Johannes (Hrsg.): *Internet Privacy. Eine multidisziplinäre Bestandsaufnahme* (Springer Vieweg, Berlin 2012), S. 15-62; »Jenseits von technikzentrierter und anthropozentrischer Medienkultur-Beschreibung: Eine ethnographische Erläuterung der Logik medialer Transformationsprozesse«, in: *Zeitschrift für Medienwissenschaft* (6, 1/2012), S. 66-84.

Dr. Hans Jörg Schmidt studierte Germanistik, Politikwissenschaften, Ev. Theologie, Erziehungswissenschaften sowie Neuere und Neueste Geschichte an den Universitäten Heidelberg, Dresden und Groningen. Seit 2009 ist der promovierte Kulturwissenschaftler Geschäftsführer des John Stuart Mill Instituts für Freiheitsforschung an der SRH Hochschule Heidelberg. Von 2010 bis 2012 koordinierte er den von der Klaus Tschira Stiftung geförderten Forschungsverbund »Öffentlichkeit und Privatheit in gesellschaftlichen Innovationsprozessen«. Arbeitsschwerpunkte: Freiheits- und Liberalismusforschung; soziale und kulturelle Implikationen medialer Umbrüche; Veröffentlichungen u.a.: *Die Deutsche Freiheit. Geschichte eines kollektiven semantischen Sonderbewusstseins* (Humanities Online, Frankfurt am Main 2010); *Kulturgeschichte des Marktes* (Humanities Online, Frankfurt am Main 2011); Zusammen mit Ulrike Ackermann ist er Herausgeber der *Aus-*

gewählten Werke John Stuart Mills, Band 2: *Bildung und Selbstentfaltung* (Murmann Verlag, Hamburg 2013).

Dr. *Göttrik Wewer*, Vice President E-Government, Deutsche Post Consult GmbH, studierte Politikwissenschaft, Soziologie, Neuere Geschichte, Volkswirtschaftslehre und Öffentliches Recht in Braunschweig und Hamburg. Dort Hochschulassistent, später u.a. Hochschuldirektor, Staatssekretär und Geschäftsführer der Nationalen Anti-Doping-Agentur. Zahlreiche Veröffentlichungen, darunter fünf Bände zum *Regieren in der Bundesrepublik* (Mithrsg., Leske + Budrich, Opladen 1990-1993) und das in vierter Auflage vorliegende *Handbuch zur Verwaltungsreform* (Mithrsg., VS Verlag, Wiesbaden 2011).

Ackermann, Ulrike (Hg.)
Freiheit in der Krise?
Der Wert der wirtschaftlichen, politischen und individuellen Freiheit
2009 · 164 Seiten, Hardcover
ISBN 978-3-934157-98-9
E-Book (PDF): 9,80 Euro
Buchausgabe: 22,80 Euro

Schmidt, Hans Jörg
Die deutsche Freiheit.
Geschichte eines kollektiven semantischen Sonderbewusstseins
2010 · 506 Seiten, Hardcover
ISBN 978-3-941743-05-2
E-Book (PDF) 18,–
Buchausgabe: 45,– Euro

Schmidt, Hans Jörg
Kulturgeschichte des Marktes.
Ein Essay zur Genealogie einer soziokulturellen Gegebenheit
2011 · 140 Seiten, broschiert
ISBN 978-3-941743-15-1
E-Book (PDF) 9,80
Buchausgabe: 16,80

Ackermann, Ulrike (Hg.)
Freiheitsindex Deutschland 2011
des John Stuart Mill Instituts für Freiheitsforschung
2012 · 172 Seiten, broschiert
ISBN 978-3-941743-19-9
E-Book (PDF): 9,80 Euro
Buchausgabe: 19,80 Euro